U0545167

糧食 運河 與 白銀

經濟脈絡下，
洞察3000年
中國歷史的成敗得失

波音 著

序言

各位讀者手中的這本書，講述的是中國歷史和古代經濟之間的有趣互動。重大歷史事件如何影響了中國古代經濟的發展？經濟規律又如何決定了古代歷史的走向？

在時間跨度上，本書從史前時代一直講述到清朝末年，聚焦於幾千年的古代中國。在本書的寫作過程中，我試圖在一定程度上打破朝代的順序，從經濟的角度來整合不同朝代的歷史事件，形成一些有趣的主題，比如糧食、食鹽、長城、大運河、茶葉、海洋貿易等。

管窺歷史，就如同在轉動一支萬花筒，每轉過一個角度，欣賞到的是不一樣的絢麗，這正是歷史讓人沉迷之處。同時，面對同一個角度，即同一個歷史事件，不同的人總會有不同的解釋。

比如說關於政權的根本，《左傳》說：「國之大事，在祀與戎。」祭祀祖先和守土開疆，的確是一個國家非常重要的兩件大事，前者讓國民擁有共同的信仰，後者給國民帶來安全感。而在以孔子為代表的儒家聖賢眼裡，禮樂才是國之根本，當禮崩樂壞之日，就是國家將要滅亡之時。

然而，即使是王侯與聖人，也是要吃飯穿衣的。沒有衣食的保障，他們所強調的祭祀祖先、攻防軍事、禮樂文化都無從談起。在古代社會，與軍事、祭祀和禮樂這些國之大事相比，錢與糧是更為底層、更為本質的國之大事。

糧食的生產受到氣候和土壤等自然條件的強烈影響，同時耕種者的勤勞進取也會帶來更好的收成，比如透過引進和培育新的農作物品種、改良農具，達到糧食增產的目的。糧食的消費則與人口數量息息相關，糧食產量的增加促進了人口數量的增加，在古代社會，特別是冷兵器時代，人口數量是衡量國力強弱的重要指標。人口減少和飢民遍野，會讓一個曾經強盛的王朝陷入不穩定的危局。

中國古代的錢主要是指銅錢和白銀，黃金只在很短的時間裡具有貨幣功能。古代經濟的發展受到這些金屬貨幣供應量的強烈影響。當經濟總量增加的時候，王朝管理者渴望有與之相匹配的貨幣供應量，要麼想辦法提高金屬貨幣的供應量，要麼採用其他一些有價證券，比如紙幣或鹽引來作為貨幣等價物。金屬貨幣的短缺會帶來通貨緊縮，曾經令許多王朝的財政痛苦不堪，有的王朝不惜鋌而走險，用劣質貨幣或氾濫的紙幣來度過危機，最終卻是飲鴆止渴。

本書從錢糧等經濟學的視角，來觀察中國古代歷史的發展脈絡，希望在歷史上的王侯將相、善惡忠奸等視角之外，從經濟學的基本規律出發，提供給讀者一些關於歷史的新穎解讀。如果讀者在讀完本書後，能夠對古代王朝的國之大事有新鮮的認識，這將是筆者最大的幸福和快樂。

自工業革命以來，世界許多國家的經濟發展模式，都與古代不同了，中國也不例外。雖然現代世界已經進入了全球整體上糧食過剩和紙幣飛舞的新時代，但古代那些決定國之大事的經濟規律並未完全過時。

如果我們把古代的糧食、鹽等物資，替換成現代的礦產等資源；把古代的銅錢和白銀構成的金屬貨幣體系，替換成現代以國家信用為依託的複雜金融系統，那麼現代各國政府其實和古代王朝也有共通之處。

所以，本書雖然談論的是古代歷史的經濟學故事，並不涉及現代社會，但如果讀者能夠透過閱讀，對理解當今世界經濟有所裨益，會讓本書具有一點實際的意義，筆者深感榮幸。

本書的最早版本，是大約十年前出版的《透過錢眼看中國歷史》；大約五年前又以《王朝的家底》再次出版。前兩個版本在章節上有細微的差別。十年來，這本書以經濟學視角解讀中國歷史，受到了廣大讀者的歡迎，也令才疏學淺的我倍感惶恐。尤其是隨著自己對於經濟和歷史的瞭解越深，越發感覺這本寫作於十年前的書，既有「初生牛犢不怕虎」的新鮮氣息，又有「無知者無畏」的粗淺見識。於是，自己一直希望能夠有機會對這本書進行增編和改寫，讓內容更加豐富，觀點更加準確。

感謝幾位好友的垂愛，讓我的這個願望得以實現，這就是本書的來歷。與之前的兩個版本相比，在堅持以經濟的角度解讀歷史這個主題不變的前提下，有以下兩個變化：

其一是比原版增加了五十％的新內容。比如新增了「厚葬毀了大漢江山」、「千年國脈大運河」、「茶葉拴住了高原」、「海上絲路：駛向星辰與大海」等章節，其他原有章節在文字上也多有擴充。更多的內容，將使讀者對於中國歷史和經濟有更加全面的瞭解。

其二是在內容增加的同時，對經濟規律的解釋加強了，對於影響歷史進程的糧食、土地、貨幣、運輸、貿易、技術等問題，都有了更充分的闡述，以利於讀者掌握這些經濟規律，進而以此分析歷史與現實的現象。

本書延續了我一直努力追求的寫作原則——「史實不惡搞，惡搞不史實」，在面對史實問題時，注重證據和邏輯，嚴肅認真；對於不涉及史實的部分，用活潑、時尚的語言，讓讀者在愉悅中閱讀歷史，感受歷史的趣味。希望您能夠喜歡我的這種寫作風格。

二〇二三年三月

目錄

〔第1章〕

三千年的糧倉保衛戰

只有讀懂了中華大地上的糧食，我們才有可能真正讀懂中國的古代歷史。

有了糧食，才有人口；有了人口，才有稅收。古代中國的稅收大多來自農民，億萬個自耕農上繳的錢糧，支撐起了中央王朝。

用狗尾巴草填飽肚子

要讀懂中國歷史，我們得從瞭解狗尾巴草開始。狗尾巴草和糧食能扯上什麼關係呢？其實人類馴化的各種農作物，不論是麥類、粟類、稻類，還是其他糧食作物，大都屬於禾本科，而禾本科植物中還包括了大量的野草。說句玩笑話，我們現在不是在吃飯，而是在吃草。

狗尾巴草是古代中國一種重要的農作物——粟的祖本植物，中國古代人馴化狗尾巴草的歷史，可以追溯到近萬年前。粟，按照我們現在的通俗說法，就是穀子，我們早晨喝的香甜小米粥，就是用粟做的。也就是說，狗尾巴草是粟的野生種，也叫「莠」，在剛長出來的時候，和粟的幼苗很難區分，所以我們的詞典裡有「良莠不分」的說法。

粟、黍和菽，是先秦時期中國古代最重要的農作物，它們的現代說法分別是穀子、黃米和黃豆。從讀音上看，這三種作物的名稱很相近，古人為什麼會如此稱呼這些農作物，這是件有趣而令人費解的事情。這三種作物最重要的相同之處是，它們都是耐旱和耐貧瘠植物，而且生長期比較短，非常適合在中國北方的旱地種植。而且，先秦時期農業技術很原始，可謂刀耕火種，所以這三種非常強健的作物就率先從百草中脫穎而出，被古代中國人篩選出來，作為當時的主要食物。

夏朝和商朝曾被人們稱為「粟文化」的王朝，可見這種家養狗尾巴草的重要地位。不過，當時人口還比較少，密度很小，天底下有大片的原始森林和沼澤，人們可以獲得的食物來源是相當多的。有人統計過先秦的詩歌集《詩經》，在三百零五篇詩歌中，有一百四十一篇提到動物四百九十二次，一百四十四篇提到植物五百零五次，許多動植物都是當時人們的食物。就拿〈關雎〉一文來說，就有「參差荇菜，左右采之」的句子。

這種田園詩般的時代注定要遠逝，就像童年很美好，但終究要流逝一樣。隨著人口數量增多，人們必須開墾更多的荒地，專門種植那些產量比較大的作物，以滿足大量人口的食物需求。

這其實就是有名的馬爾薩斯（Malthus）人口論中的觀點，人口數量是以等比級數上升的，一、二、四、八、十六……而從環境中獲得的糧食和其他生活必需品的數量，是以等差級數上升的，一、二、三、四、五……人口總是增長得更快，英國這位經濟學家悲觀地認為：只有戰爭和疾病才能除掉多餘的人口，解決人口和資源之間增長速度不一致的矛盾。

但是，如果打不贏別人，就搶不到更多的地盤；又沒有爆發瘟疫，非戰鬥減員八十%，人們總不能像北歐的旅鼠那樣，在「鼠口」爆炸的壓力下，紛紛跳海自殺吧？尤其是土地變成私人財產之後，人口和資源的矛盾就更加突顯了。除非遠遁山林之中，否則人們必須琢磨，在自己有限的土地上如何獲得更多的糧食，來裝滿自己的糧倉。

在古代的農業社會中，人口數量的上限其實掌握在農作物的手中，農作物產量的高低決定著人口數量的多寡。面對一張張嗷嗷待哺的嘴，粟已經越來越力不從心了。

小麥改變了東方的歷史

就在這時，小麥橫空出世，以其良好的口感和穩定的產量，席捲了中國北方地區，各地農民紛紛擴大小麥的種植面積，減少其他作物的種植面積。

然而，小麥卻不是由中國人民馴化的作物，它的故鄉在遙遠的西亞，那裡也是人類最早的農業起源地。

小麥誕生於亞洲大陸的西海岸中緯度地區，那裡的氣候是一種特殊的氣候——地中海氣候的勢力範圍，冬季溫和多雨，夏季炎熱乾燥。所以，那裡的夏季對於植物生長是嚴峻的考驗。為了熬過夏季，野生小麥進化成一年生植物，讓自己的種子在冬季來臨之前萌發，以幼苗的形式過冬，到了春季迅速生長，開花結果，等到夏季來臨時，野生小麥已經死掉，留下種子在土壤裡休眠，等待秋冬季節再次到來。

大約在八千年前，西亞的人民獲得了普通小麥這個現今栽培範圍最廣的物種。那時候，人們獲得一種新農作物的喜悅之情，不亞於我們今天獲得一部新型手機的感覺。所以，普通小麥的種子迅速從西亞向四周蔓延。由於在俄羅斯、哈薩克和中國內蒙古等地，都發現了早期小麥的遺存，因此，植物學家推測，小麥進入中國的路線，應該是沿著橫貫歐亞大陸的草原帶來的。

小麥到達中國的時間不詳，不過，中國境內最早的小麥遺物，是在新疆孔雀河畔的古墓溝墓地裡發現的，一個草編的小簍中裝著小麥作為隨葬品，距今已經有三千八百年的歷史。當地遺址中還發現了大型磨麥器。新疆的這個發現提醒我們，小麥也有可能是從西亞傳入中國的，走的是史前絲綢之路的路線。史書上也曾經記載，周穆王西巡，與西王母見面的時候，沿途部落紛紛向周穆王進獻小麥。不同於西方世界用小麥粉烘烤麵包和釀造啤酒的食用方法，小麥進入中國後，形成了饅頭、麵條、麵餅的傳統吃法。

不過，在商周時期，小麥在人們心目中的地位還不如粟，在宗廟祭祀的時候，以粟為尊貴之物，這很可能是因為小麥當時在中國北方還「水土不服」。讓中國古人煩惱的是，小麥是適應地中海氣候的農作物，而中國北方卻是溫帶季風氣候，春季較為乾旱。因此，要種植小麥，就需要春季有充足的灌溉。在水分不足的情況下，小麥的產量與粟相比也就沒什麼優勢了，但在水分充足的情況下，小麥的產量立刻把粟遠遠地甩在後面。

大規模灌溉系統的修建，需要強大的社會組織能力。因此，直到戰國時期，各國國力才發展到可以動員大量人力興修水利的程度。也正是在戰國時期，小麥逐漸成為各國糧倉中的重要組成部分，特別是秦國。

戰國七雄之中，秦國位於西方，從地理上看，靠近西域，所以當地接觸小麥這種作物的時間必然很早。而且，秦國擁有渭河沖積形成的關中平原，這裡的氣候和水文條件非常適宜種植小麥。粟、麥輪種，讓秦國四季糧倉充實。所以，秦國最後做大，統一天下，是有著雄厚的基礎的。正所謂「兵馬未動，糧草先行」，無論秦國的軍隊有多彪悍，讓他們餓幾天肚子就沒有戰鬥力了。戰國後期，秦軍能夠連年作戰，相當大的一部分經濟基礎，應該來自關中平原出產的小麥。

中國農學家在戰國末期的《呂氏春秋》中找到了一句話：「孟夏之昔，殺三葉而獲大麥……日中出，狶首生而麥無葉，而從事於蓄藏。」這裡的「孟夏之昔」是指農曆四月下旬，「日中出」則是夏至。既然在農曆四月下旬已經收穫了大麥，那麼夏至時才「無葉」的「麥」就肯定不是大麥，而是小麥。這個描述也符合小麥的生長規律。也就是說，戰國時期的人們對小麥是很熟悉的。

西漢的司馬遷把秦國與糧食的關係看得很清楚，他在《史記．貨殖列傳》中談到，秦國所處的關中地區，土地不過天下的三分之一，民眾也大抵如此比例，但其富庶程度，卻達到了天下總量的六十%。所以到了漢朝，管理者非常重視關中平原，還有該平原上的小麥。西漢的許多農學家兼官員，就力挺在關中平原上大力推廣小麥種植。漢代以後，政府大力修建水利工程，改善了離河較遠的旱地的灌溉條件，小麥日益普及開來，把麥粒磨成麵粉來食用的「粉食」法，也在中國北方傳播開來。因此，麵食文化是在西漢以後才在中國北方流行的。

在經歷了秦末的戰爭和漢初呂后專權的動盪歲月後，到漢文帝和漢景帝期間，西漢迎來了「文景之治」。《漢書》記載，當時國家的糧倉逐漸豐盈，新糧壓在舊糧上面，一直堆積到糧倉的外面；國家的庫府裡存放了大量的銅錢，由於多年不用，穿錢的繩子爛掉了，散落在地上的銅錢數不勝數。

後人評價「文景之治」，大多歸功於戰亂平息後政治穩定、皇帝以身作則勤儉節約、減輕農民的賦稅負擔等因素。這些解釋固然都有道理，但我們應該關注更為主要的一個原因，那就是小麥的廣泛種植。

中國各王朝的根基是農民，雖然農民也分許多種，有自耕農、佃農、農奴，但就古代中國來說，農民中的主力軍是億萬小自耕農。如果這些自耕農土地上的糧食產量很低，僅能餬口，根本繳不出皇糧，即使皇帝再勤儉樸素，以德治天下，一分錢掰成兩半花，恐怕也沒有多少稅收能夠留存下來。正是因為文景時期借助和平年代的到來，在全國大力推廣產量超過其他作物的小麥，才使得自耕農在秋收時能收穫更多的糧食，於是可供上繳的皇糧也就更多了。

中國史書中所記載的一些「盛世」，在那些以儒家思想為綱領的史官筆下，無一例外都是仁政的產物，是人品問題。但其實，有些「盛世」並不能僅用一句「皇上聖明」就可以概括的。「文景之治」就是一例，這兩個皇帝並沒有推行什麼出色的政策，小麥才是「文景之治」真正的幕後推手。

力不從心的小麥

自秦國開始，關中平原能夠長期穩定高產量，得益於古代著名水利工程「鄭國渠」的貢獻。

春秋戰國時期是中國歷史上思想界的「黃金時代」，當時的思想有：主張「兼愛天下」的墨子、主張「拔一毛而利天下，不為也」的楊朱。鄭國渠這個工程，就是韓國策劃的一個陰謀。

戰國七雄之中，韓國緊鄰秦國，實力卻最弱，隨時有被強秦消滅的危險。走投無路之時，韓國想出一條「妙計」，派遣本國的水利專家「鄭國」前往秦國，鼓動剛上臺的秦王嬴政在渭河流域開鑿一條水渠，灌溉關中平原的萬畝田地。興修水利可是大工程，如果此計成功，短時間內秦國就沒有財力和物力東進攻打韓國了。

當時秦國雖強，但水利人才匱乏，鄭國的到來讓秦王喜出望外，立即讓他主持這項戰國時期的水利工程。秦國的資源和人力，被這項工程捲了進去，的確沒有力量開戰了。沒想到五年之後，韓國的陰謀敗露，秦王大怒，要殺掉鄭國。生死關頭之際，鄭國對秦王說：「我的確是間諜，但是如果水渠建成，卻對秦國有很大的好處。那我只不過讓韓國多苟延殘喘了幾年，卻會讓秦國萬年受益。」

秦王嬴政真是經濟學的高手，立刻明白這個道理，於是依舊讓鄭國主持修建水渠。

歷時十幾年，水渠建成，名叫鄭國渠。鄭國這個超級大臥底能夠名垂千古，完全是因為秦王廣闊的胸襟和卓越的遠見。

說到鄭國渠的事情，其實還是要談談小麥。小麥屬於耐旱作物，所需的灌溉水分並不多。修建鄭國渠，灌溉農田只是其中一個目的，另一個目的是用水沖掉田地中累積的鹽鹵。黃河流域的農業區都屬於季風氣候區，季風來的時候雨量充足，但季風不來的時候卻很乾旱，土壤中的水分蒸發得很快，卻把鹽鹵留在土壤中，年復一年，農田就出現了鹽鹼化，肥力大大降低，直到最後無法耕種。

古代中國人選擇種植小麥，同時也就選擇了與鹽鹵做長期的抗爭。雖然有鄭國渠這樣的水利工程來緩解鹽鹼化的狀況，但是土地肥力的下降仍然是不可避免的。另一個補救措施就是休耕，種一季就休耕一段時間，待土地肥力恢復後再種一季。休耕就意味著放棄了一段時間的糧食生產，對於古代中國的小自耕農來說，一段時間沒有收成，幾乎是不可想像的。

所以，種植小麥的地區，不論是關中平原，還是後來華北平原的一些農耕區，農民都不得不連年耕種，最後讓土地陷入萬劫不復的鹽鹼化境地。大批農民失去穩定的糧食收入，揭竿而起就不可避免了。所以，我們可以看到，許多次導致王朝衰敗甚至覆滅的農民起義，都發源於小麥的種植區，比如西漢末年的綠林赤眉起義爆發於山東莒縣，北魏末年的六鎮起義爆發於黃河河套地區，隋末的農民起義爆發於山東、河北、河南，唐末的黃巢起義爆發於山東，明末的李自成起義爆發於陝西米脂……這些起義的導火線可能各不相同，但背後都有土地鹽鹼化的黑影。

小麥種植上的鹽鹼化缺陷，使得本土的粟在北方地區仍占據一席之地，始終沒有被小麥完全取代。北宋的包拯以鐵面無私而著稱於世，其實他作為一方官員，也十分關心農業生產。包拯做過記錄，北宋廣平（今河北南部）退牧還農後，隨即種粟種麥，並且每年向朝廷繳納粟八萬一千五百餘石，小麥三萬一千三百餘石，可見在北方某些地方，粟相對於麥來說仍然處於優勢。畢竟，粟對環境的適應性強，那些不適於小麥生長的地區，粟卻可以正常生長。

唐朝是小麥最後的光輝歲月。在安史之亂前，沿著秦嶺淮河一線劃分，北方地區的人口占了全國人口的六十%，南方地區則占了四十%，當時北方地區基本上是小麥的種植區。唐朝對耕地的開發，幾乎達到了當時農業科技的極限，唐朝人口僅為今日中國的四%左右，但耕地面積最高時可能達到了八億至十二億畝，與現今中國全國十八億畝左右相比，已達到五十%左右。

「貞觀之治」其實和「文景之治」類似，都是長期戰亂後，王朝利用和平時期擴大小麥的種植面積，獲得了經濟的爆發式增長。唐朝還用占現今五十%的耕地，養活了占現今四%的人口，耕地看起來似乎綽綽有餘，但北方地區的耕地產量卻已經是日薄西山。繼粟的第一次糧倉危機之後，小麥的第二次糧倉危機擺在中國人民面前。

水稻接替小麥

中華大地上的古人對水稻一點都不陌生，早在距今七、八千年前，當時生活在太湖流域和杭州灣的古人就砍掉並燒除濕地中生長的灌木，在濕地中種下水稻類的草本植物。考古學家發現，在距今七千五百年前後時，海平面曾經上升，海水從這些河湖的入海通道倒灌過來，於是先民們築起堤壩，以阻擋海水侵襲，保衛自己的稻田。

就跟粟起源於狗尾巴草類似，稻種也來自先民們對草類的篩選。不過，對於江南地區的先民來說，他們當時主要以打魚為生，每天享用海鮮大餐，多麼愜意！而種水稻是非常辛苦的事情，他們其實並不太在意稻米作為食物的充飢功能，而是喜歡把稻米放入陶罐中發酵，獲得美味的酒。當時食物來源豐富，人口又少，嘴饞也許是遠古先民種水稻的最初目的。

後來，江南地區人口增加了，水稻成為一種重要的糧食作物，稻米的產量依然不是很理想。一個主要原因是水稻的種植需要技術，需要在特定的日子栽培、插秧，古人要想掌握水稻種植的技術，需要一段時間的摸索；另一個主要原因是中國古代長期沒有找到合適的稻種，而且一年只能種一季。當時沒有現代的基因技術，培育一個新的稻種全靠一代代地篩選、一代代地嘗試，一旦遇到戰亂，篩選工作可能就會付之東流。

在小麥無力養活中國人民的關鍵時刻，古代越南人民伸出了援助之手，他們提供一種優良的稻種：占城稻。占城稻原產於越南中南部，宋朝時期，當地是占婆古國的勢力範圍。

占城稻的一大優點是早熟，中國原有稻種從插秧到成熟，要經過一百五十天左右，加上秧苗在苗床還需要一個月左右的時間，歷時至少半年，所以一年之中很難收穫兩次。占城稻從苗床移植到稻田後，只需要一百天就能收割，此後經過改良，成熟期更加縮短，甚至兩個月就能從種到收。

更為可貴的是，早熟的水稻可以擺脫江南地區的梅雨、乾旱、颱風、秋霜等一連串自然災害，獲得穩定的高產量，更讓促進輪作和一年兩熟制農業的發展成為可能。農民可以一年中種一季水稻，再種一季小麥，畝產量大大增加，休耕的次數也大為減少。而且稻田經常浸泡在幾十公分深的水中，避免了麥田因為水分大量蒸發而造成的鹽鹼化問題，土地肥力可以保持穩定。

占城稻的第二大優點是適應能力強、耐旱，也不需要大量施肥。這對於一些山間谷地的農業開發有很大的促進作用，讓人們可以在更多的土地面積上種植水稻了。

大約在宋朝初年，占城稻被泉州商人從東南亞帶到福建等地。西元一〇一二年，宋真宗親自宣導，把占城稻當作青黃不接時期的度荒糧米，推廣普及到長江流域的廣大地區。在占城稻的助力下，宋朝時期開始出現兩熟種植法，單位面積的稻米產量快速增加，直接激發了宋朝時期人口的大爆炸，特別是南方地區。

糧食和人口的增加，對於古代農業國家來說，意味著國力的增強，意味著文明的昌盛。唐朝鼎盛時期，人口大約五千萬人。而到了十二世紀初北宋宋徽宗時期，人口超過了一億。北宋時期，如果以秦嶺淮河一線劃分，南方地區的人口數量已經是北方地區人口數量的兩倍。

自古以來，中華大地上人口北多南少的局面徹底被扭轉了。這個變化相當重要，因為國家的稅收來自自耕農，而南方地區人口數量多，就意味著來自南方的稅收在國家稅收中占的比重就大，國家的經濟重心必然轉移到南方地區。從北宋時期開始，經濟重心就從黃河流域過渡到長江流域，農民的糧倉中，稻米取代了小麥，成為糧倉中的主角。

水稻搶占了小麥的地位之後，中國地大物博的優勢立刻呈現出來。北方歉收，有南方的水田保障糧食供應；南方歉收，有北方的旱地提供糧食來源。尤其是大運河工程投入營運之後，南北糧食的調動更加方便了，救濟災民的效率提高，國家因此變得更為穩定。關於大運河的作用，本書後面有專文敘述，此處不再贅言。

小麥「統治」糧倉的時期，如果從西元前二二一年秦始皇建立大一統的國家開始，到北宋王朝建立時的西元九六〇年，一共經歷了秦、西漢、東漢、三國、西晉、東晉、南北朝、隋、唐、五代十國十個時期，平均每百年多一點就會改朝換代一次。如果把南北朝和五代十國時期那些短命的小王朝分開計算，朝代更迭的時間就更短了。

當水稻成為糧倉的主角後，北宋和之後的王朝都因為廣種水稻而「延年益壽」了。

農作物的生長有固定的週期，比如北方地區一年一熟，南方地區一年兩熟甚至三熟。在經濟重心位於北方時，遊牧民族一旦越過長城南下侵襲，中原王朝就陷入非常尷尬的局面，自己的農業生產被打斷了，而且還要花費精力抗擊入侵者，各個王朝都表示壓力很大。當水稻「崛起」，經濟重心轉移到南方後，中原王朝在面對北方遊牧民族的時候，就顯得從容不迫了，畢竟遊牧民族很少能南侵到秦嶺淮河一線以南，不會傷及糧食生產的根基。

但是反過來，由於經濟重心在南方，中原王朝要北伐塞外，從南方調集人力、物力也十分困難，這導致北宋之後的中原王朝往往難以北上，比如北宋與遼的對抗、南宋與金的對抗，以及後來明朝與蒙古的對峙，中原王朝都沒有力氣把疆域擴展到長城北面。

越南人民貢獻的占城稻，讓中國的人口數量首次突破一億大關，然後就進入了緩慢增長的時期，直到明末清初，國土面積雖然擴大許多，人口數量也不過在一億五千萬左右，農耕區的人口基本上還是維持在宋朝的水準。畢竟糧食產量決定人口數量，可以耕種的旱地和水田，在宋朝的時候就已經種上了莊稼，新開墾的農田很有限，占城稻的產量也已經達到極限。中國的人口數量要再創新高，只能期待新的農作物了。

感謝玉米

哥倫布發現美洲大陸，給歐洲的殖民者帶來了黃金白銀，以及大量有待開發的土地。歐洲人一下子闊綽了起來，整個社會面貌煥然一新。然而，哥倫布的發現似乎並沒有在東方的中國引發激盪，中國甚至很久之後才知道，原來世界上還有一塊美洲大陸。

其實，世界是一個整體，美國大平原上的一隻蝴蝶搧動翅膀，就可能會引起南美洲的一場風暴，這就是蝴蝶效應。美洲大陸的發現，不僅改變了歐洲，同樣也給古代中國帶來了深刻的影響，來自美洲的一些農作物／經濟作物也改變了中國社會，它們是：玉米、地瓜（番薯）、馬鈴薯、花生、向日葵、辣椒、菸草。

在這些農作物／經濟作物中，玉米和地瓜對糧倉的貢獻最大。明末清初，不論是黃河流域還是長江流域，能夠種小麥和水稻的土地，基本上已經開發完畢，以當時的畝產，也只能支撐一億多人口生活。就在這時，美洲的玉米和地瓜經過漫長的傳播道路，跨越半個地球來到了中國。

十六、十七世紀，玉米大概最早傳入中國雲南。玉米是一種適應能力很強的農作物，北自俄羅斯、加拿大這樣的苦寒之地，南到南美洲腹地的原始叢林，都可以種植玉米。所以玉米進入中國後，許多原來無法種植小麥的乾旱、貧瘠之地，也可以開墾了。相對於小麥，玉米的產量更高，雖然從營養價值看，也許要略遜於小麥，但對於貧苦的農民來說，填飽肚子比營養價值更重要。在清代的一些偏遠地區，玉米甚至成為最重要的主糧，比如湖北、湖南、貴州的一些山區。到了十九世紀中葉，玉米已經廣泛種植在二十多個省分的大地上，玉米播種面積占到耕地總面積的二十％左右。

地瓜則最早從福建進入中國。地瓜產量高、味美、抗旱，在明朝萬曆年間的大饑荒時期，很快就從福建、廣東推廣到長江中下游的旱地。而且地瓜對環境的破壞小，可以在房前屋後見縫插針地種植，於是在大江南北遍地開花。清代《甘薯錄》描述，地瓜「每畝可得數千斤，勝種五穀幾倍」。清代前期，地瓜在某些地區已經成為主糧，比如在山多地少的福建，「地瓜一種，濟通省民食之半」，地瓜竟然占據了糧食產量的半壁江山。

明末清初的這段日子裡，失去土地的農民紛紛湧向無主的丘陵地帶，在山坡上種植玉米，在山腳下種植地瓜，糧倉充實了，多要幾個孩子也能養活了。

美洲印第安人貢獻的農作物，不僅填飽了中國人的肚子，還改善了中國人的伙食。古代中國長期是農業社會，畜牧業不發達，因此肉類很少，雖然雞蛋、雞肉和豬肉含有豐富的動物性蛋白質，但貧苦農民卻難以享受得到。底層農民的食譜中，除了主食之外，很少會有富含蛋白質的食物。富含植物性蛋白質的黃豆，為古代中國人滿足了蛋白質需求，而且相對來說，黃豆價格便宜量又足，是廣大農民改善伙食的好選擇。這就是今天一些華人喝牛奶會拉肚子的原因，因為中國普通大眾經過幾千年的素食食譜薰陶，腸道中缺乏分解牛奶成分的酶。

漂洋過海來到中國的花生和向日葵，給底層農民提供了攝取蛋白質和油脂的其他選擇，而且花生和向日葵同樣可以在貧瘠的山區種植，這真是古代中國人的福音，於是兩者迅速風靡全國，成為人們重要的零食。稍感遺憾的是，這兩種作物提供的蛋白質，也還是植物性蛋白質。

辣椒讓人涕淚橫流還大呼過癮，古代中國人的飯桌上又多了一種頗為下飯的調味品，而且辣椒巨大的需求量還激發了規模可觀的辣椒生意。

從美洲傳來的菸草作為嗜好品，在中國同樣受到歡迎，種植菸草讓許多底層農民獲得了比種莊稼更高的收益。

哥倫布發現美洲的蝴蝶效應，在古代中國推動了耕地和人口的增長。如果我們把清朝開始時中國人口按一億五千萬計算，那麼僅僅一百年後，經過康雍乾盛世，中國人口輕鬆地達到翻倍，突破了三億人。本章前面已經談到，「文景之治」在很大程度上要歸功於小麥種植的推廣，那麼所謂的康雍乾盛世，是否和玉米、地瓜的推廣有關呢？

清朝的康雍乾時期，其實和漢朝的文景時期很相似，都是政局逐漸穩定下來，國民經濟開始恢復。更相似的是，農作物品種上有了重大的變化，文景時期是小麥逐漸取代粟成為糧倉中的主力軍，而康雍乾時期是玉米、地瓜進入糧倉，與水稻、小麥一起充實了糧倉。如果沒有玉米、地瓜、花生等作物的引入，康熙、雍正和乾隆就算是天縱奇才，也沒有辦法把已經達到極限的人口翻一倍。

反過來思考，明朝延續了二百七十六年，很多時候天下太平，人民安居樂業，能開墾的荒地也很多，但是人口數量卻遠少於康雍乾盛世時期。康雍乾盛世時期的農業技術可能並不比明朝更加高明，人口竟然增加了一倍，所以，還是農作物品種和產量的增加發揮了作用，玉米、地瓜、花生功不可沒。

假如玉米和地瓜早一百年進入中國，在明朝中期就養活了更多的貧苦農民，也許吃飽了肚子的李自成就不會帶領流民起兵，後金鐵騎也根本沒有機會逐鹿中原。歷史不能假設，但從邏輯常識上來看，康雍乾盛世是建立在玉米、地瓜的基礎上。沒有三億多自耕農上繳的皇糧，清朝貴族哪有提著鳥籠看戲的瀟灑呢？

〔第2章〕

愛生命，愛鹽巴

和煦的陽光照耀在湖面上，湖水波瀾不驚，遊客們竟然平躺在湖面上看報紙，除了湖水的浮力，遊客身下沒有任何支撐物。

我們是在談論西亞那個有名的死海嗎？不，我們說的是山西運城的一個鹽湖。這個鹽湖在今天雖然號稱「中國死海」，但它的名聲並不廣為人知。可是要深入瞭解中華文明的五千年歷史，我們就很難繞開這個不起眼的鹽湖，它為古代中國奉獻了白花花的食鹽，進而影響天下大勢。

充滿鹹味的神話時代

中國神話傳說中的第一場大戰，就是黃帝與蚩尤的戰爭。根據傳說，當時的蚩尤是九黎部落的酋長，勢力範圍就在現今的山西運城一帶，那裡有鹽池，而黃帝的勢力範圍則在南邊的河南境內。

人畢竟是一種動物，貪戀口舌之欲，所以一旦嚐到鹽的味道，就欲罷不能了。鹽添加到食物之中，會讓食物更加美味。而且，攝入一定量的鹽，對於人體的生理健康來講，也是至關重要的。人體細胞需要食鹽中的鈉元素，來協助完成新陳代謝的功能，鹽的攝入量過少，人就會四肢乏力，想幹活也是有心無力了。這使得鹽成了僅次於糧食的遠古戰略物資。偏偏糧食作物中所含的無機鹽非常少，人們要想品嚐鹹味，就得在自然界中另謀他路。

中國的遠古先民在黃河的東岸找到了一片樂土，這就是所謂的「河東鹽池」，也就是現今「中國死海」的位置。這個鹽池位於中條山的北麓，夏季刮東南風，而且風速很大，偏巧夏季溫度高，鹽池中水分蒸發量大，而狂風會加快水分的蒸發速度，水分蒸發掉，鹽池中就會析出結晶的鹽粒。鹽池裡產出的食鹽，不僅可以自用，還可以賣給周邊的部落，換來自己需要的糧食、礦產、手工藝品等。

這片鹽池肯定也會讓周邊的部落分外眼紅，於是黃帝大戰蚩尤的一幕就發生了。根據傳說推測，剛開始黃帝並沒有占到便宜，因為他手下都是手持棍棒和石頭武器的部隊，而蚩尤的領土內不僅有鹽池，還有中條山的銅礦，所以蚩尤部落很可能配備了一定的青銅武器。裝備的落後讓黃帝「九戰九不勝」、「三年城不下」。不得已，黃帝和昔日的對手炎帝結盟，合力進攻蚩尤部落。此前，黃帝和炎帝也曾經三次大打出手。

蚩尤終於不敵，被黃帝殺死，黃帝和炎帝如願以償地打敗蚩尤，拿到了河東鹽池。然後，黃帝部落、炎帝部落以及剩餘的蚩尤部落融合在一起，成為華夏民族的始祖。不僅地盤更加廣闊，還擁有了重要的資源——食鹽。毫不誇張地說，食鹽是華夏民族誕生的催化劑。

黃帝之後，堯、舜、禹都是傳說中的上古王者，他們的都城在什麼地方，至今並無定論。不過，根據史書記載，堯的都城在平陽（今山西臨汾），舜的都城在蒲阪（今山西永濟西蒲州鎮），而大禹的都城在安邑（今山西夏縣），這三個地點都和河東鹽池的距離很近。如果傳說屬實，那麼在當時社會已經從部落聯盟過渡到王國，疆域面積更加廣大的情況下，這些王者依然把都城設在鹽池之旁，足見鹽在人們生活中的地位之高。

除了史書記載的上古傳說外，近年來的一些考古發現也佐證了河東鹽池在中國早期歷史上的重要地位。比如，在山西省臨汾市有一處陶寺遺址，這座古代城市遺址的總面積達三百萬平方公尺以上，存在的大致年代為距今四千五百年到三千九百年間，恰好是史書中堯的時代。考古學家在該遺址發掘出大量的陶器、石器、骨器、玉器等，還有象徵王權的龍盤、陶鼓、彩陶。當時的城市包含了宮城、外城、觀象祭祀臺、作坊、倉儲等建築。許多考古學家把陶寺視為堯時代都城級別的城市。

可以想見，如此巨大的古代城市，必然容納了相當多的人口。人都是要吃飯的，需要足夠多的糧食。僅靠陶寺大城周邊的農田產出，很難滿足該城市人口的需要，他們肯定要與遙遠的地區交換大量糧食。拿什麼與別人交換珍貴的糧食呢？鹽是那個時代的硬通貨，陶寺古人很可能是用河東鹽池的鹽來換糧食的。

陶寺出土的文物顯示，這裡是中國早期各種文化混雜的地方。這樣的文化狀況，表示該城市很可能是商業中心，才會吸引不同文化的人們來此逐利。以物易物其實是很麻煩的，交易時有一方不喜歡對方的商品，交易就無法達成。只有人們都認同一種等同於貨幣的商品，願意與之交換，交易才會很順利。鹽就具有通用貨幣的作用，陶寺的繁榮很可能是由於以河東鹽池的鹽作為貨幣，與周邊做交易而發達起來的。

從考古發現來看，後來商朝的都城在河南境內，周朝的都城在陝西境內，雖然遠離了河東鹽池，但在當時華夏民族的控制區內，食鹽的供應依然基本上要靠河東鹽池。只是當時國家形成，王權強大了，不需要把都城建在鹽池旁邊，晝夜提防著旁邊的部落過來打劫。不過，當王權衰微、諸侯並起時，鹽掌握在誰的手裡，就成為影響國家興亡的大事。

春秋戰國的幕後導演

春秋戰國時期，王權衰微，諸侯並起，誰的手裡握有更多的鹽，誰就等於有了更多的財富。各個諸侯中，晉國可謂得天獨厚，因為天下聞名的河東鹽池就在晉國境內。當時中原地區人口漸多，但食鹽的產出量並沒有明顯提高。前面談到了，河東鹽池中的食鹽幾乎就是天然形成的，在曬鹽技術還未發展起來的春秋時期，食鹽產量的增加顯然無法滿足人口數量的增加。根據經濟學中基本的供給和需求關係，供給上升得慢，而需求上升得快，於是供不應求，導致食鹽價格上漲。當時周天子吃的食鹽，也都依賴晉國的供給，所以晉國在春秋早期成為首屈一指的大國，在很大程度上是因為掌握了河東鹽池。

但是，春秋五霸中的第一個霸主卻不是晉國國君，而是齊桓公，這是因為齊國人率先打破了晉國對食鹽市場的壟斷，他們找到了提高海鹽產量的技術。

海水中本來就含有食鹽成分，古代人很早就知道煮海水可以獲得食鹽。可是海水中還有其他的一些成分，會在煮的過程中與食鹽一道析出，這樣簡單製作出來的鹽，因為雜質太多，口味苦澀，難以享用。本來食鹽是用來調味的，可是早期的海鹽口感極差，沒人願意在煮野味的時候，向鍋裡添加這樣糟糕的鹽巴。

但是，鹽的利潤太大了，刺激著沿海的居民不斷探索精煉海鹽的技術。漸漸地，海鹽中的雜質越來越少，口感逐漸改善了。接下來的事情就是如何大規模生產海鹽。這時，齊國出了一個經濟學家：管仲，他也是讓齊桓公稱霸的重臣。管仲在齊國當政期間，大力發展各種經濟，其中就包括海鹽製造業。

說起管仲管鹽，可謂雙管齊下，一方面是支持官營，大量生產海鹽，除了滿足自用之外，剩餘的海鹽還可以進行買賣。另一方面是打擊私鹽；由於製造和買賣海鹽利潤巨大，齊國民間也製售私鹽，這對官鹽來說是一種競爭，如果不對私鹽進行打擊，任由私鹽衝擊市場，官鹽就賣不到高價。於是，管仲頒布政策，要求民眾在春天播種莊稼期間，禁止私自生產海鹽。播種期間，通常也是民眾開始製造海鹽的好時期，管仲沒有明令禁止私鹽製造業，但實際效果卻達到了打擊私鹽生產的目的。

但民眾也不是傻瓜，他們在其他季節生產海鹽，仍然可以把私鹽賣到別國，與齊國的官鹽競爭。於是管仲不惜血本，竟然在齊國邊境上修建了一道長城，這道長城的目的不是抵禦他國進攻，而是為了阻擋私鹽流失！

齊國本來就是春秋戰國時期的東方大國，除了被燕國攻入國境和秦國統一天下滅齊國這兩次事件之外，從來只有它攻打別人，沒有別人來打它，因此，修建長城抵禦外敵對於齊國來說根本毫無必要。但天下聞名的齊長城還是修建了，而且修建在齊國南部邊境，與魯國和宋國交界的地方，目的就是設置關卡。如果民眾要販賣私鹽到別國，必須在關卡處向官府繳稅，而齊國北部邊境則是黃河和濟水，同樣也利於官府在渡口設點徵稅。這就等於抬高了私鹽的成本，讓私鹽交易到別國無利可圖，只好低價賣給官府。

站在現今的經濟學角度，我們會說，管仲這種打擊行為並不明智。因為官營壟斷行業並不如民營那樣高效率和有活力。

但是在春秋時期，鹽業即使不是暴利行業，也是高利潤行業，管仲代表的齊國官府壟斷海鹽生產，即使有經營效率不高的弊病，仍然可以聚斂大量的財富。這從修建齊長城就可以看出來，花費巨大的人力、物力修建長城，阻擋私鹽交易，如果沒有更巨大的潛在利潤，以管仲的智慧，是根本不會做的。

齊國國君嚐到了鹽業的甜頭後，一發不可收拾，到了齊景公的時候，終於釀成大禍。齊景公大幅度提高國內食鹽的價格，希望能攫取更多的財富。由於食鹽是所有人的日常所需，每個人消耗的食鹽量差別也不大，不可能富人一頓飯吃十克食鹽，窮人一頓飯只吃一克食鹽，提高鹽價等於徵全民的稅。這樣的做法，對於民眾的生活影響是非常大的。於是，齊國權臣田氏的機會來了，他們用自家的大斗向外借出食鹽，而收債的時候，則是用小斗來收回食鹽。看起來田氏吃虧了，卻收穫了齊國的人心。不久以後，齊國的王位就歸了姓田的。

有了齊國海鹽的競爭，晉國河東鹽池的地位就有所下降了。不過在古代，鹽的運輸是件讓人頭疼的事情，鹽本身很重，還容易受潮變質，再加上當時天下大亂，道路上車匪路霸、小偷小摸橫行，食鹽買賣必須要有足夠的人保護。所以，長距離販賣食鹽並不划算，河東鹽池與齊國海鹽各自供給周邊各國，競爭並不激烈。當時，周天子平時用距離近的河東鹽池出產的鹽，在祭祀和招待客人這種重要場合，才會拿出品質更好、來自遠方的齊國海鹽，食鹽運輸成本隨著距離而增加，由此可見一斑。

晉國依靠河東鹽池，雄霸中原幾百年，沒想到天有不測風雲，好端端的大國被趙、魏、韓三家瓜分了。分家就分家，但河東鹽池歸誰，卻是個大問題。最終，這塊天下瑰寶歸屬了魏國。

本來魏國四周都是強敵，北有趙，南有楚，東有齊，西有秦，哪個都不是省油的燈。可是，魏國硬是憑藉河東鹽池的巨大財富，在強敵環伺下站穩了腳跟，甚至還能四處出擊。歷史上著名的「信陵君竊符救趙」，就是信陵君調動了魏國的大軍，解救了幾乎被秦軍攻克的趙國都城；還有「圍魏救趙」的桂陵之戰，魏國八萬主力部隊被齊國的孫臏率軍全殲，但只用了十年時間，魏國就恢復元氣，集結了十萬兵馬。即使到了戰國的尾聲，擁有河東鹽池的魏國依然可以獨立對抗凶悍的秦國大軍，以十萬魏卒對六十萬秦軍，竟然還支撐了許多年。直到秦軍奪取河東鹽池之後，魏國連自己吃鹽都發生了困難，再也沒有經濟實力與秦國抗衡，很快就被秦國消滅了。

齊國、魏國都因食鹽而強大，其實南方霸主楚國和最終統一六國的秦國，他們的強盛同樣和食鹽分不開。秦國原本除了關中平原產糧外，並無太多的自然資源，因此長期被魏國阻擋在西方。但後來，秦國向南進軍，攻克了當時中華大地上另一個重要的產鹽國——巴國，局勢立刻扭轉了。

說起神祕的巴國，其國土在鼎盛時期，地跨現今的四川、重慶、湖北、湖南、貴州和陝西六省市，論國土面積絲毫不遜色於戰國七雄，只是不在中原，比較低調罷了。巴國能夠強盛，就得益於巴東地區出產的岩鹽和井鹽，當地含鹹水的泉眼很多，可以從中提煉出鹽。一種說法認為，人們常說的「鹽巴」中的「巴」字，其實指的就是產地——巴國。

如果巴國國君能夠勵精圖治，再依託優越的食鹽資源，未必就不能與戰國七雄逐鹿中原。可惜後來巴國國君無道，把國內搞得一團糟，有一次鹽工暴動，巴國將軍巴蔓子鎮壓不住，不得已向楚國借兵平叛，許諾事成之後割讓巴東三城給楚國。楚王看到能獲得鹽業重鎮，於是出師幫巴蔓子擺平了巴國的內亂。當楚王要求獲得巴東三城時，巴蔓子回答，可以把他的頭顱拿去作為答謝，想要城池辦不到。然後，巴蔓子拔劍自刎，這就是要鹽不給，要命一條。在巴蔓子眼中，巴東鹽泉比自己的命還要珍貴。

但此時，巴國的衰落已經不可避免，於是向楚國借兵，楚軍來了可就不走了，很快就蠶食巴國的大片土地，當然也包括一些重要的鹽泉。就在楚國快要占領巴國全部鹽泉的時候，西方的秦國感受到強烈的威脅，如果任由楚國奪取巴國全境，楚國會因為掌握了食鹽產地而暴富，而秦國吃飯時可能就會沒有味道了。

這絕不是危言聳聽，當時楚國已經開始阻止巴國的人們向秦國賣鹽，秦國立刻陷入鹽荒的恐懼之中。忍無可忍之下，秦國揮師十萬，遠征伐楚。為了食鹽，雙方展開殊死搏鬥，巴國也幾經易手，最終還是秦國笑到了最後。

秦國在巴地爭奪戰中非常驚險地獲勝了。這場巴地鹽泉爭奪戰，不僅讓秦國和楚國的實力此消彼長，同時對中國未來的歷史產生深遠的影響。想想看，假如巴地之爭由楚國獲勝，秦國失去了巴地鹽泉的財富，恐怕很難實現統一六國的偉業，甚至由強大的楚國最後一統天下也未可知。

歷史不能假設，但歷史有時候確實是被偶然因素改變的。

私鹽終結了大唐

秦國統一六國，不僅奠定了中國的根基，也改變了鹽業的經營模式。原本春秋戰國時期，天下大亂，民間製鹽、販鹽在許多地方都是合法的，比如有個叫猗頓的商人，就因為販賣河東鹽池出產的食鹽發了大財，富比諸侯。但是在有些地方，比如管仲管理的齊國，私鹽必須賣給國家。再如秦國，在商鞅管理的時候，採取了官方經營鹽業的模式，所有的鹽池、鹽泉、鹽井都歸官府所有，由官府開採，只是在銷售環節，商鞅允許一些商人介入，但是可以銷售食鹽的商人的資格被嚴格控制，而且這些商人還要繳納很重的稅。這種模式隨著秦國變成秦朝而得到延續，進而成為後來各個朝代的鹽業經營範本之一。

白花花的鹽巴，是官營還是民營，可以檢驗一個政府是否與民爭利。前面已經談到，官營鹽業實際上是對全體國民徵稅，把民間的財富聚斂到國家的庫府中。對於古代的君王或皇帝來說，鹽不是鹹的，而是像蜜一樣甜，一旦他們嚐到了食鹽帶來的財富甘露，就欲罷不能了。商鞅和管仲開了這個先例，於是各朝各代紛紛效法。

只是官營具有天生的弊病，一個是經營效率低，容易滋生腐敗；另一個是刺激了私鹽買賣。由於鹽業壟斷，導致食鹽的市場價格高，而製鹽成本卻很低，這之間的差價足以讓一些人鋌而走險，把國家的嚴刑峻法放在一邊，博取一場富貴。

國家要想打擊私鹽買賣，往往要付出很大的代價，比如管仲修建齊長城就是一例，這些巨額的監管費用直接抵消掉鹽業官營帶來的一部分利潤。站在現今市場經濟的角度來看，國家對市場進行監管，而民營的食鹽公司從事食鹽生產和銷售，並按照經營情況依法納稅，各個公司在規則公平的市場中自由競爭，才是最有效率的鹽業模式。

但是古人畢竟沒有這麼高的經濟智慧，而且在普天之下莫非王土的環境下，皇帝不會允許底下的臣民掌控江山社稷的命脈，而食鹽恰好是社稷命脈之一。哪怕是修長城阻止私鹽買賣，古代中國的統治者也是幹得出來的。

秦朝二世而滅，漢朝初年百廢待興，當時食鹽的製售還比較開放，私人也可以經營，上層人士還討論過鹽鐵資源是該官營還是民營的問題。但是自漢武帝之後，國家徹底壟斷鹽業，也就長期面臨著私鹽販子的競爭。

漢武帝執意要做「鹽鐵官營」，由國家壟斷鹽和鐵的生產、銷售，目的是獲得更多的財政稅收，來與草原上的強敵匈奴作戰。這種與民爭利的方式，雖然把更多的財富集中到漢朝中央政府手中，卻壓制了整個社會的商品經濟發展，從長遠來看，對於整個國家的經濟是有傷害的。於是在漢武帝死後，漢朝一度罷免了很多鹽、鐵官，取消一些鹽鐵官營政策，來恢復民間的經濟活力。但後來，一旦財政收入吃緊，漢朝皇帝又會走上鹽鐵官營的老路，飲鴆止渴。

只有很短暫的時期，皇帝們或者是靈光一現，或者是歪打正著，會取消官營，讓民營鹽業自由地發展。比如中國歷史上另一個二世而亡的朝代——隋朝，官方放開了鹽業讓百姓經營，並透過對鹽業收稅來獲得稅收收入，有時候甚至乾脆取消稅收。這其實是把收取全民稅的模式，轉變成收取商業稅的模式，對於廣大的民眾或者消費者來說，食鹽上的支出顯然是下降了，但官方的收入卻未必就變少了。因為官方不再需要花力氣打擊私鹽，民營鹽業高效營運也給國家創造了更多的稅收。於是，隋朝雖然不再壟斷鹽業經營，卻並未因此缺錢，隋朝的滅亡另有原因，將在後面的篇章中詳述。

這段民營鹽業的黃金歲月，一直持續到唐朝安史之亂前。西元七五五年，安祿山起兵叛唐，並進攻中原地區，當時的平原太守，也就是中國著名的大書法家顏真卿，為了抵抗安祿山的叛軍，需要籌措大量軍餉，於是他用官府資金壟斷了當地的鹽業市場，把所有的食鹽全部收購，然後加價賣出，賺取了足夠的軍費。

顏真卿的做法是戰時不得已而為之的，但安史之亂後，卻被庸官們奉為至寶，認為是官府發財的真經，唐朝的鹽業制度立刻轉向了官營，而且官鹽的出售價格還節節攀升。原本民營期間，食鹽的價格每斗不過十錢，官方壟斷之後，食鹽的銷售價格提高到每斗一百一十錢，暴漲了十倍有餘！而且鹽價沒有最高，只有更高，到了唐德宗時期，官方鹽價甚至高達每斗三百錢以上。

唐朝後期，官營鹽業給政府帶來了巨額財富嗎？無須多言，讀者也可以推測出來，過去十錢一斗的鹽，變成了三百錢一斗，這不是明擺著給冒險家們一個獲取暴利的機會嗎？當時只要是產鹽的地區，就少不了私鹽販子的身影，私鹽大批入市，強烈地衝擊著官鹽市場。唐德宗把食鹽價格推上高峰，但稅收卻不升反降，因為百姓都去買私鹽了。

面對蜂擁而起的私鹽販子，唐朝皇帝們高高地舉起屠刀，想用殺無赦的辦法來維護自己的鹽業壟斷地位。當時對走私食鹽的法律嚴酷到什麼程度，問一個十多歲的孩子就清楚了。

當時一位管理河東鹽池的官員史牟視察鹽田，偏巧自己一個十多歲的外甥也跟著看熱鬧，看到鹽晶粒很好玩，於是這個小孩子就拾了一顆鹽粒回家。史牟得知此事後，竟然「立杖殺之」。

一個小孩子僅僅為了滿足好奇心而私拿了一粒鹽，就被殺死，說明當時的刑法太嚴酷了。

嚴刑峻法可以恐嚇老實人，但對於亡命之徒卻根本沒有用處。而且，在人們的基本日用品食鹽上橫徵暴斂，直接把底層民眾推向窮困的深淵，既然活不下去，乾脆就亡命一搏好了。唐朝後期，嚴酷的法律並沒有擋住私鹽擴張的腳步，這一切其實都是錯誤的鹽業政策造成的惡果，而不完全是私鹽販子的錯。

曾經輝煌的大唐王朝搖搖欲墜，如果此時官府能夠和私鹽販子和解，也許這個王朝還有救。但是唐王朝的統治者又犯了一個嚴重的錯誤，最終讓唐朝滅亡，也成就了黃巢。

黃巢的老家是在山東菏澤，大家還記得齊國依靠海鹽稱霸吧？那裡從春秋戰國時期就已經是重要的產鹽區。唐朝末年，黃巢家中三代都是私鹽販子，販賣私鹽是死罪，黃巢家能把這個營生做成家族企業，可見對於老練的私鹽販子來說，當時嚴厲的法律不過是減少了自己的一些潛在競爭者而已。

販賣私鹽利潤極高，所以黃巢在唐朝末年犯上作亂，有點古怪。一般人都是吃不飽肚子，不得已暴動搶東西，給自己找一條活路。而黃巢家中殷實，而且還去參加過科舉考試，只可惜名落孫山。

落第後的黃巢心中不甘，寫下了那首有名的詩句：「待到秋來九月八，我花開後百花殺。沖天香陣透長安，滿城盡帶黃金甲。」黃巢借菊花比喻自己將來一定會在長安無限風光。我們透過這首詩可以看出，黃巢是個狂熱追求功名的人。想想也是，家裡錢多得是，如果黃巢能夠為官，那麼絕對算是有成就了。可惜應試總是通不過，這該如何是好？

這時，另一個私鹽販子王仙芝揭竿而起，引發了唐末的大動盪。當王仙芝帶領造反的隊伍攻城拔寨的時候，他的私鹽貿易合夥人黃巢看到了一條通往仕途的另類道路，於是拉起一票人馬與王仙芝回應。後來，兩夥私鹽販子武裝會師一處，實力壯大了，但他們卻不像其他的農民武裝那樣，攻占城池、擴大地盤，而是四處流竄，打下一城搶劫後，棄城而走，轉戰另一城。

這幫私鹽販子怎麼連造反都如此另類呢？

我們要知道，黃巢和王仙芝造反，是為了功名，而不是地盤。所以他們打了勝仗後，立刻派人和唐朝官府商量，要求朝廷接受招安，給自己一個官職來當；而吃了敗仗後，就先夾起尾巴做人，伺機再戰。

在唐朝官府眼中，這股私鹽販子武裝簡直是拿法律亂開玩笑，要是滿足他們的要求，豈不要天下大亂。黃巢和王仙芝第一次兵諫求官，被官府毫無通融地拒絕了。此後，兩人分道揚鑣，各自闖天下。王仙芝在戰敗被殺的前一年，曾經七次向朝廷要求投降求官，都遭到拒絕。黃巢在流竄過程中，也是屢屢求官，都未能如願。

最後，黃巢怒了，既然皇帝不給自己官職，乾脆殺入長安，自己當皇帝算了。黃巢的武裝在流竄過程中，收編了大量窮苦民眾，實力已經今非昔比。當黃巢帶領自己的隊伍攻向長安的門戶潼關時，幾十萬大軍竟然把潼關守軍嚇得屁滾尿流，棄關而逃了。攻陷了潼關，長安也唾手可得，黃巢終於實現了「沖天香陣透長安」的夙願，在長安登基，自封大齊皇帝。

後來，唐朝終於平定了黃巢的暴亂，但遭此重創後，已經奄奄一息，沒過多久就滅亡了。這樣糟糕的結局，在很大程度上要歸罪於唐朝後期執行的糟糕鹽業政策。

有趣的是，在鎮壓黃巢的官軍陣營中，竟然也有許多私鹽販子出身的軍人，比如王建、錢鏐、朱瑄等人。王建於少年時代販賣私鹽，在黃巢起義爆發後，他沒有選擇站在同行這一邊，而是投奔了逃難到成都的唐朝皇帝，加入隊伍與黃巢為敵。錢鏐在年輕時也以販賣私鹽為生，後來加入官軍，在鎮壓黃巢武裝的戰鬥中壯大了自己的力量。朱瑄的父親也是私鹽販子，還曾受到朝廷的刑罰，朱瑄卻加入了唐軍去鎮壓黃巢武裝。

黃巢叛亂失敗後，這些私鹽販子搖身一變，官運亨通，有的還成為割據一方的藩鎮節度使，不僅擁兵自重，不向唐王朝納稅，還積極參與唐朝末年的權力爭奪戰，成為唐朝垮臺的重要推力。早知最後還是斷送在私鹽販子手中，當初唐朝皇帝又何必拒絕黃巢的求官呢？

食鹽可以讓一個王朝興起，也真的可以讓一個王朝覆滅。

〔第3章〕

長城：外面的人想進來，裡面的人想出去

任何人第一次看到長城，都會驚歎那綿延在山脊之上的人間奇蹟。歷代中原王朝耗費大量的人力、物力，修建起這座舉世聞名的防禦工事，抵禦北方遊牧民族南下的鐵蹄。萬里長城已經成為中國的重要象徵。

馬可・波羅見過長城嗎？

馬可・波羅（Marco Polo）這個十三世紀的義大利旅行家，在年輕時跟隨自己的叔叔穿越廣袤的歐亞大陸，歷盡艱辛，抵達了東方的中國，那時統治中國的是元朝的忽必烈大汗。馬可・波羅在自己的遊記中，詳細地描述了自己在中國的各種見聞，尤其是一些讓他驚訝的事物，比如中國人居然用紙幣作為交易貨幣，任何一個老闆都不能拒絕接收顧客的紙幣；再如，他看到北方中國人用黑色的石頭替代木柴作為燃料，而且取暖效果比木柴還好，這種黑色的石頭顯然是煤，那時在歐洲還很少使用。

但是，在馬可・波羅的遊記中，卻偏偏沒有提到那道「偉大的牆」（The Great Wall，即長城）。這一度成為否定他到過中國的重要證據。雄偉的長城是那麼醒目，在古代世界中，只有埃及金字塔的宏偉可以與之媲美，馬可・波羅又不是瞎子，會看不到長城嗎？如果他真的見過長城，不可能不記錄在案。

其實，他也許真的看過長城，但那時的長城也許是一些斷壁殘垣。實際上，秦朝修建的萬里長城在漢代得到了加強，漢長城總長甚至達到二萬多里。但是自漢代以後，長城逐漸被廢棄，到了元朝忽必烈時期，秦漢長城早已沒有當年的風采，倒塌的倒塌，被拆的被拆，許多城磚都成了老百姓蓋房子、壘豬圈的好材料。

想想看，秦朝時期的工程留到現今的有哪些？兵馬俑是因為被埋藏在地下而得到保存，都江堰和靈渠由於在水利方面的重要意義，被後人精心地維護。除此之外，秦朝的建築全部灰飛煙滅了。秦朝的長城建於西元前，到忽必烈時期已經存在一千五百多年，年復一年的風吹日曬，秦長城早就不是原來的樣子了。

也怪馬可·波羅在遊記中多次吹噓自己在元朝屢建功勳，比如向忽必烈敬獻巨石炮攻打襄陽城之類的事蹟，導致後人對他是否真的到過中國產生了懷疑。再加上明朝中葉開始，西方傳教士紛紛東來，發現一道雄偉的大牆赫然屹立在中國的北方，更加懷疑馬可·波羅根本就沒來過中國，更沒見過長城。其實，這些西方傳教士看到的長城，已經不是秦漢時期的長城，而是明朝前期為了抵禦北方瓦剌等部的入侵，幾乎是在原來秦漢長城的原址上重新修建起來的。

現在讓我們把馬可·波羅放在一邊，關注一個與長城有關的位置問題：為什麼時隔一千六、七百年，明朝長城會與秦朝長城修建的位置大致重疊呢？難道這只是一次巧合嗎？

神奇的四百毫米等雨量線

中原王朝基本上是農耕民族的國家，與北方游牧民族之間經常發生衝突，時而游牧民族南下劫掠財物，時而農耕民族北上驅逐敵人，雙方在長城一線來回拉鋸，從周朝一直對抗到明朝末年。在這三千年左右的對抗中，中原王朝的北方邊界在大多數時間裡都位於長城附近，難道長城真能起到如此大的作用，可以限制兩邊的擴張嗎？

長城是死的，而人是活的，從表面上看是長城限制了兩邊民眾的活動，實際上背後還有更重要的因素，那就是雨量。

如果能夠找到一張中國年雨量圖，再與長城的位置圖對比一下，我們就會發現，長城幾乎與橫穿中國北方的四百毫米等雨量線重疊。從華北北面的燕山山脈向西，經過現今山西境內的太行山北段、內蒙古境內的陰山山脈，再折向西南，長城的走向與四百毫米等雨量線正好吻合。

為什麼長城偏巧建在四百毫米等雨量線上呢？

雨量的多少，對於地表植物的生長至關重要。如果年雨量少於四百毫米，地表植被就會以耐乾旱的草為主，那麼在這些地區生活的人們就必須採取放牧牛羊的方式來養活自己。雖然開墾草原來生產糧食並非不行，但沒有雨量的配合，不僅產量低，幾年下來，土地就會沙化，無法繼續種莊稼。所以，在四百毫米等雨量線以北的地區，成為游牧民族的理想家園。

反之，當年雨量大於四百毫米時，人們就可以開墾農田，比如在華北地區種植小麥等作物，可以獲得不錯的收成。於是，在四百毫米等雨量線以南，古代人大多選擇當個農民。

在中國古代，中原的農耕生產方式向北最遠只能擴展到這條雨量線附近，而北方的草原遊牧民族如果向南突破了這條老天爺劃定的界線，也會感到自己的牛羊沒有足夠的草場，畜牧生產不合時宜。於是，四百毫米等雨量線就成為農耕民族和遊牧民族的分界線。

但是，等雨量線是死的，人是活的。中原文化是以農田為基礎的農耕文化，更提倡安居樂業，能夠自給自足，不需要對外劫掠。可是遊牧民族的情況卻不太妙，在某些嚴寒的年分，或者畜疫流行時節，他們的牲口大批死亡，整個部落就會陷入生死存亡的絕境。在得不到南方農耕民族救濟的時候，遊牧民族就只好兵戎相見，南下劫掠錢糧。此外，遊牧民族為了獲得中原文明的一些財物，比如布料和茶葉等，也會時不時地騷擾中原王朝的邊疆。

於是，一個嚴峻的課題擺在農耕民族面前：如何對付北方的這幫人呢？

秦始皇算了一筆經濟帳

西元前二一五年，在現今內蒙古的河套地區，秦朝大將蒙恬率領以步兵為主的秦軍，與凶狠的匈奴騎兵展開了一場殊死之戰，剛剛統一天下的秦軍士氣正旺，一舉拿下河套地區。匈奴殘部望風而逃，遠遁大漠。

然而，凱旋的秦軍得到的命令卻不是再接再厲，攻占漠北，而是轉攻為守，三十萬大軍以戰國時期燕、趙、秦三國的北方長城為基礎，就地修築長城，從西北的臨洮一帶延伸到遼東，橫貫東西的萬里長城第一次出現在人們的面前。

究竟是什麼原因導致秦始皇停止北伐，反而耗盡全國的財力、人力去修築長城呢？因為秦始皇不僅是中國古代一位傑出的政治家，還是一位卓越的經濟學家，他肯定算過一筆經濟帳。

讓我們站在秦始皇的角度來思考對付匈奴的難題。首先，秦始皇統治的民眾基本上都是農民，如果要深入大漠與匈奴作戰，就需要相當數量的騎兵。把平時不騎馬的農夫轉變為強大的騎兵，不僅要花費大量的時間、金錢，同時由於這些農民當了兵，不能再從事農耕，還要蒙受生產上的損失。

其次，即使有了強大的騎兵，要送他們到北方草原深處作戰，糧草的運輸和損耗也是一筆很可怕的開銷，古代沒有高速公路和鐵路，糧食運輸十分不便。就拿秦朝對匈奴的戰爭來說，秦始皇二十二年（西元前二二五年），「使蒙恬將兵而攻胡」，在黃河河套以南地區設置了二十四個縣，依靠黃河河灣天險進行防禦，派兵駐守，又遷徙百姓去充實當地，「發天下丁男以守北河」。然而，當地多沼津而鹹鹵，不生五穀！軍糧和民糧都是迫在眉睫的問題，由於臨近的關中地區糧食有限，大量軍民的口糧要從關東地區調運，「又使天下飛芻挽粟」，連山東濱海地區的糧食都要調集過來，運輸線長達數千里，損耗驚人，「率三十鍾而致一石」。當時一鍾相當於六石四斗，三十鍾等於一百九十二石，也就是說，把糧食從山東運送到河套地區，有效輸送量只有可憐的〇．五％！就算從其他近一點的地區輸送，有效輸送量也不過一％至二％。中原王朝每一次大規模對外作戰，都是民脂民膏的巨大消耗，老百姓的負擔十分沉重。

反觀草原族群，匈奴騎兵的作戰成本卻很低，遊牧民族從小在馬背上長大，既是放牧者，又是戰士，角色轉換很容易，甚至可以一邊放牧，一邊作戰，後勤保障比農耕民族好多了。

農耕民族作戰的成本比遊牧民族要高，而作戰的收益卻少得可憐。即使占領了廣袤的草原，也無法耕種。中原王朝的稅收是從農民的頭上獲取的，沒有了農民，要那麼大的草原有什麼用處？即使打贏了對遊牧民族的戰爭，也要被高昂的戰爭成本壓垮。

漢武帝雄才大略，曾經在對匈奴的戰爭中取得輝煌的勝利，可是勞民傷財，大大削弱國家的經濟實力，直接導致了漢朝的衰落；明成祖朱棣的大軍五出漠北，苦戰多年，把蒙古各部趕得四處奔逃，但仗打到最後，先吃不消的卻是自己。

反觀遊牧民族，他們來去如風，掠奪農耕民族累積的財富輕而易舉，收益驚人。成本低，收益高，遊牧民族怎麼會不熱衷於劫掠戰呢？

得想個方法，改變成本和收益上的巨大反差。秦始皇借鑑戰國時期的策略，想到了修築長城。有了長城這種防禦工事，流動的戰場將會變為固定的戰線。遊牧民族無法重演來了就搶、搶了就跑的鬧劇，必須先在長城一線與守軍打一仗。

如此一來，成本和收益就改變了。防守的農耕民族可以從附近的農田中獲得糧食，進攻的遊牧民族卻遠離了放牧的草場。而且長城一線多群山，重要的道路上又修建了堅固的關隘，遊牧民族往往還沒有搶到東西，就先挨了一頓打。

依託長城打防禦戰，農耕民族不用訓練騎兵部隊，訓練成本得以降低，又因為士兵原本就是農民，有了固定的根據地，熟悉農活的士兵在閒時完全可以就地屯墾，後勤的負擔也小多了。

說句實話，農耕民族的傑出代表秦始皇雖然沒有讀過現代《經濟學原理》之類的著作，但他大規模修築長城的舉動，的確與經濟學最基本的成本、收益規律是相符合的。修築長城固然要耗費大量的人力、物力，在短期內經濟壓力很大，但從長遠來看，秦始皇的這筆帳算得很精明。

此後的各朝各代，只要有條件、有需要，也都盡量採取修築長城的方式來防禦北方的遊牧民族。比如明朝成化年間，蒙古韃靼部常常進犯陝北、甘肅一帶，皇帝於是召集大臣討論防禦事宜。大臣們算了一筆帳，如果徵集五萬名勞工，用兩個月的時間修葺長城，耗銀不過一百萬兩，而派出八萬大軍征討韃靼入侵者，每年的糧草、運費折合銀兩，總計耗銀近一千萬兩。成本高低一目了然。而且，軍人可以在長城內屯田耕種，獲得一定的糧食，這就節省了從中原調糧食到前線的巨額成本。

於是，明朝的皇帝們選擇修建長城，我們現今看到的雄偉長城就是在那個時期完工的，在元朝初年就來到中國的馬可·波羅自然是看不到明朝長城的。

長城為何長久不修葺

秦始皇的經濟帳算得很精明，理念很先進，願景很美好，但事情是人辦的，長城能否發揮經濟效益，還要看辦事的人執行力如何。

越是規模巨大的工程，就越需要精確的管理。像長城這種綿延萬里的防禦工事，需要有完善、系統的管理制度做保障，還要有能夠嚴格遵守制度的管理人員。偏偏中原王朝的根基是億萬個自耕農，各家各戶耕種自己的一畝三分地，然後上繳皇糧，養活貴族和皇帝。除了按時按量繳皇糧之外，自耕農往往各自為戰，並不會組成更高效能的組織，比如農業公司之類的企業，中原王朝也不願意看到民間興起一些挑戰皇權的組織，威脅到皇上的龍椅。

總之，中原王朝在管理上具有先天的弊病，沒有培養出有能力的管理人員，很難精細地管理長城這樣的大工程。王朝初興的時候還好說，沒有那麼多吃閒飯的貴族要養活，開國之君往往管理能力也不錯，此時長城可以禦敵。但是到了一個王朝的中後期，由於朝綱鬆弛，管理的弊病就顯現出來，於是長城防線從一根緊繃的弓弦變成了鬆軟的橡皮繩，有外敵壓力時緊一下，沒有外敵壓力時就鬆下來。當強敵大兵壓境，橡皮繩被掙斷的時候，長城就被攻破了。

更為要命的是，遊牧民族同樣具有學習能力，他們也一直在努力！中國歷史上早期的一些遊牧民族，比如匈奴、柔然之類，基本上把長城以南當作自己的「財物牧場」，劫掠一番後就北歸，不會定居下來。但是，後來的一些遊牧民族，比如建立了遼朝的契丹和建立了金朝的女真，隨著和農耕民族接觸增多，對農業技術並不陌生，當他們入侵到長城以南後，往往能入鄉隨俗，定居下來，或者自己棄牧從農，或者繼續讓當地自耕農耕種農田，透過向自耕農收稅來維持政權的運轉，這就和中原王朝沒有什麼區別了。

這就是在漢朝之後、明朝之前這麼長的時間中，長城的修葺始終小打小鬧的原因。遊牧民族既然學會了入主中原的農業技術，一旦闖入長城以南後，很容易安營紮寨，長期控制農耕地區。如果我們還從成本和收益的角度分析，就會發現無論是前期的匈奴人、鮮卑人，還是後來的契丹人、女真人，由於可以從長城以南的占領區獲得足夠的糧食，成本降低了，再仰仗比中原民族步兵更強悍的騎兵打拚天下，收益很大，因此，他們基本上都能扎根在長城以南，此後的蒙古人甚至先滅掉了北方的金朝，後滅掉了南方的南宋，把長城南北完全統一。

所以，隨著遊牧民族的技術進步，長城帶來的經濟效益不斷下降，長城兩側的拉鋸戰明顯傾向遊牧民族。近代學者王國維曾經評價金朝利用長城抵禦蒙古人，說如果金朝的實力處於比較強盛的時候，蒙古人也沒有鐵木真那樣強悍的首領，守衛長城沿線的女真將領不太笨的話，那麼長城的防禦效果還算差強人意，有一些作用。這段話道出了金朝的無奈，那時的長城就如同是雞肋，修建要浪費銀子，不修會被劫掠銀子，翻譯成經濟學的說法就是，成本和收益差不多相等，這買賣可做可不做。

如果放棄了長城，任由遊牧民族寇邊，顯然行不通。該到了農耕民族出新招的時候了。

長城被經濟學打敗了

先讓我們來看一個「農夫與牧民」的故事。一個農夫和一個牧民做鄰居，他的莊稼總是被牧民的牛啃吃。農夫有以下幾個方案可以選擇：第一是把牧民告上法庭，要求牧民賠償自己的損失，不過打官司也要搭上錢財和時間，還要跟鄰居反目成仇，為了一點莊稼也許不值得。第二是在農田和牧場之間修建一道籬笆，防止牛進入農田。不過，修築籬笆需要花錢買木料、釘子，還得忙碌好多天。

有沒有成本更低的解決方法呢？有！農夫可以直接給牧民一點錢，買一條繩子把牛拴住，不讓牛亂跑。這筆錢顯然比打官司和修籬笆的成本低多了。

等一等，等一等！牛把農夫的莊稼吃了，農夫沒得到賠償，憑什麼還要倒貼給牧民一筆錢？聽起來太不公平了。在此強調一下，本書討論的不是公平和道德問題，而是經濟和歷史問題。對於農夫來說，他要解決和牧民的糾紛，不論是支付給法庭的訴訟費、修籬笆的人工和材料費，還是給牧民買牛繩的錢，都屬於經濟學上的「交易費用」，是為了達成交易（比如讓牛不再啃莊稼）而支付的費用。

站在純粹的經濟學角度來看，只要這筆費用能夠降低，就相當於農夫和牧民賺錢，獲得了收益。既然給牧民買牛繩的錢是最低廉的，那麼農民就應當採用這個方案！對於牧民來說，肯定不願意和農民打官司，也不願意讓農民修築籬笆，這都不如農民給自己一筆錢的收益大。

現代經濟學家把這叫什麼來著？對，雙贏！

中原王朝經過漫長的摸索，付出血的代價後，才逐漸明白了交易費用的道理。漢武帝對付匈奴的策略，是打出衛青和霍去病兩張王牌，準備一舉消滅匈奴。這就類似於農夫和牧民在法庭上較量，兩敗俱傷，無法彌補自己的損失。其實秦始皇早就看清楚這一點，所以即使手中有強悍的秦軍，但採取的方案卻是在自己中原大農田的北邊修建一道巨大的籬笆牆——萬里長城，來阻擋北方匈奴。

秦始皇的方案並不是最省錢的，最先真正理解並應用了交易費用原理的中原王朝，是宋朝。無論是北宋還是南宋，都靠著向遼、金、西夏饋贈歲貢的方式，換取了長期的太平。本書在後面章節中對宋朝這段花錢買和平的歷史有具體的介紹，此處先按下不表。

除了花錢消災之外，在實力允許的條件下，中原王朝其實還有更好的策略，那就是和遊牧民族做生意，也就是所謂的互市。史書上總是把遊牧民族描述得野蠻粗魯，其實長城內外的人智力相差無幾，更願意明智地做生意的人其實並不是中原王朝，而是遊牧民族！

明朝時期，蒙古的俺答汗就曾經向明朝說過內心話，他說蒙古人南下劫掠，無非是想得到草原上沒有的錦帛、茶葉等商品，可是越過長城動手去搶，很多時候搶不到多少錦帛、茶葉，只能搶一些人口和牲口，偏偏人口和牲口並不是草原上缺乏的。而且，就算是搶劫計畫順利實施，依然難免有傷亡和損失，算來算去，還不如雙方和和氣氣地互市，彼此做買賣合算。於是，俺答汗懇請大明皇帝和自己做邊境貿易。

從經濟上看，如果能夠彼此做生意，獲得的收益比單純的花錢消災要更好，買賣雙方獲得的利益更大。對於草原上的遊牧民族來說，奶茶是一種重要的飲品，可以抵消牛羊肉的油膩，偏偏製作奶茶的原料之一「茶葉」，卻產自江南地區；對於中原王朝來說，動物毛皮是高檔的奢侈品，但自己的疆土內產出的毛皮量卻無法滿足需要。用茶葉換毛皮，雙方的生活品質都會提高，何樂而不為呢？

面子！面子是人們心中的大牆，它經常阻礙長城內外的民族做貿易。長城內的漢民族往往自詡天朝上國、文明開化，對四周的民族用「蠻夷」相稱。加上古代中國重農輕商，商人地位低下，更不用說遊牧民族的商人了，所以一個朝代要和周邊民族做貿易，可謂屈尊了，往往要在朝廷上爭執很久，壓下儒生們的那通大道理後才能實現。偏偏長城外的遊牧民族生性彪悍，脾氣也大，遇到漢民族對其不尊重，面子上過不去時，往往拔刀相向。

好在長城內外有時也能達成貿易協定。一五七〇年前後，明朝與蒙古各部達成了和平協議，並在邊境上展開互市貿易。從此，大明王朝的北方邊疆穩定了許多，據估計，僅僅是軍費，明朝就節省了七十%，如果算上互市帶來的價值，那就更可觀了。在明清兩代叱吒風雲的山西晉商，就是在互市展開後，利用自己靠近邊境的地理優勢，大做貿易而發家致富的。

到了清朝，皇族本來就是遊牧民族出身，自然明白遊牧民族的心思。清朝皇帝冊封了許多蒙古王爺，還讓皇族與蒙古貴族聯姻，並賜予許多蒙古貴族草場、領地和俸祿，至於貿易，清朝的疆域已經囊括了長城內外，遊牧民族和農耕民族的交易完全變成了內部的生意，暢通無阻。

當農夫和牧民已經融洽為一家人的時候，還需要長城做什麼呢？

整個清朝時期，政府再也沒有修築過長城。

兩邊人詛咒的圍牆

清朝以及更早的元朝其實是特例，兩個朝代都疆域遼闊，把長城變成了自己家庭院內的一道花圃籬笆，自然不會琢磨著加固籬笆，給自己在家裡溜達時憑空製造障礙。但在其他朝代，當長城一線是邊境的時候，即使遊牧民族不躍馬揚鞭南下，願意與中原王朝老老實實做貿易，中原王朝依然會嚴密地守衛著長城和關隘，只是守軍冷面相對的方向不是北方，而是南方。

難道他們都叛變了本朝，去為遊牧民族鎮守邊關嗎？

非也！我們永遠不要忘記，古代中國是一個自耕農的社會，社會稅收源於自耕農。這些農民處於社會的底層，每年上繳了皇糧之後，已經所剩無幾，一有天災人禍，難免陷入困頓。如果國家不能及時救濟災民，民眾為了生存，就會背井離鄉去逃難，包括逃向長城之外。此外，長城附近靠南一側，原本就有許多人熟悉北方草原，甚至有些人在北方還有親屬。一旦中原地區局勢不穩，他們就會考慮去關外。

中國的皇帝是靠農民的稅收養活的，走掉一部分農民，就等於走掉了一部分稅收。所以有些時候，中原王朝最擔心的事情，不是遊牧民族擾邊境，而是子民外逃。漢元帝時期，匈奴的威脅減弱，許多大臣主張停止修築勞民傷財的長城，只有郎中侯應上書，很明白地告訴皇帝，長城不僅是防禦北方遊牧民族入侵中原的屏障，也是防止關內各類人等外逃的藩籬。這位曾經把王昭君送給匈奴人的漢元帝立刻明白此中玄機，長城防務萬萬不可廢止，它全心全意地保衛人民（別外逃）。

秦漢時期，不要說遠行到長城之外，就是在境內遷徙，也得層層上報，得到批准後才可以動身。在一塊出土的漢簡上面記載，一個叫崔自當的人要到居延去採買家中用具，鄉里的負責人向縣衙官員出具了這個人沒有犯罪前科的證明，於是縣衙頒發通行證，上面寫著此人沒有犯罪前科，各關卡可以按照律令規定，給他辦理通關手續。

中原王朝把老百姓盡量束縛在自己的土地旁邊，束縛在家鄉，並不只是為了治安管理的需要，更重要的是人口管理和稅收的需要。如果老百姓可以到處遷徙，收稅的時候找不到人，官員們交不了差，麻煩就大了。

所以，面對綿延萬里的大牆，遊牧民族自然是會詛咒它早點倒掉的。而中原的窮苦百姓也會詛咒這堵大牆。面子對於窮苦百姓來說是次要的，生存卻是必需的。如果長城威脅到百姓的遷徙，進而威脅到他們的生存，要它何用呢？

幸虧明朝的長城修築得十分堅固，而且距今不過五百年左右，許多牆段風采依舊，比如八達嶺長城，如今變成了世界聞名的旅遊景點，成為當地旅遊產業的支柱之一。長城在當時的經濟貢獻還未可知，在後世卻有如此喜人的經濟貢獻，兩相對比，令人慨歎。

〔第4章〕

爭霸西域的真正目的

貌似滑稽的「天馬戰爭」

在李廣利的帶領下，三萬漢軍圍攻大宛都城貴山城的戰鬥已經持續了四十多日，貴山城外城已破，大宛王毋寡率領貴族退入內城負隅頑抗。城內貴族嘩變，殺死毋寡，派人帶著毋寡的首級赴漢軍大營求降。李廣利答應了貴族們的請求，停止進攻內城。大宛方面也趕出馬匹供漢軍挑選。李廣利又選擇了親漢一派的貴族，將之立為大宛王，雙方盟誓後，漢軍得勝東歸。這就是被後人津津樂道的「天馬戰爭」。

大宛國在現今的中亞烏茲別克一帶，到西漢都城長安的直線距離接近四千公里，距離西漢的西界敦煌一帶也有三千公里。漢武帝聚集大軍勞師襲遠，越過現今廣袤的新疆大地，去攻打大宛，戰爭的理由略有一些滑稽——大宛不賣馬給漢朝。

為了改良中原大地的戰馬品種，漢武帝曾派出使團，帶著黃金千斤和一個黃金馬匹塑像，購買養馬名國大宛視為國寶的汗血寶馬，也就是金庸在《射鵰英雄傳》裡描述的郭靖騎的那種馬。

大宛的汗血寶馬在當時受到各國的追捧，豈可輕易送人？大宛當然知道漢朝很強大，不過由於相距遙遠，中間隔著雪山大漠，大宛沒把漢朝的要求放在眼裡，非常乾脆地拒絕了這筆交易，不但沒有賣馬，還把漢使殺掉，奪走黃金。這才引來了震驚整個西域的「天馬戰爭」。

為了幾匹好馬就興師動眾去攻打幾千公里以外的國家，這種瘋狂的事情不像是雄才大略的漢武帝做出來的。毫無疑問，貌似荒唐的「天馬戰爭」是漢武帝經營漢朝的巨大棋局中的一步險招，而與強盛的漢朝對弈的，就是稱霸草原的強大遊牧民族——匈奴。

匈奴是中原王朝的宿敵，漢高祖劉邦曾攜統一天下的餘威征討匈奴，卻被匈奴圍困在白登，即現今的山西大同一帶，差點全軍覆沒。此後匈奴對壘漢朝一直不落下風，直到漢武帝登基後，養精蓄銳多年的漢朝終於在漢武帝的帶領下，開始主動出擊。

可是漢朝與匈奴在長城沿線直接肉搏，地處西面的西域諸國不過是路人甲、路人乙，在旁邊圍觀而已，和這場爭霸戰有什麼關係呢？

漢朝對賣絲綢沒興趣

撇開匈奴不論，西域這塊地方對於漢朝來說，還真是沒有什麼油水可撈。

對於漢朝向西域擴張的理由，歷史學家曾經提出兩個解釋，其中之一就是對外貿易，特別是絲綢貿易的需要。

我們都知道張騫出使西域的壯舉和絲綢之路的興起。自從漢武帝派張騫歷盡艱辛出使西域，打通了西漢與西域乃至更西方國家的聯繫後，從中國北方一直延伸到古羅馬帝國的絲綢之路上的貿易就繁榮起來，絲綢成為這條貿易路線上的代表性商品，它是古代中國非常重要的輸出商品。

能夠吐絲的蠶，幾乎是古代人完全馴化的唯一一類昆蟲。科學家曾經收集了世界各地現存的一百多個品種的家蠶，分析牠們的基因資訊，發現所有家蠶的共同祖先可以追溯到五千年前中國的野桑蠶，因此，中國是家蠶和絲綢毫無爭議的故鄉。在秦漢時期，山東地區的絲織品已經舉世聞名，《史記》裡就描述齊魯之地的絲織業，「齊帶山海，膏壤千里，宜桑麻，人民多文綵布帛魚鹽……鄒、魯濱洙、泗……頗有桑麻之業」。

《漢書》裡還不吝讚美之詞地說：「織作冰紈綺繡純麗之物，號為冠帶衣履天下。」在很長的一段時間裡，古代中國是絲綢的唯一產區，因此外國人要想獲得絢麗奪目的絲綢，只能到中國採購。

從漢朝到羅馬的絲綢之路上，西域是跨越整個亞洲的必經之地。絲綢之路在西域大體上有三條路線，沿著天山南北各有一條，沿著崑崙山山麓也有一條。這幾條道路分別連接了一些綠洲王國。從經濟角度來看，如果能夠控制西域的這些綠洲王國，貫通絲綢之路，漢朝等中原王朝就可以利用這幾條貿易路線賺大錢。

但事實卻非如此。按照一般的說法，漢朝向西方，特別是古羅馬帝國，輸出了大量的絲綢，當時古羅馬帝國的流通貨幣主要是金幣和銀幣，按說漢朝應該賺到了大量的古羅馬金銀幣。可是多年來的考古卻發現，在中國境內發現的古羅馬金銀幣屈指可數，還都主要在新疆地區出土，中原地區幾乎看不到古羅馬貨幣的蹤影。

絲綢貿易賺的錢沒有落到漢朝人的口袋裡，這是為何？

漢朝的絲綢遠銷到歐洲的古羅馬地區，主要不是中原商人把絲綢運輸出去的，絕大部分的絲綢都是由外國商人從中國採購，然後運輸到西方的。古羅馬的博物學家普林尼（**Gaius Plinius Secundus**）曾經記載，中國人自己並不主動賣絲綢，他們的貿易都是由外國人來中國成交的。司馬遷的《史記》也記載，西北各國使者成批到來，絡繹不絕，很多都是來做貿易的。甚至歐洲馬其頓的商人也曾穿越西亞，不遠萬里來到中國，採購絲綢賣到西方去。

古羅馬人的絲綢進口記載也發現，他們得到的絲綢幾乎都是從中亞的安息（位於今伊朗附近）、貴霜（位於今帕米爾高原、巴基斯坦和印度北部一帶）和其他地區的中間商那裡獲得的，因此羅馬支付的金銀幣主要被中間商賺到了，中間商截留了相當可觀的貿易利潤，而作為產地的中國得到的貿易利潤並不太多。

而且古羅馬購買絲綢等東方商品，也不會只依靠金幣、銀幣來支付。古羅馬也有自己的「高科技產品」，比如吹製玻璃。當時羅馬帝國治下的敘利亞是吹製玻璃的生產基地，對於同時代的其他古代國家來說，晶瑩剔透且色澤鮮豔的玻璃等同於自然界的那些稀有寶石，是人們競相購買的奢侈品。古羅馬人依靠玻璃出口，緩解了本國貴金屬貨幣的外流。有些古羅馬玻璃製品一路輾轉，甚至來到了東方的漢朝境內，就好似絲綢最終被銷售到古羅馬境內那樣。

漢朝以外地區的人的確很喜歡絲綢，但是漢朝從政府層面上卻對輸出絲綢賺大錢沒什麼興趣。從官方記載來看，絲綢主要是用來當作賞賜之用的，皇帝會向一些綠洲王國的國王、貴族賞賜一些絲綢，以獎勵或拉攏他們站在漢朝的陣營裡。那個時候的絲綢是昂貴的奢侈品，綠洲王國的國王、貴族接受了賞賜後，如果自己使用不完，就會把一部分絲綢轉手賣到離漢朝更遠的國家去。但這並不是漢朝自己想做這樣的貿易。

真正的絲綢貿易在民間是存在的，特別是一些西域的商人為了牟取高額利潤，會想方設法從漢朝弄到絲綢，然後經由絲綢之路販賣給別人。漢朝並不鼓勵自己的民眾從事這樣的貿易。因此，絲綢之路只是民間商人，特別是西域和其他西方國家商人，自發形成的貿易路線，與漢朝經營西域無關。

脆弱的綠洲壓力大

關於漢朝控制西域的另一個解釋是，漢朝需要一些附屬國獲得豐厚的收入。然而，如果我們真正瞭解這些綠洲王國的社會經濟狀況，就會知道這個解釋也是站不住腳的。

雖然西域的綠洲文明看上去異域色彩濃郁，和中原面貌不一樣，但其實從社會經濟基礎角度來講，每一個綠洲王國就好像是中原王朝的縮影。說起來有點難以置信，綠洲王國的經濟基礎其實也是農業，具體來說是利用高山雪融水進行灌溉的精耕農業。考古發現，綠洲王國裡有一些生活奢華的富人，他們要麼是權貴，要麼是商人，但是大多數人還是貧窮的農民，購買力很低，不過，他們的勞動仍然給綠洲王國的統治者提供了一些賦稅，支撐起脆弱的綠洲政權。

西域也出產美玉、名馬和地毯一類的奢侈品，頗受漢朝上流社會的喜愛。在班固寫給他遠在西域的弟弟班超將軍的好幾封信中，談到有一位竇先生（可能是皇帝的姻親），從西域購買了各種奢侈品。其中一封信說，竇先生曾經寄送八十萬錢到那裡去，購買了十多張地毯。另一封信是通知他的弟弟，竇先生正在運輸七百匹雜彩（彩色的絲織物）和三百匹白素（白色的絲綢）到西域，打算購買月氏馬、蘇合香以及羊毛紡織品等奢侈品。

如果漢朝出兵征服西域，當然可以獲得這些奢侈品，滿足一部分富裕階層的需要。但是對於漢朝這樣龐大的帝國來說，西域的一點點奢侈品不會給整個國家的財富帶來實質性的增加。很多時候，西域國家上貢的這些珍稀物品，對於漢朝皇帝來說只是具有榮譽性的價值，貢品代表了那些國家對漢朝表面上的臣服，如此而已。

攻占綠洲對於強大的漢朝來說並不難，每個綠洲王國的人口通常只有幾萬到十幾萬人，軍事力量孱弱，漢朝的軍隊只要到達綠洲，就很容易占領那裡。軍隊甚至還可以利用當地的農業基礎，獲得一些糧食等方面的給養。但是真要從綠洲榨取足夠多的經濟利益，基本上是沒戲的。

而且西域的綠洲王國國力很有限，甚至在給漢朝的往來使團提供後勤保障上都很勉強。實際上，從漢朝向西域擴張的早期，一些西域的小國家就已經抱怨他們不得不給漢朝使者提供大量的物資。而且，食物等的供應不僅要提供給派往西域的漢朝使者，還要提供給途經本國的各個國家的赴漢使團。在漢武帝時期，漢朝使者必經的樓蘭、車師等國，就因此而陷入非常窮困的境地。前往西域的漢朝使團規模大的有好幾百人，較小的使團人數也超過了一百人。一年之中，經常會有五、六個甚至十多個使團到西域去。

西元一〇年，王莽決定派遣一個外交使團到西域去，車師國國王得到這個消息後非常不安，甚至打算逃到匈奴去，以躲避沉重的財政負擔。因為此前該國接待一個使團，花費了一些財物，還沒恢復過來，如果再接待一個使團，這個國家的財政就要崩潰了。綠洲王國連使團接待都勉為其難，更不用說養活漢朝在西域的駐軍，以及給漢朝提供賦稅收入了。

匈奴被一記勾拳打昏了

那麼，為什麼漢朝還要苦心經營西域呢？這主要是很單純的戰略考慮。

漢武帝最初派遣張騫通西域，是想聯合匈奴的宿敵大月氏共同對付匈奴。月氏這個民族原本活躍於中國現在的河西走廊一帶，甚至還曾經一度壓制了強大的匈奴，更是把同樣活躍在河西走廊一帶的其他民族趕得到處跑，比如烏孫。可惜好景不長，匈奴在冒頓單于的帶領下強大起來，並聯合烏孫等民族一舉擊敗了月氏，一部分月氏人逃往崑崙山、阿爾金山一帶，形成了小月氏。另一部分人向西遷移，在天山中的伊犁河谷搶到地盤，這就是大月氏。此後，烏孫人乘勝追擊，又把大月氏趕到更西邊，自己占據了伊犁河谷。

敵人的敵人就是朋友。匈奴是漢朝和大月氏的共同敵人，那麼大月氏就有可能成為漢朝的朋友，為漢朝打擊匈奴助一臂之力。漢武帝想得很美好，但是張騫和遙遠的大月氏接觸後發現，遠遁而走的大月氏早已沒有了要找匈奴復仇的念頭。其實就算是大月氏有心復仇，中間也隔著烏孫和其他西域綠洲王國，八竿子也打不到匈奴了。

雖然聯合大月氏抗匈奴的戰略設想破滅了，但是張騫推開了西域的大門，讓漢朝立刻看到西域的真正價值，這價值不是賺錢、地盤，也不是擁有西域對漢朝有多重要，而是在於一旦匈奴沒有了西域，會有多糟糕。

西域的綠洲王國主要是灌溉農業經濟，而匈奴是遊牧經濟，兩者其實可以互補，如果匈奴控制了西域，最起碼可以獲得一定的糧食，西域的那點餘糧對於以農業立國、人口眾多的漢朝來說，連塞牙縫都不夠。但對於在草原上遊牧，人口本來就不多的匈奴人來說很寶貴，能夠讓他們在大災之年牲畜大減的時候有口糧吃。西域的許多國家，尤其是鄰接匈奴和漢朝的車師，已經有比較發達的農業經濟。在漢朝控制這一地區之前，匈奴的食物供應在很大程度上依賴於這些國家生產的穀物。

此外，西域還能向匈奴提供一些軍需物資，比如鐵製兵器，必要的時候，匈奴還可以徵集西域的屬國士兵參戰。匈奴在西域徵收賦稅，這筆收入對於匈奴來說是相當可觀的。再說，如果匈奴控制西域，就多了一條攻擊漢朝的西北路線，這對於漢朝的防禦十分不利，因此，控制西域還有掐斷匈奴進攻路線的價值，當然也可以對綠洲王國的對抗行為防患未然。

說白了，沒有西域，漢朝的日子也照樣過，但是匈奴的日子就不太好過了。因此，漢朝要打擊匈奴，就要控制西域，讓匈奴得不到糧食和軍需，這能夠有效地削弱匈奴的力量。這才是漢朝經營西域的真正戰略價值。

「天馬戰爭」就是一次殺雞駭猴的軍事行動，經此一役，漢朝在西域打出了威風。李廣利還屯田開渠，使得天山南麓一線，也就是現在的新疆吐魯番到阿克蘇一帶，成為西漢軍隊的重要糧倉和基地。西域最重要的通道和大量的綠洲，控制在漢朝的手中。

漢朝在西域還找到一個重要的幫手，說起來有些怪異，它就是曾經與匈奴並肩戰鬥的烏孫。烏孫曾經借助匈奴的力量，一路把大月氏趕跑，盤踞了西域水草豐美的伊犁河谷，按說應該與匈奴關係不錯。不過，此一時彼一時，烏孫在伊犁河谷逐漸強大起來後，自然不願意對匈奴俯首貼耳，上貢稱臣。正是這個時候，漢朝在西域閃亮登場，烏孫為了尋求更大的利益，開始在匈奴和漢朝之間尋求平衡，甚至很多時候還完全倒向漢朝一邊。烏孫人不怎麼務農，主要以放牧為生，烏孫的戰馬也頗為有名。漢朝想要好馬，根本沒必要去大宛，找烏孫也可以解決問題。另一方面這也反映了只為幾匹馬進行「天馬戰爭」的理由是不成立的。

西漢與東漢朝代更迭期間，漢朝在西域的實力一度削弱。自漢光武帝統治末期開始，有好幾個國家在西域崛起，第一個在西域成為霸主的國家是莎車，這個地處塔里木盆地西緣的國家，趁東漢忙於安頓內政、匈奴因乾旱和瘟疫而實力削弱之機，企圖征服整個西域。西元四五年，包括車師、鄯善、焉耆在內的十八個西域國家，將人質和貢品送到東漢朝廷，要求獲得軍事保護，以抵抗莎車的步步緊逼。他們甚至坦率地告訴光武帝，如果東漢不能保護他們逃脫莎車的併吞，他們唯一的選擇就是轉向匈奴，當時已經是北匈奴。光武帝並沒有實力保護這些西域國家，於是他們倒向匈奴，北匈奴在西域重新建立起勢力根基。

此後，莎車的實力迅速下降，于闐、鄯善和車師等其他國家，群起爭奪西域霸權。然而，西域注定難以透過內部「整合、併購」，形成一個統一的國家，在于闐擊敗莎車後不久，北匈奴就組成一支超過三萬人的聯軍襲擊于闐，結果于闐王向北匈奴投降。西域又落入匈奴人手中。

如果不能重新奪回西域，匈奴人又會捲土重來，重新威脅漢朝的基業。形勢的風雲變幻成就了班超的曠世奇功。

西元七三年，班超作為漢朝特使前往西域，溝通漢朝與西域各個綠洲王國的關係，希望能夠與這些國家建立同盟，共同對抗凶悍的匈奴。班超在西域大展神威，「不入虎穴，焉得虎子」，憑藉高超的外交手腕和卓越的軍事才能，他成功切斷了鄯善、于闐、疏勒等幾個主要綠洲王國與匈奴的聯繫。短短十幾年的時間，塔里木盆地邊緣的綠洲王國，幾乎都依附在東漢王朝的控制之下。

班超的功績對北匈奴的打擊是巨大的。綠洲王國集體倒戈，再加上北匈奴發生內亂，使其一蹶不振。西元八七年，崛起的鮮卑民族偷襲匈奴，殺死了優留單于。這次襲擊給匈奴帶來一場浩劫，竟然有五十八個部落、二十萬平民和八千名士兵來到東漢的邊郡，希望東漢能夠接納他們，結果他們被安置在東漢邊境。幾年後，殘存的匈奴勢力不得不向西遷移，擠占烏孫人的地盤，將他們的王庭遷往伊犁河谷，而蒙古高原則被鮮卑所占據了。

匈奴，這個與中原王朝纏鬥了幾百年的遊牧帝國，終於日薄西山了。匈奴帝國的沒落固然有自身內部爭鬥和多民族共同打擊等原因，但是漢朝奪取了西域的控制權，一記凶狠的勾拳打昏了匈奴，這也是匈奴衰落的重要原因。

西域是中原王朝的一杯苦酒

此時西域的形勢對於東漢來說真是一片大好。然而，沒過多久，西元一〇七年，東漢就宣布全面撤出西域地區，結果殘存的匈奴從伊犁河谷殺出，迴光返照般地又一次在西域綠洲之間稱雄。

為什麼東漢會如此輕易地放棄了幾代人辛苦打下的西域基業？

漢朝之所以要控制西域，是為了削弱強大的北方遊牧民族。此時，匈奴已經跑到西邊，而北邊的幾個遊牧民族還不能威脅漢朝的安全。既然北方邊關的壓力減輕了，東漢還有必要拉攏西域各國嗎？這時候，東漢的皇帝突然發現，要維持西域的控制權太花錢了。

西元九一年，一位大臣給皇帝算了一筆帳，認為每年用於經營西域的費用高達七千五百萬錢，這個數字很可能只是對綠洲王國的常規援助費用，並不包括駐紮在西域的漢朝軍隊的開支，以及時不時出現的戰爭的開支。所以從國家財政的角度來看，把廣大的西域納入漢朝的版圖之內，並在那裡屯田駐軍，都是賠錢的買賣。

西域的戰略價值下降了，於是巨額的代價就成為令東漢皇帝頭疼的一件事。最終，東漢決定從西域全面撤離，甩掉西域這個得不償失的包袱。雖然後來偏安在伊犁河谷的匈奴餘部再次出擊，侵擾各個綠洲王國時，東漢由於擔心匈奴翻身，又派遣班超的兒子班勇去平定西域，一度收復了許多西域綠洲，但最終東漢在西域的控制力還是逐漸消失了。

難道漢朝不能像擁有黃河流域、長江流域那樣，擁有塔里木河流域澆灌的那些綠洲，把綠洲文明與農耕文明融合在一起嗎？

從根源上說，西域的綠洲文明看似與中原的農耕文明體系有相似之處，但在古代的地理、科技和經濟條件下，兩種文明板塊很難真正實現「無縫對接」。

與中原王朝境內大片的良田不同，西域的這些綠洲王國就好像是「原子社會」，綠洲的特點是在比較狹小的水源地區集中了大量的人口，而周圍廣袤的地區是荒無人煙的沙漠，或者人煙稀少的草原。雖然綠洲王國的社會和經濟模式都差不多，基本上都是灌溉農業，加上一點絲路貿易，但是它們很難聯合起來組成大的帝國，因為每個綠洲都是自給自足的，彼此井水不犯河水。綠洲王國之間除了互相保持絲路的暢通外，彼此再沒什麼交流的需要了。

綠洲土地之小也阻礙了其政治發展。某個綠洲中所產生的剩餘人口、糧食、器具及財富，使它偶爾可以發達一下，出兵攻占附近幾個其他的綠洲王國，但是這個崛起的「綠洲帝國」立刻就會飽受國家分裂的折磨。

西域各個綠洲王國彼此都有相當遠的距離，兩個鄰近的綠洲王國相距幾百公里是司空見慣的事情，而且這幾百公里可不是柏油路，而是黃沙滾滾的惡劣地帶。因此，就算是幾個綠洲勉強形成一個大國，內部仍然是比較鬆散的，控制邊遠綠洲非常不容易，就算是派駐到邊遠綠洲的將領和軍隊，時間一長也容易在當地做大，擁兵自重，輕易就能叛亂自立。所以西域本身難以形成較大的強國。

於是，我們縱觀這些綠洲王國的歷史，就會看到當周圍出現強而有力的入侵者時，西域各國自身實力有限，只能隨風而倒，一個強大的入侵者往往能夠橫掃西域幾十個綠洲王國，至少也能讓大部分降服。要麼是一個強大的入侵者一舉拿下整個西域，要麼幾個外來勢力在西域爭雄，一個綠洲一個綠洲地爭奪。

但是，這些入侵者在拿下西域的同時就會發現，他們喝下的不是甘甜的葡萄酒，而是一杯苦酒。地域版圖的合併很容易，但經濟和文化上的整合卻很難。打下綠洲王國並不難，但要長久地控制絕非易事。在不能用現代公路和強大的經濟把這些綠洲聯繫起來的時候，統治者只能將希望寄在西域的許多地方駐軍，依靠軍事強力來維持西域的長期穩定。可是綠洲的經濟又難以承受大規模駐軍的生活需求。

於是，當這些綠洲王國具有很高的戰略價值時，中原王朝就會硬著頭皮把這杯苦酒喝下去。而在北方遊牧民族或是高原上的民族威脅不大時，中原王朝總會忙不迭地甩掉西域的這些綠洲王國，減輕自身的經濟壓力。

反觀西域的這些綠洲王國，它們不僅曾受到漢朝、唐朝等中原王朝，以及匈奴等草原帝國的威脅，甚至也曾受到西方山地崛起的一些勢力的入侵。它們的命運很難掌握在自己手裡，幾千年來，西域綠洲文明的歷史都是一段段血淚史。

〖第5章〗

厚葬毀了大漢江山

揭開棺蓋的那一瞬間，整個實驗室裡變得出奇安靜，挖掘人員、文化保護員和專家等幾十個人都屏住了呼吸。然後，棺材中金光閃閃的畫面引發了大家的一陣驚呼！

二〇一五年，海昏侯墓墓主的棺材被打開，大量的黃金、財寶重見天日，向世人顯露了昔日的大漢王朝是多麼豪華，也解開了漢代巨量黃金消失的謎團。

西漢黃金消失之謎

其實，在揭開棺蓋之前，考古學家已經確定這個墓葬屬於漢朝第一代海昏侯劉賀，那個曾經短暫當上皇帝又被廢黜的倒楣蛋。因為他們在墓葬中發現了大型的真車馬陪葬坑，在漢代只有皇帝和諸侯王可以用車馬陪葬，其他海昏侯沒有這個待遇，只有特殊的劉賀有資格使用。此外，墓葬裡還有三架樂懸，根據當時的禮樂制度，「四堵為帝，三堵為王」，因此墓主的待遇明顯高於「侯」這個級別的享用標準，也只有劉賀這個廢帝有資格用三架樂懸。

果不其然，考古學家在墓主遺骸旁發現了一枚玉印，印的正面清清楚楚篆刻著兩個字：劉賀。

由於有之前的發現和推理，所以墓主人身分的確定，並沒有讓人們多驚訝。但是，在劉賀墓裡發現的大量黃金，真是令人咋舌！在內棺的包金絲縷琉璃席上，放置著多排金餅，每排四枚，至少有六排。除了大量金餅外，墓裡還發現了馬蹄金、麟趾金、金板等。簡單統計，整個墓葬中出土了三百七十八枚，總重達一百公斤的金器！

按說劉賀的墓中有大量黃金，並不奇怪，史料記載，西漢時期黃金確實很多。比如楚漢爭雄的時候，劉邦給了陳平黃金四萬斤，讓他去項羽的楚國行使反間計，這筆鉅款隨便用，只要能策反對方的將領就行。等到劉邦平定天下後，為了孝敬自己的老爸，賞賜了黃金五百斤。劉邦的老婆呂后臨死前，遺詔賞賜各個諸侯王黃金各千斤。漢文帝即位後，賞賜幾位誅滅呂氏一族的大臣，其中賞賜周勃黃金五千斤，陳平、灌嬰各黃金兩千斤。到了漢武帝的時候，由於大將衛青出擊匈奴有功，受賜的黃金竟高達二十萬斤！為了激勵將領打敗匈奴，漢武帝真是豪放大氣。到了漢朝末年，王莽府邸裡藏有的黃金，如果以一萬斤為一匱，還剩有六十匱，其他場所還藏有十幾匱。

整個西漢王朝，真是金光閃閃的兩百年，讓世人瞠目。

然而，到了東漢，風氣驟變，朝廷立刻吝嗇了很多，不僅黃金已經退出了貨幣流通領域，而且賞賜往往用布帛、粟米等實物來充當，只是偶爾有黃金，數量上比起西漢少得可憐。那個金光閃耀的時代已經落幕。

從貨幣流通的常理來說，西漢皇帝賞賜給下屬的那些黃金，會被下屬繼續拿到市場上去購買商品和服務，因此黃金不會憑空消失，仍然處於市場流通之中，黃金的總量應該不會有多大變化。可是為什麼到了東漢，巨量的黃金卻突然消失了呢？

一開始，有學者根據佛教在東漢初年傳入中國的事實，以及佛教寺廟大量使用黃金來給塑像包金，並用泥金書寫經文的現象，提出西漢黃金的消失可能是由於佛教傳播而消耗的結果。但是，另有學者立即反駁說，東漢時期佛教寺廟還沒有大規模興建，當時佛教活動的黃金消耗量很小，而黃金消失的現象在東漢初年就發生了。因此，黃金消失與佛教興起關係不大。

還有學者從絲綢之路興起的角度來分析，認為黃金消失與西漢的對外貿易活動有關。應該說，西漢時期的確是陸上絲綢之路開始繁榮的時代，漢朝與周邊國家的商貿往來越來越頻繁了。但是，絲綢之路上的主要商人並不是漢朝人，而是來自西域的商人。這些商人來到漢朝，交換的商品主要是絲綢、陶器、鐵器等，這些商品算是漢朝的出口商品，出口量較大。而漢朝進口的商品主要是奇珍異寶，進口量並不大。換成現在的貿易術語就是，漢朝的進口總額小於出口總額，這叫「出超」或「貿易順差」，從貨幣的角度來講，漢朝是賺錢的。因此，把黃金消失歸結於絲綢之路的開拓，並不符合當時的經濟情況。

還有一種說法認為，西漢賞賜的黃金其實是「黃銅」，所以數量才如此巨大。這種說法就太小看西漢人民的金屬知識了。西漢時期，黃金和黃銅都被作為貨幣流通，黃金為上幣，銅錢為下幣；黃金以斤為單位，銅錢以銖為單位；黃金主要用於饋贈、賞賜和賄賂，而銅主要用於鑄錢；黃金由金官管理，黃銅由銅官負責。漢朝人是絕對不會把金和銅搞混淆的。

最終，考古學家在漢朝的墓葬中找到答案，西漢的大量黃金被死者帶入地下，退出了流通領域。

這就要說到西漢上層貴族的厚葬風氣了。中國古代厚葬的風氣，至少在戰國時期就很興盛，到了秦始皇時達到高峰。現今陝西西安僅僅挖掘了秦始皇陵的一部分區域，包括非常壯觀的幾個兵馬俑坑。按照《史記》的說法，秦始皇徵調了七十多萬名勞力來為自己修建陵寢，並把大量的奇珍異寶帶入地下。

漢朝完全繼承了戰國和秦朝的厚葬風氣。比如考古發掘的長沙馬王堆漢墓，墓主不過是西漢初年一個僅有七百戶封邑的貴族，出土的隨葬品就多達三千多件，墓室土方量巨大。這說明，即使在經濟還不富裕的西漢初年，貴族的墓葬就已經十分豪華了。

漢武帝時期是西漢國力最強盛的時候，因此漢武帝的墓葬之豪華也登峰造極。漢朝的皇帝通常在登基的時候，就開始籌備修建自己的陵寢。漢武帝在位五十多年，等到過世時，他的陵墓即茂陵已經「不復容物，其樹皆已可拱」，就是說巨大的陵墓已經裝不下東西了。根據《漢書》記載，漢武帝下葬時，大量的金銀財寶甚至動物飛禽都一起埋葬到地下。

根據漢朝的禮制，天子諸侯在田野打獵得到的獵物，三分之一敬獻給宗廟裡的祖宗，三分之一供給賓客，三分之一留下來自己享用。其實，漢朝從老百姓那裡收繳的賦稅，往往也是這樣的使用方法。晉朝人曾經描述說，漢朝是「天下貢賦三分之，一供宗廟，一供賓客，一充山陵」，意思就是一部分用於祭祀祖先，另一部分用於賞賜百官和外賓，還有一部分就是用於修建和裝填自己的陵寢，給自己營造富麗堂皇的地下世界。如此奢靡的喪葬風氣，必然會年復一年地把大量的黃金帶入地下陵墓之中，長久地不為人知。

海昏侯劉賀墓裡出土的大量黃金，就是一例。在墓葬中出土的金餅上，墨書的字跡清晰可見，比如有的金餅上面寫著「南海海昏侯臣賀，元康三年，酎金一斤」。西漢實行一種「酎金」制度，朝廷要求，每年八月祭祖時，有封地的諸侯王和侯們都要按照規定敬獻黃金。劉賀墓中的金餅是他為祭祖所準備的酬金。

可是根據史書，海昏侯劉賀並沒有資格向宗廟敬獻禮金。劉賀是在當了二十七天皇帝後被權臣廢黜的。朝中有人向漢宣帝諫言，劉賀是被上天拋棄的，因此不能參與祭祀祖先的活動。於是，每年各路諸侯去宗廟祭祖的時候，就沒有了劉賀的身影。這對於他來說是一種身分和心靈的打擊，他幻想著有朝一日自己能夠逆天改命，重新獲得祭祖的身分。所以，為了迎接這一天的到來，他仍然按照酎金制度準備黃金，直到他自己一命歸天，把這批黃金帶入墳墓之中。

厚葬成風，包括黃金在內的社會財富被大量地浪費在死人和墓葬上面，活人的生活品質必然會受到損害。普通人即便沒有多少經濟學知識，也能想明白這個道理。因此，即使是熱衷厚葬的漢朝皇帝，也煞有其事地表示，大家還是應該薄葬啊！比如漢文帝、漢成帝，以及建立了東漢的漢光武帝，都曾經語重心長地如此表態。然而，看看他們自己的陵墓，仍然是那麼豪華奢侈，就可以想見下面的貴族會不會聽命了。

正所謂「江山易改，稟性難移」，西漢變成了東漢，這奢侈的厚葬之風卻依然沒有改變。在漢朝人的思想中，信奉人死之後另有一個生活的世界，因此那些陪葬品將會在另外一個世界用得上，那自然是多多益善。而且，厚葬是一種「炫耀性消費」，是彰顯身分的行為，大小貴族競相攀比，也推高了喪葬的成本。

西漢巨量黃金消失之謎揭開了，在長達幾百年的大漢王朝期間，以皇帝為首的大小貴族紛紛把黃金帶入地下墓葬之中，市場上的黃金量自然就越來越少了。

厚葬引發通貨緊縮

喪事要大辦、葬禮要隆重，漢朝人沉迷在厚葬風氣中不能自拔。他們到死都想不到的是，自己的厚葬不僅是浪費了一些社會財富那麼簡單，可能也要為大漢王朝的衰敗負責！

前文已經提到，從漢朝開始，國家對於鹽鐵等一些重要商品進行專營，把民間的財富集中到朝廷的手中，自然也就把作為貨幣的黃金、銅錢，更加集中在以皇帝為首的大小貴族的口袋裡。如何花掉這些貨幣，對國家的經濟影響很大。

如果這些貨幣用於對外作戰和對內建設，以及用於購買各種商品，那麼這些貨幣仍然可以在市場上流通，發揮著貨幣促進經濟發展的良好作用。而當這些貨幣的一部分被貴族們帶入墳墓時，就等於一部分貨幣退出流通市場。根據供給和需求的一般原理，當市場上的商品數量不變時，減少了市場上的貨幣，就會帶來經濟學家所說的「通貨緊縮」。漢朝大小貴族不斷地把黃金和其他財富埋入地下，就不斷地在製造通貨緊縮。以海昏侯劉賀來說，他的墓內就發掘出西漢五銖錢四百多萬枚，重量高達十多噸！這些貨幣隨著他的下葬，永久性地退出了流通市場。

甚至於這些貴族還活著的時候，就已經在製造通貨緊縮了！他們在自己還很年輕的時候，就開始為自己準備隨葬品，包括黃金，他們把這些東西囤積在自己的家裡，以備自己和家人去世時厚葬之用。囤積的貨幣和埋入地下的貨幣類似，也等於退出了市場流通領域，加劇了通貨緊縮。

漢朝的皇帝為了給自己將來厚葬準備更多隨葬品，就會不斷地利用稅收而從市場和民眾身上「吸血」。他們的囤積量很大，足以引發社會上出現嚴重的通貨緊縮。

正是在不斷累積的通貨緊縮影響下，當西漢覆滅、東漢建立後，市場上的黃金已經很少了，稀少的黃金自然無法再作為貨幣來使用，於是它退出了貨幣領域。但是，東漢並沒有因為黃金稀少就改變厚葬的習俗，大小貴族仍然會把大量的社會財富囤積起來，帶入地下。更要命的是，即使已經沒有多少黃金可以供這些貴族帶往另一個世界，他們還是搜集了大量的錢幣——銅錢，帶入地下。

於是，通貨緊縮在東漢仍然不可遏制地加劇。物以稀為貴，既然貨幣相對於各種商品是缺乏的，那麼漢朝的貨幣就變得「更值錢」了，一枚五銖錢能夠買到的商品就越多。或者說，商品相對於貨幣就越來越廉價了。

對於手中握有大量黃金、銅錢的貴族來說，通貨緊縮並不是壞事。理論上，他們只要願意花錢，就能買到更多商品。但是，對於手中沒錢的廣大漢朝農民來說，通貨緊縮卻是非常可怕的事情，因為他們用自己生產的糧食和手工產品能夠換到的錢變少了。而漢朝是建立在廣大農民提供賦稅和勞役上的政權，當廣大農民因為通貨緊縮而日益貧困時，漢朝的經濟基礎就動搖了。

有沒有方法來對抗通貨緊縮呢？最容易想到的方式，就是向市場投放更多的貨幣。

拋開黃金不論，漢朝的貨幣體系主要是建立在銅錢上的。而鑄造更多的銅錢，就需要有更多的銅礦和冶煉出來的銅，但這並不是說有就能有的。每年開採和冶煉出來的銅是很有限的，因此，漢朝的銅錢不可能被迅速地大量製造出來，也就無法填補貴族囤積和埋藏掉的那些銅錢量。市場上的銅錢還是處於緊縮的狀態。

於是，有人就開始動「歪腦筋」了。東漢後期漢桓帝的時候，有人提出「改鑄大錢」的主張。所謂「大錢」並不是鑄造更大的銅錢，而是製造更大面額的銅錢，說白了就是提高銅錢的面值。這是一種讓貨幣貶值，人為製造通貨膨脹，來對抗通貨緊縮的方式。

聽起來「改鑄大錢」還不錯，既不需要大量的銅料，又應對了通貨緊縮。但是，由於東漢的鑄幣權掌握在皇帝手中，改鑄大錢等於讓皇帝向全體民眾徵收全民稅，皇帝手裡的錢會大量增加，社會財富會更加集中到他的口袋裡。但是，他不能不考慮後果！

一個後果就是「劣幣驅逐良幣」。過去流通的舊銅錢，相同面值含有一定量的銅；現在改鑄大錢後製造的新銅錢，相同面值含有的銅量下降了。老百姓不是傻子，他們會立刻想到，我手裡的舊銅錢價值更大，因此盡量把舊銅錢收藏起來，而把新銅錢盡快花出去！從經濟學上來講，舊銅錢是「良幣」，新銅錢是「劣幣」，市場上舊銅錢迅速減少，只剩下新銅錢在流通，這就叫作「劣幣驅逐良幣」。

原本就是因為銅料不足，不能提供更多銅錢，所以試圖「改鑄大錢」，結果卻驅逐了舊銅錢，這樣一來，市場上的銅錢不僅不會增多，說不定還會加速減少！

另一個後果來自手握舊銅錢的大小貴族的反對。前面已經講過，通貨緊縮有利於他們手中的錢增值。如果推行改鑄大錢政策，物價上漲，他們手中的錢肯定會貶值，這是他們不願意的，因此會想方設法阻撓皇帝實施新政策。實際上，改鑄大錢的主張一提出，就有人堅決反對，反對的理由當然很冠冕堂皇，認為貨幣貶值不僅不會挽救東漢衰落的經濟基礎，甚至還可能造成貨幣流通的混亂。

西漢末年，王莽亂發錢幣被貴族群起攻擊，那是不太遠的前車之鑒。最後，漢桓帝投鼠忌器，打消了改鑄大錢的念頭。但是厚葬之風卻依然勁吹，東漢就在錢很有限的日子中逐漸沉淪下去，直到走向大亂局。

小錢殺死了董卓

東漢末年的亂局中，手握西涼大軍的董卓成為風雲人物，他帶兵殺入洛陽城，控制了東漢朝廷，把皇帝變成自己的傀儡。董卓在都城裡和朝廷上的倒行逆施，激起天下各方勢力的聯合討伐。董卓燒毀洛陽，遷都長安。不久之後，司徒王允和戰神呂布刺殺了董卓。但漢朝的江山已經不可收拾，自此中國歷史上的三國時代開啟了。

我們無意重複《三國演義》或者《三國志》的歷史情節。我們的問題是，董卓控制朝綱，必然也要面對東漢遺留下來的錢很有限的難題。他是怎麼解決的呢？

董卓很缺錢。他控制的朝廷就沒什麼錢，大小貴族也看不起他這個殘暴的軍閥，不會資助他。董卓想要弄到錢，只能依靠軍士大肆劫掠，但這顯然不是長久之計。於是，董卓也想到了製造貨幣。可是他自己手裡也沒有銅，只好到處搜刮銅器，把一切含銅的物品，比如裝飾用的銅人、祭祀用的鐘鼎等，都打碎熔化，用來造錢。

這還不夠，董卓終於選擇了漢桓帝想做卻不敢做的方式。漢桓帝想改鑄大錢，而董卓則是另鑄小錢。他宣布，廢除漢朝幾百年來使用廣泛的五銖錢，另外鑄造了體積小的錢幣用於流通。當然，董卓的小錢面值是不會小的。

漢代五銖錢製作精良，含銅量穩定，所以長期受到社會的認可，促進了漢代經濟的發展。可是董卓的小錢重量輕、品質差，上面連紋飾都懶得雕刻，還沒流通就開始鏽蝕了。小錢剛一上市，就變成了劣幣，老百姓寧可以物易物，也不願意用劣質的小錢，避之唯恐不及。董卓的如意算盤落空了。

有趣的是，以董卓這個戎馬一生的大老粗的知識水準，應該想不出鑄幣這一連串操作，肯定是背後有人指點他。那麼這個人是誰呢？

歷史學家猜測，推行另鑄小錢政策的人，正是最後殺死董卓的王允！王允在董卓控制朝廷時，不管是真心還是假意，歸順了董卓，並被董卓委以重任，權傾朝野，只有他有權力和能力進行一連串的貨幣操作。當小錢在市場上的推行失敗後，一個很可能的原因是，王允懼怕暴躁的董卓遷怒於自己，於是先下手為強，聯合呂布幹掉了董卓，客觀上成就了自己忍辱負重的漢代忠臣的偉大形象。看看王允殺掉董卓後剛愎自用、一意孤行，最終招致殺身之禍的行為，絕對不像是一個賢臣能吏的樣子。

董卓、王允都死了，但漢朝開啟的貨幣爛攤子依然沒有得到改善。接下來，該輪到一代梟雄魏武王曹操登場了。雄才大略的曹操能解決錢很有限的難題嗎？

曹操的另類生意

曹操畢竟比董卓高明很多，萬萬不敢玩鑄幣引發通貨膨脹的遊戲。但他同樣需要貨幣，需要錢來充實自己的力量，來發展社會經濟。情急之下，曹操把目光盯在漢朝大墓上。既然漢朝幾百年間把大量的黃金銅錢都帶到地下，那麼現在漢朝已經名存實亡，那些地下的錢要不要「借」出來花花呢？

在曹操的勢力還沒有冠絕中原時，他就正式任命了幾十個「發丘中郎將」、「摸金校尉」。在漢代官職中，中郎將和校尉的級別不低，但是「發丘」、「摸金」就不是什麼好名號了，說白了就是盜墓的，挖開墓葬，拿走裡面的錢。任命這些官職，表明曹操是很認真要靠盜墓來發財致富。

曹操的軍隊在北方中原地區南征北戰，所到之處，掘墓破棺，掠取金錢，其中收穫最多的一次盜墓活動，就是對西漢梁孝王墓的劫掠。梁孝王劉武是漢景帝的弟弟，母親竇太后曾經一度想讓漢景帝傳位給他。不過，劉武到死也沒當上皇帝，彷彿是為了彌補自己的遺憾，劉武把自己的陵墓修建得如皇帝的一樣豪華，並在墓道設置了巨大的塞石封門，一般的盜墓賊無力挖掘。但這些障礙難不倒一心求財的曹操，他讓士兵們集體上陣開鑿，終於挖開大墓，「得金萬餘，珍寶無數」。史料記載，這一次盜墓所獲得的金錢，竟然支撐了曹軍三年的開支，可見漢墓內財富之多。

三國時期，像曹操這樣的盜墓賊可不是特例。董卓、呂布都曾挖掘漢代帝陵及貴族家墓，劫取寶物；孫權也曾挖走別人的棺材板子來修建祖廟，甚至派遣將軍呂瑜帶上幾千名士兵，千里迢迢跑到嶺南，盜掘南越王趙嬰齊的墓穴。

拋開道德因素不談，以曹操為代表的盜墓大軍，在客觀上發揮了把「死錢」變成「活錢」的作用，給市場上提供更多的貨幣，在一定程度上緩解了通貨緊縮的狀態。

曹操對於打破通貨緊縮最大的貢獻，可能要算他以身作則，提倡薄葬了。也許是自己幹盜墓的事情太多了，覺得厚葬容易招人挖墳，還不如薄葬能給自己死後留個安寧。於是西元二一八年，曹操頒布了一道《終令》，提出自己死後不要厚葬，要將自己埋葬在貧瘠的土地上，「因高為基，不封不樹」，陵上不封土，不植樹，「無藏金玉珍寶」，貴重隨葬品就免了吧。

二〇〇九年，經過對安陽高陵的挖掘，考古學家最終確定墓主是曹操。曹操墓被盜墓賊光顧過很多次，這算是對他曾經盜掘前人墓穴的報應吧。人們在曹操墓中挖掘出一塊長二十八．九公分、寬七．四公分的石圭。從圭的尺寸看，肯定是魏武王曹操這樣級別的人物才可使用的。但是與其他王侯用玉圭不同，曹操使用了石圭，墓葬中的各種禮器也都是石質而非玉質，顯然是曹操專門為自己的葬禮「訂製」的，完全符合曹操生前確定的薄葬程序。

不僅自己宣導薄葬，曹操還曾多次下令，民間禁止厚葬，官員不可因喪葬離職，官員自己下葬時只穿喪服，不可以同時下葬金玉珠寶。曹魏時期，過去秦漢時盛行的龐大陵園、神道、寢殿、樹木，甚至封土等都被禁止了，因此從表面很難看出陵墓所在。

「烈士暮年，壯心不已」的曹操不屑於用厚葬來安排身後事，但三國時期的另一位君主孫權就沒這麼灑脫了。東吳政權延續了漢朝厚葬的傳統，墓葬極盡奢華。吳國大將陳武死後，孫權曾為愛將大辦喪事，不僅用金銀珠寶來陪葬，甚至還讓陳武的愛妾和二百名門客一起為他殉葬！可惜厚葬並不能讓國家富強，在三國的末期，提倡厚葬的東吳被宣導薄葬的曹魏之接替者西晉滅掉了。

提倡薄葬，就意味著更多的社會財富留給活著的人們使用，而不是被埋入地下。對於金屬貨幣而言，意味著它們仍然流通在市場中，為社會的經濟發展助力。曹操盜墓竊錢也好，提倡薄葬也罷，都在客觀上削弱了通貨緊縮的威脅。

曹操一生節儉，到了他兒子曹丕的時代，曾經試圖恢復被董卓廢除的漢朝五銖錢。只不過當時社會上的貨幣量仍然不足，因此在收稅的時候，還是以實物稅為主，向老百姓收取糧食和紡織品。老百姓的日常交易，也是五銖錢和以物易物並用。到了曹操的孫子曹叡當政的時候，終於有條件重新鑄造銅錢了，新錢仿造漢朝五銖錢，因此被人稱為「魏五銖」。魏五銖輪廓清晰，錢形厚重，邊廓壓金，銅錢品質得到了老百姓的認可，從而流通開來。曹魏政權被西晉取代後，五銖錢仍然得到沿用。

雖然屢有波折，但銅錢在古代中國卻總能逢凶化吉，長期擔當國家的第一幣種甚至唯一幣種。而在秦漢早期一度風光無限的黃金，則在經濟領域逐漸暗淡下來，退出了貨幣的行列，再也沒能「王者歸來」。

〖第6章〗

三國群雄的難言之隱

為什麼楊修參透了曹操所說的「雞肋」的含義，提前收拾鋪蓋準備撤退，卻被曹操殺掉了？因為楊修姓楊。

為什麼陸遜火燒連營八百里，拯救了東吳政權，僅僅因為在立太子的問題上說了幾句閒話，就被孫權逼迫而死？因為陸遜姓陸。

為什麼諸葛亮能夠年紀輕輕，就得到皇上的叔叔劉備禮賢下士的待遇？這是因為諸葛亮的老婆姓黃。

一談到三國，中國人就有了無數的話題，就像西方人說一千個人就有一千個哈姆雷特那樣，一千個人就有一千種對三國故事的見解。「任憑弱水三千，我只取一瓢飲」，撇去浮在三國故事上的善惡、忠奸、謀略，讓我們從經濟的角度揭示三國群雄的難言之隱。

東漢王朝的財政困局

要真正理解三國時期的天下大勢，我們得一直向上追溯到東漢的建立。西漢末年王莽篡位，建立了新朝，推行了一連串糟糕的改革，一時間天下大亂（關於王莽的改革，本書後面篇章有專門的介紹），漢光武帝劉秀在南陽豪強地主的支持下，殲滅各路起義軍，復興了漢室，史稱東漢。

既然東漢是依靠豪強地主上臺的，自然要維護這些「後援團」的根本利益，不僅對他們自建塢堡、鑄造錢幣、組建武裝等行為睜一隻眼，閉一隻眼，遇到豪強地主兼併小自耕農土地的事情，更是少有過問。

此外，東漢在選用官員的時候，採取了一種叫作「察舉」的制度，就是由地方上推薦才能出眾、孝順廉潔之士，比如每二十萬人中可以每年舉薦孝廉一人，不足二十萬則兩年舉一人，不足十萬，每三年舉一人。

這本來是國家從下層的布衣寒士中選拔人才的方案，但由於察舉的權力掌握在各郡的太守手中，察舉又不像現在的高考，有客觀的分數可以參考，就很容易營私舞弊。各郡太守往往與地方上的豪強地主有關聯，自然會多加舉薦圈內人士，長此以往，一些所謂的名門望族就壟斷了東漢時期的仕途，不僅平民百姓無法參與政治，就是一些中小地主的優秀子弟，也很難謀得一官半職。

這樣的政權注定是不穩定的。前文已經說過，中國社會的底層是大量自耕農，國家的稅收來自向這些自耕農直接收稅。可是豪強地主做大後，不斷兼併土地，把自耕農變成自己的「農奴」，國家又無法從豪強地主那裡獲得什麼稅收，這樣國家就損失了許多收入。東漢王朝無心也無力打擊那些豪強地主，就只能看著自己的稅收不斷地減少下去。到了東漢末年，朝廷甚至依靠賣官鬻爵來獲得足夠的收入。

土地兼併還讓許多自耕農破產，而中小地主的日子同樣不好過。東漢王朝的大廈已經處於風雨飄搖之中，只要有人朝柱子上踢一腳，大廈就會崩塌。

「蒼天已死，黃天當立。歲在甲子，天下大吉。」西元一八四年，張角率領他的太平道教眾發難，幾十萬頭裹黃巾的農民起義軍如烽火燎原，讓缺錢的東漢朝廷疲於應付，一時間天下大亂，都城裡宦官一派和外戚一派殺得血流成河，各地豪強地主或擁兵自保，或彼此攻伐……

黃巾軍並沒有直接推翻東漢王朝，卻掀翻了東漢末年的政治牌局，各方力量此消彼長，一些新的政治力量開始嶄露頭角。一場昔日的名門望族與新興力量的對局開始了。

曹操：唯才是舉，大興屯田

先來看看曹魏這條主線任務。曹操的出身並不好，據說他的老爸本來姓夏侯，後來做了有權有勢的一位曹姓宦官的養子，才改姓曹，於是曹操也就不叫夏侯操，而是叫曹操了。曹操顯然也不是兩手空空打天下的，他在二十歲就被舉為孝廉，很可能是得到了家庭力量的襄助才走上仕途。才幹出眾的曹操獲得了洛陽北部尉的官職，但由於執法嚴格，觸怒一些權貴，被明升暗降調離了洛陽。

黃巾起義給了曹操嶄露頭角的機會。曹操起兵之初，「散家財，合義兵」，沒有足夠的家財，不可能立刻組織出五千人的武裝。再看看曹操手下的戰將，許多都是曹姓或夏侯姓，比如曹仁、曹洪、夏侯惇、夏侯淵……顯然都是一個家族的子弟，這都說明曹操有一定的事業基礎。

但是，曹操不是名門望族。東漢末年宦官勢力雖大，卻被名門望族所不齒，連帶著曹操也被名門望族鄙視。十八路諸侯討伐董卓的時候，曹操是聯軍中的積極分子。但是在誓師大會上，曹操不得不和眾人一道，推舉「四世三公」的袁紹做盟主。袁紹本身就是名門望族，而且代表了河北諸多豪強地主的利益，由他出任盟主，天下的名門望族都會支援這次行動，更有利於討伐逆賊董卓。

十八路諸侯討伐董卓的結局讓曹操失望，初戰告捷後，各路諸侯擁兵不前，讓曹操單獨率領自己弱小的子弟兵追擊董卓，結果被打敗，如果不是曹洪死命保護，曹操就命喪疆場了。

曹操終於明白了，這些名門望族根本就無法與自己做朋友，無法與自己一起並肩作戰，匡扶漢室。要成就自己的事業，就必須拋開豪強地主，依靠中小地主和下層的民眾。機敏的曹操立刻在用人上宣布「唯才是舉」，只要有真本事，不論出身貴賤，都可以在曹操手下得到重用，這與名門望族互相提攜親信的做法針鋒相對。

亂世之中，誰有糧食，誰就有力量，智勇過人的曹操當然明白這一點。面對「白骨露於野，千里無雞鳴」的局面，他啟動了大規模的屯田制，由官府提供土地給民眾，收穫的穀物按比例官民分成。用官牛耕種的田地收成，按照官六民四分；不用官牛耕種的田地收成，官民五五分成。曹操的屯田制，一方面利用了亂世中的流民和荒地，恢復生產，蓄積力量；另一方面，他也在名門望族把持的東漢經濟體制之外，建立了一套支撐自己政治和軍事的經濟體制。靠別人不如靠自己。

曹操對漢末社會各階層的分析是正確的，但名門望族的實力之大，還是超出了他的想像。曹操早期的地盤兗州有一個豪強地主叫邊讓，總是看曹操不順眼，認為他是個亂世奸臣，經常在不同的場合詆毀曹操。曹操那時也年輕，心想你小子在老子的地盤上還敢罵我，好了，我的地盤我作主，曹操一怒之下殺了邊讓的全家。

這下子可捅了馬蜂窩，兗州所有的豪強地主全部視曹操為仇敵，發動了叛亂，一時間曹操的地盤大大縮水，只剩下三個小縣城，若不是家族的子弟兵浴血奮戰，曹操已經死無葬身之地了。

這個教訓太深刻了，曹操明白，即使這些名門望族看不起自己，自己也得借助他們的力量，至少不能讓這幫眼高於頂的傢伙和自己作對。

這場與豪強地主的牌局該怎麼打呢？曹操不愧是天才的政治家，在漢獻帝落魄、其他地方豪強不聞不問的時候，曹操搶先下手，把漢獻帝接到自己的身邊。雖然漢朝皇室早已衰落，但畢竟在名義上還是名門望族的上司，曹操此舉等於摸到了王牌，其他的任何一張牌（名門望族）實力再強、名聲再大，也強不過、大不過漢獻帝這張王牌吧?!

這就是挾天子以令諸侯，漢獻帝是所有名門望族的共主，現在曹操和漢獻帝站在一起，這幫名門望族就算看不起曹操，也得給漢朝皇帝一個面子，不能公開反對曹操。在沒有獲得漢獻帝這張王牌之前，曹操數次邀請名門望族之一的司馬懿出山輔佐自己，司馬懿都拒絕了，但當漢獻帝站在曹操身邊後，司馬懿不得不出來支持曹操。再如那個四歲就懂得讓梨、名望蓋天下的孔融，自始至終都反對曹操，也不得不來到許都，名義上為曹操辦事。

那些不在曹操勢力範圍內的名門望族，大多依附在各個諸侯那裡，其中許多人都投靠了袁紹，把袁紹視為消滅曹操、維護名門望族利益的希望。曹操和袁紹之間，或者說曹操和名門望族之間，注定要做個了斷，一決雌雄。

官渡之戰就是在這樣的背景下展開的。名門望族把賭注壓在袁紹身上，除了跟隨袁紹直接對抗曹操的人之外，曹操地盤上的名門望族也蠢蠢欲動，孔融在許都四處煽風點火，宣傳曹操必敗、袁紹必勝，豪強地主首領之一的劉表則在曹操背後隨時準備捅一刀……

最終，低調的曹操戰勝了高調的袁紹，袁紹勢力在所有方面都勝過曹操勢力，包括經濟、軍事、外交等，只有一點是講究門第和名望的袁紹勢力的弱項，就是他們注定在人才上要略遜於曹操勢力，包括袁紹自己的能力也無法和曹操相比。我們可以這樣說，這場戰爭是「唯才是舉」的政治模式對「任人唯親」的政治模式的一次險勝。

此戰之後，名門望族被迫接受了無法扳倒曹操的事實，轉而希望曹操能夠改弦易轍，放棄唯才是舉的用人標準，恢復東漢時期的察舉制，也就是官員還是由名門望族來當，作為妥協，他們承認曹操勢力在朝廷中的地位。

可惜的是，名門望族的算盤打錯了。消滅了袁紹的曹操正處於人生中最得意的時期，怎麼會向昔日鄙視自己的名門望族妥協呢？即使後來遭受赤壁之戰的挫折，曹操的勢力依然天下無敵。曹操繼續堅持唯才是舉的政策，並且對那些敢於挑戰自己權威的名門望族祭出殺威棒。

就這樣，孔子後裔孔融、南陽名士許攸，都成了曹操的刀下之鬼，禰衡擊鼓罵曹，被曹操借黃祖之手殺掉。至於楊修，這個人出身關西望族，和袁紹一樣是四世三公的名門之後，也被曹操找個雞肋的藉口除掉了。

寄希望於曹操轉變觀點，恐怕是竹籃打水一場空了；與曹操正面為敵，又不是這個亂世梟雄的對手，名門望族們開始打起曹操繼承人的主意。在曹操的兒子中，曹昂早死，曹熊多病，曹彰不過一介武夫，只有曹丕和曹植可堪大用。雖然曹植因為那首七步詩「**煮豆燃豆萁，豆在釜中泣。本是同根生，相煎何太急**」而千古留名，但曹丕的文學水準也相當高，詩句中透露著蒼涼大氣，與曹操相似。三人並稱「三曹」，並非因為政治貢獻，而是因為文學貢獻。如果論到武功政治，曹植與曹丕相比就差很多了。

更重要的是，曹丕這個人還喜好結交名士，這等於公開向名門望族示好，他的行為舉止也和許多名士相似。比如曹丕與當時的「建安七子」關係非常好，七子之一王粲突然死於瘟疫，曹丕率領朋友在王粲墳前祭奠時說道：「仲宣（王粲的字）平日愛聽驢叫，讓我們學一次驢叫，送他入土為安吧！」然後竟然學起驢叫來。一幫前來弔唁的才子紛紛跟著曹丕學起驢叫，於是，王粲墓前響起了一片驢叫聲。

曹丕這樣的秉性頗受名士的推崇，名門望族大多支持曹丕繼承曹操的權位。曹操死後，曹丕果然當上了魏王，立即對支持他的名門望族投桃報李，實施「九品官人法」，說白了就是根據聲望的高低、門第的上下、勢力的大小，分級別地授予官職，名門望族可以獲得高職位，那些寒門下士最多也就混個地方上的小職位。

至此，曹魏政權的牌局基本上打完了，所有的牌重新排列整齊。曹操透過唯才是舉獲得的勢力，在曹丕之手變成了另一個名門望族，接下來的事情只是要不要更換大王了。在名門望族的支持下，曹丕廢掉漢獻帝，自己登上皇位，變成了另一個大王。再後來，司馬懿領銜的北方望族司馬氏在魏國的勢力一步步加強，最後取代魏國，建立了晉，大王又開始姓司馬了。

魏代漢和晉代魏，名門望族經過漢末的混亂和失落之後，終於又重新掌握了國家政治和經濟的控制權，他們依舊是政治牌局的主人，曹魏政權只是一個插曲，名門望族的風光還有幾百年呢！

劉備：出身名門又奈何

接下來，我們來看看蜀漢這個分支任務。劉備算得上出身名門，他是「漢景帝子中山靖王之後」。可是到了他這一輩，已經衰落到要靠賣草席為生了，淪落為一個小商販。這樣的境遇既有好的一面，又有壞的一面。好的一面是，劉備可以同時接觸到名門和寒門的人，對兩類力量有更清楚的認識，也容易獲得來自名門和寒門的共同支持。不好的一面是，自身沒有什麼實力，除了桃園三結義的結拜兄弟關羽和張飛外，幾乎沒有任何資本了。

黃巾起義掀翻了東漢政壇的「牌桌」，給了劉備起兵的機會。憑藉自己皇叔的名聲，以及幾個忠心耿耿的兄弟，劉備也算有了一支隊伍，但是不論和傳統的地方豪強相比，還是和新興的曹操、孫策相比，劉備的勢力都不值一提。

和曹操一樣，劉備也面臨著對社會各階層的分析與選擇，他必須確定自己要借助哪個階層的力量。既然宣稱要復興漢室，劉備就要向東漢的制度靠攏，因此和名門望族站在一起，就成為他明智的選擇。接下來的問題是，首先和哪部分名門望族聯手呢？北方名門都歸於袁紹旗下，或者違心地跟著曹操，江東的名門距離劉備的活動區域太遠，雙方不熟，劉備的選擇餘地並不多。

好在有這麼一群人，他們是從北方流亡到荊州的一些名門望族，對荊州能力一般的地方官劉表又比較失望，需要尋找一位「帶頭大哥」。劉備看準了形勢，邁出事業上至關重要的一步，力邀諸葛亮出山。

為什麼是諸葛亮呢？雖然諸葛亮在《出師表》中自稱「臣本布衣，躬耕於南陽」，但其實根本就不是農民兄弟。他原本是官宦人家，在東漢末年的動亂中，從北方遷到荊州，也算名門之後。而且，他廣泛結交荊州的名門望族，周圍一干朋友都是名門中的青年才俊，自己還娶了當地名士黃承彥的女兒。作為荊州名門的上門女婿，諸葛亮才幹出眾，儀表堂堂，還未出山，已經算是荊州名門的形象代言人了。

雖然荊州名門比不上漢獻帝這張王牌，但論實力也是響噹噹的。劉備得了諸葛亮之後，荊州人才紛紛投奔過來，名聲響亮的就有龐統、馬良、馬謖、向朗、楊儀、廖化等人，這些人的背後往往還有宗族的支持，劉備集團立刻從一支業餘武裝變成了當時能夠左右天下大勢的一股力量。

赤壁之戰後，劉備勢力趁機進軍益州，終於實現了三分天下有其一的戰略目標。不過，由於取益州的時候，他欺騙了益州牧劉璋，益州本地的名門望族對劉備這個皇叔並不擁戴，而是充滿了疑慮。此時對於劉備來說，最理想的局面是得到荊州和益州兩地名門望族的雙重支持，再和曹操、孫權對抗的時候，就不會落下風了。

遺憾的是，劉備始終沒能讓荊州名門和益州名門這兩方勢力組合在一起，更不用說讓天下名門都齊集於自己的麾下，一統天下了。

追根溯源，關羽得為這件事負責。這位劉備的二弟負責主持荊州工作期間，犯了冒進的錯誤，擅自對曹魏發動戰事，雖然初戰告捷，水淹七軍，但等到曹操調集了大隊人馬抵抗後，關羽為這次冒進付出了代價：攻，攻不上去；撤，心有不甘。就在猶豫之時，東吳的呂蒙白衣渡江，襲擊了關羽的大後方，導致關羽敗走麥城，自己送了命不說，還把荊州也丟了。劉備和張飛為了給關羽報仇，起兵討伐東吳，前後腳地到閻王爺那裡報到去了。

荊州名門是劉備集團的根基，丟掉了荊州，就等於丟掉了根據地。那麼集團的營運經費要從哪裡來呢？只能從益州名門那裡籌措了。這下子益州名門不幹了，憑什麼你們荊州人跑到我們這裡來稱王稱霸，還要我們益州人出錢出糧養活你們？

劉備死後，諸葛亮主持蜀漢工作的時候，始終沒有處理好與益州名門望族的關係。諸葛亮和荊州名門有著千絲萬縷的關聯，總是特別照顧荊州名門的利益，即使迫於形勢，給益州名門一些官職和權力，也不過是虛與委蛇，要錢要糧的時候卻一點不含糊。

諸葛亮自己也清楚，在經濟上依賴益州名門，早晚得受制於人。於是，諸葛亮堅持北伐曹魏，名義上是為了復興漢室，其實是為了打出一片新的天地，不必像現在這樣只能依靠益州勢力。可惜他六出祁山都無功而返，勞民傷財，更激起了益州名門的憤怒。

當曹丕開始推行他的九品官人法後，益州名門立刻看到曙光，原來能夠保護他們利益的人在敵國！於是，益州名門更沒有與蜀漢政權合作的動力了。到了蜀漢政權後期，有一句著名的評語是「**蜀中無大將，廖化作先鋒**」，這是荊州外來幫人才匱乏造成的，但也和益州幫不願意合作有關。

蜀漢的政治牌局也該到結束的時候了，西元二六二年，當魏國將領鄧艾克服了蜀道之難，率一支人馬突然出現在成都平原上時，益州名門根本沒有考慮要幫助後主劉禪抵禦外敵，而是擁兵自保，坐山觀虎鬥。孤軍深入的鄧艾一路暢通，直達成都。蜀漢政權朝中的益州勢力開始宣揚曹魏取代漢室是天命如此的言論，後主劉禪卻毫無辦法，只能開城門投降。

蜀漢復興漢室的理念不錯，然而，除了荊州名門之外，卻無法團結更多勢力，最終的結局讓荊州名門很失落。

孫權：坐斷東南靠平衡

接下來我們到江東去，看看孫吳政權的牌局是怎麼打的。

與曹操和劉備相比，孫策、孫權兄弟的家底更薄。曹操的出身不算好，但至少也算混入了東漢高層，自己也是當時的曠世奇才；劉備一開始窮困潦倒，但畢竟皇上都得叫他一聲叔叔，有皇親國戚的身分。孫氏兄弟的出身更加低微，雖然他們的老爸孫堅對外宣稱自己是兵聖孫武的後代，但恐怕連他們自己都不把這個當成真事，更不用說那些眼高於頂的名門望族了。

幸虧黃巾起義，讓孫氏兄弟有了露臉的機會。孫堅依靠鎮壓黃巾軍的功績，當上長沙太守，手下除了和自己一樣出身低微的軍人程普、黃蓋之外，沒有任何名門望族的支持。不過到了孫策、孫權這一代，情況有了變化。兩人頻頻結交那些從北方遷移到南方來的名門望族，建立了非常好的關係。這些名門望族中的一些傑出人才，比如周瑜、張昭等人，逐漸集中到孫氏兄弟旗下。

這些南遷的名門望族有經濟實力和影響力，迫切需要另起爐灶，開創一片自己的天地，孫氏兄弟則擁有一定的軍事實力，正準備打下一片江山，兩方勢力一拍即合，聯手攻入江東，把地方割據勢力一一鏟平，建立了一個新的政權。

江東地區，也就是長江下游及往南的大片區域，其實和後來富庶的江南地區並不一樣。漢朝時期，全國的經濟中心依然在北方，南方的經濟並不發達，民風也很彪悍，根本不是後來江南人才儒雅婉約的風格。「把吳鉤看了，欄杆拍遍」，出現在古詩詞中的吳鉤（註：一種彎形的刀，為兵器），反映了當時江南吳地曾經尚武的民風。

所以，孫氏兄弟在征服江東的過程中，遭遇了當地勢力的強烈抵抗，生性彪悍的孫策依靠武力才完成開疆拓土的任務，江東勢力面服心不服，這就為後來治理江東留下了禍患。

孫策被刺殺，是這幫外來戶和本地豪強矛盾激化的一次總爆發。此時，擺在繼任者孫權面前的是兩條痛苦的道路，一條是為兄報仇，繼續鎮壓江東豪強勢力，雙方拚個魚死網破；另一條是忘記家仇，讓江東豪強和自己分享權力，和平共處。

年輕的孫權選擇了妥協，因為他明白，僅僅依靠周瑜、張昭這些北方來的名門望族，力量太單薄了，是不可能成氣候的，必須讓江東本地的豪強也支持自己。雖然江東本地豪強與北方的名門望族相比，門第似乎要稍遜一籌，但是孫氏政權的起點太低，強龍難壓地頭蛇啊！

於是，所謂的「吳中四姓」，即顧、陸、朱、張四大家族，「會稽四姓」，即虞、魏、孔、謝四大家族的代表人物，紛紛出現在東吳的朝廷裡，如果說孫氏兄弟的靠山北方名門是其根基，是「紅花」，那麼這些江東豪強的襄助就是「紅花」配上了「綠葉」。不論是孫吳政權中南遷的北方名門還是江東豪強，單獨掂量掂量都挺寒酸的，但硬是讓孫權組合出了一手好牌。

在這一點上，孫權比劉備和諸葛亮都要高明。蜀漢政權一直沒有讓荊州名門和益州名門協力合作，而孫權卻做到了讓南遷的北方名門與江東本地豪強站在同一條戰壕裡，把東吳政權當成他們自己的政權。能讓雄才大略的曹操說出「生子當如孫仲謀」，孫權的確是有兩把刷子的。

然而，東吳政權還是雨打風吹去了。探究東吳政權的興衰，我們從一個人身上就可以得到答案，這個人就是陸遜。陸家是江東的大族，陸遜年僅二十一歲就被孫權招入幕府，步入政權的高層。在隨後的幾年中，陸遜曾經消滅了會稽等地的山賊，也幫助孫權平息了一些叛亂，軍事才能已經展現出來，只是這些功績並沒有給陸遜帶來人氣，所以蜀漢和曹魏都不熟悉他。

真正讓陸遜揚名立萬的事件是奪荊州和夷陵之戰。陸遜先是扮豬吃老虎，讓關羽放鬆警惕，然後與呂蒙聯手奪取了荊州。在劉備從益州發兵，氣勢洶洶地殺向荊州之時，陸遜作為東吳方面的戰前總指揮，火燒連營七百里，殺得劉備狼狽地逃到白帝城，病死在那裡。這一年，陸遜剛滿四十歲。

然而，這樣一位為東吳做出傑出貢獻的將領，最終卻被孫權逼死了。孫權為什麼要自毀長城呢？因為孫權竭力維持的北方名門和江東豪強之間的平衡，正在一點點被打破。隨著北方名門步入二代接班的時期，人才必然逐漸稀少了，本地豪強卻始終人才輩出，陸遜就是其中的翹楚，權力的天平逐漸向本地豪強傾斜。孫權這個外來戶雖然不得不重用陸遜這些人，但焦慮越來越重，對江東豪強充滿了警惕。

東吳的奪位之爭，終於把一把好牌打成廢牌。在孫權的接班人問題上，江東豪強多數支持太子孫和，北方名門則擁護魯王孫霸。孫權在處理這件事情時，充分暴露了他的焦慮和警惕之心。表面上看起來，他對雙方都各打五十大板，但實際上，他逼死了江東豪強的代言人陸遜，又殺掉這一方的幾個重要人物；而對於北方名門一方，只殺掉幾個無關緊要的小角色，重要人物毫髮無損，甚至還有人被升了官。

孫權希望透過打擊江東豪強，來維持自己政權的權力平衡，讓孫氏的王朝不要變成別的什麼姓氏。從短期看，他的確做到了。但是看看陸遜之後，東吳再無可堪大用的人才，我們就知道孫權的做法已經讓江東豪強寒心了。東吳的最後一位掌門人孫皓，完全是個混世魔王，視殺戮為遊戲。江東豪強也努力過，上書孫皓勸其改邪歸正，但是孫皓置若罔聞。

於是，江東豪強採取了非暴力不合作的態度，不再為東吳政權貢獻人、財、物。這與蜀漢後期益州名門拋棄蜀漢政權如出一轍。東吳政權的結局也與蜀漢驚人地相似，已經取代了曹魏的西晉大軍順江而下，沒有遇到一次像樣的抵抗，就兵臨建業（今南京）城下。孫皓也學習劉禪的「經驗」，開門投降了。東吳曾經湊出一手好牌，卻又自己毀掉了這手好牌。

三國，從黃巾起義開始到三家歸晉結束。在這段紛亂的歷史背後，是東漢舊的經濟體系遭到了破壞，不僅皇室倒臺，許多名門望族也失去了土地，連帶著失去了稅收權。整個社會需要建立一個新的經濟體系。

無論是曹操、劉備還是孫權，都不是昔日的名門望族，恰逢這個紛亂的時世，於是各自起兵，目標其實都一樣，那就是建立一個新的政權和經濟體系。但最終，他們和繼承者都沒能鬥過昔日的名門望族和豪強地主，三家都歸了司馬氏這個名門望族的代表。

但是，東漢留下的那個問題，即地方豪強擠占國家稅收的難題，依舊沒有得到解決。名門望族把持國家政治和經濟命脈的局面，一直延續到唐朝初年，門閥的衰落和科舉制度的誕生，才根本性地改變了中國，此乃後話。

而西晉時期，青山依舊在，豪強正當紅。

〔第7章〕

千年國脈大運河

愚公移山的故事老幼皆知，將近九十歲的老頭愚公覺得門口的太行、王屋兩座大山擋路，非常不悅，於是發動全家要把山搬走，把土石扔到渤海裡去。天帝知道此事後，非常感動，派天神直接用神力把山移開，滿足了愚公的心願。

客觀地說，要把方圓七百里、高萬仞的兩座山搬走，愚公一家精神可嘉，但以他們每年的那一點點搬運量，能否趕在地球毀滅之前完成移山重任，令人深表懷疑。要是再趕上板塊運動，那兩座山偏巧處於上升期，就有得愚公鬱悶了。

在科技落後的古代，人們對自然界的改造能力相當有限，移山填海都是不可能完成的任務。不過話說回來，人們也不是一點成就都沒有，比如說自然界有許多大大小小的河流，古人也依樣畫葫蘆，根據自己運輸的需要，開挖出長短不一的運河。在這些運河之中，京杭大運河無疑算是人間奇蹟，這條運河在隋朝橫空出世，徹底改變了此後千年中國歷史的走向。

大河向東流的負面作用

打開中國地形圖，我們會發現，中國地勢西高東低，大江大河流淌的大方向是東流到海，這其實對於古代中國的經濟發展非常不利。在人類剛剛跨入文明的時候，古人的產品主要是各種糧食、鹽之類的調味品，還有毛皮、肉類等畜牧產品。這些產品都是和產地的氣候條件緊密相關的，比如黃河流域種植小麥，長江流域種植水稻，而蒙古高原出產毛皮和肉類，如果有人非要把水稻種到蒙古高原上，他可能立刻就得破產。

中國東部大陸上的氣候帶，從北到南，從寒溫帶一直到亞熱帶，不同的氣候帶有不同的物產。當古代中國人試圖和自己的鄰居互通有無、交換一些產品的時候，麻煩來了。古代交通十分不便，沒有高速公路，甚至連柏油路都沒有，能夠有一條土路已經不錯了。古代中國人經由陸路運輸貨物，成本極其高昂，因此他們不可能與相距太遠的人做生意。而周邊的物產和自己生產的東西又沒有什麼區別，算了，還是過自給自足的生活吧。

幸虧陸地上還有一些河流，可以讓人們借助舟楫運輸貨物，而且水路的運輸成本也比陸路低廉得多，船的載貨量也比人們肩扛手拎大得多。但是，古代中國人悲哀地發現，自己身邊的河流都是從東向西流淌，而氣候帶也是沿著緯度分布的，這決定了某類物產的產地也是沿著緯度分布，與河流的流向是一致的。

也就是說，如果人們經由水路交換物產，會發現自己還是沒什麼生意可做！黃河流域的人都種植小麥，彼此沒有必要互換小麥；長江流域的人都種植水稻，彼此也沒有必要互換米。除非南北方向上跨流域進行商品交換。古代中國人不是沒這麼想過，但又是河流讓他們煩惱。這些東西流向的河流成為南北方向運輸商品的天然阻礙，本來陸路運輸成本就已經很高了，現在還要跨越河流，更是難上加難。

地理上的麻煩讓早期的中國人知難而退，放棄了許多經商的打算，專心致志地耕耘自己的一畝三分地。所以有一些學者認為，中國人「重農抑商」的思維並不是文化的影響，而是地理環境造成的，這個見解頗有幾分道理。

只是在西元前，古代中國就已經形成了大一統的中央王朝，秦朝和漢朝都控制了大片的領土，國土包含黃河流域、長江流域，甚至擴展到南方的珠江流域。不過，在秦漢時期，黃河流域是國家的經濟中心，南方地區雖然有所發展，但經濟總量無法與黃河流域相提並論，長江流域和珠江流域只是黃河流域的小跟班而已。可是，漢朝末年天下大亂，黃河流域因為戰亂，人口銳減，經濟遭到破壞，而流亡到長江流域的人們卻促進了南方地區經濟的發展。此消彼長之下，長江流域的經濟實力升級到可以與黃河流域抗衡的程度。

這對於古代國家的大一統反而是個不好的消息，即使勉強形成了統一的國家，地方經濟接近甚至超過了都城附近的經濟，地方大員的勢力就很容易膨脹到中央政權無法控制的地步。看看從漢末一直到隋朝之前的歷史，我們依稀可以看到長江流域崛起後中央王朝的麻煩。

三國時期，北方的曹魏與南方的孫吳、西南的蜀漢長期對峙，西晉暫時統一天下後沒有多久，國家又進入了南北朝時期。這期間，南方依次出現了宋、齊、梁、陳，北方則出現了北魏、東魏、西魏、北齊和北周五朝。

這期間的大動盪、大分裂，固然有北方民族入侵中原的原因，但南方地區經濟實力已經足以支撐起強力的割據政權，能夠和北方凶悍的入侵者長期劃江而治，這也是不爭的事實。西晉曾經短暫地一統天下，卻沒能消弭北方和南方之間的經濟對立。

到了西元五八九年，楊堅建立的隋朝攻破南方的陳朝，結束了南北朝，一個統一的大帝國又一次出現在中華大地上。

可是，南北分裂所造成的政治、經濟隔閡，並沒有隨著軍事征服而消失。江南大族面服心不服，隨時都有可能滋事反叛。更為棘手的是，北方的遊牧民族此時依舊虎視眈眈，凶悍的突厥鐵騎自不必說，東北方向，高句麗又在長白山崛起，而且還積極策劃聯手突厥，企圖逐鹿中原。

西晉曾經面臨的大難題，這一次擺在隋朝皇帝的案几上。不在沉默中爆發，就在沉默中消亡，隋朝皇帝選擇了爆發。

隋煬帝的另一面

提到隋朝的第二個皇帝隋煬帝楊廣，許多人的腦海中就會浮現出一個陰險狡詐、荒淫無恥、胡作非為的形象，在許多小說甚至正史中，描寫楊廣在沒有當上皇帝前故意裝樸素，當上皇帝後窮奢極欲，到處吃喝玩樂；沒當上皇帝時裝純潔，生活檢點，父皇快死的時候原形畢露，甚至霸占父皇的妃子；做皇帝無德無能，好大喜功，搞得天下大亂……

如果楊廣真的是這種人神共憤的混世魔王，那麼他被宇文化及勒死之後的一幕就難以解釋了。當隋煬帝的死訊傳到各地反王的耳裡時，這些反王無不傷心欲絕：長安城的李淵放聲大哭，遙祭隋煬帝的亡魂；正在攻打隋軍鎮守的河間郡的反王竇建德，立刻停止進攻，派使者進城，弔唁「先帝」；洛陽的反王王世充更加誇張，哭得幾次用頭撞地，弄得滿臉是血。

然後，這些反王似乎忘記了他們自己就是隋朝的反叛者，紛紛以殺害隋煬帝的宇文化及為仇敵，李密率領瓦崗軍，不惜一切代價地攻打宇文化及，自己身負重傷，手下也傷亡慘重；李淵的唐軍在山東襲擊敗退的宇文化及，最後竇建德抓住了宇文化及並將其斬首，以告慰隋煬帝在天之靈。

到底哪個是真實的隋煬帝？這裡先按下不表，我們先看看隋煬帝楊廣的生平……

楊堅建立隋朝時，封自己十三歲的二兒子楊廣為晉王。這位晉王在二十歲的時候，就統率了五十萬隋軍南下，攻滅陳朝，親手幫自己的父親統一了天下。我們不要以為滅掉陳朝是件很容易的事情，前面已經講過，江南地區的經濟已然做大了，依託繁榮的經濟支持，南朝已經負隅頑抗很久，所以楊廣即使在軍事上不是天才，也絕對不是笨蛋。

第二年，江南地區爆發叛亂，楊廣立即發揮天才的交際能力，廣泛收編江南名士為自己所用，還拉攏江南佛教界的領袖站在自己一邊。「南朝四百八十寺，多少樓臺煙雨中」，當時佛教界在江南地區乃至全中國，都有著很大的影響力。江南的各派人士看到楊廣如此寬宏仁義，紛紛歸順到晉王麾下，這次叛亂以不流血的方式平息了。

楊廣卓越的領導才能征服了自己老爸的心，楊堅廢掉了太子，也就是楊廣的大哥，立楊廣為太子。三年之後，楊堅駕崩，楊廣順利地登上皇位。至於他那位倒楣的大哥，據說是被他殺掉了。新皇帝上臺，總要有個年號，楊廣大筆一揮，起了一個大氣磅礴的年號：大業。楊廣是打算幹一番大事業的，甚至要幹出一番千秋偉業來。

富二代皇帝楊廣上臺後，先是大赦天下，免去天下全年的租稅。此後的十幾年中，楊廣多次減免老百姓的租稅，並且不斷降低徵收的稅率。即便如此，財富仍然如滔滔江水湧入楊廣的腰包。這其實並不奇怪，天下初定，和平時期人們安居樂業，產出自然會大幅增加。而且，楊廣降低稅率，老百姓做許多生意就有利可圖，生意不斷擴大，繳納的稅款也就增多，形成了正回饋。所以只要把握得當，減稅同樣可以增加政府的收入。

楊廣還對文化十分重視，上臺不久就擴編國家最高教育機構國子監，還興辦了各類專門學校，培養算學、天文曆法、法律和醫學等方面的各種人才。全國在校生數目近二十萬人，平均每六戶人家就有一人在政府開辦的學校就學。如此大規模普及教育，這在古代中國是史無前例的。

大業三年（六〇七年），楊廣做了一件具有深遠意義的大事，他下令建立「進士科」，也就是創立了科舉考試制度，根據科舉考試的成績，來選拔國家公務員和領導幹部。這項制度被唐朝繼承，此後各朝各代幾乎都原樣照搬隋朝的科舉制度，只是考試的內容有所調整。

我們在上一篇已經談到，漢朝開始，中國社會進入了名門望族控制國家經濟命脈的時期，他們不僅掌握了地方稅收大權，甚至還能夠舉薦自己的圈內人做官，成為己方勢力在官場上的代言人，而平民百姓根本無望進入高層幹部隊伍。經過斷斷續續四百年的大動盪，這些地方上的名門望族的勢力大受打擊。如果這些名門望族能夠在新興的統一王朝隋朝中恢復自己舉薦官員的權力，過不了多久，名門望族即將東山再起。

可是，隋煬帝楊廣沒有給他們壟斷仕途的機會。科舉制度的創立，給平民百姓提供了鯉魚躍龍門的做官管道，只要他們有才能，學習用功，門第很低也可以做官。漢朝的官員舉薦制度被廢止了，昔日望族重新控制國家的企圖也就破滅，屬於他們的時代翻過去了。

短短幾年時間，年輕的皇帝就把國家治理得井井有條。如果楊廣就此收手，啥事也不做，他也將在中國史書中位於明君之列。

但是，大業皇帝的視野和雄心此時已經超越了國境與時代，他要做古往今來最偉大的皇帝，他試圖一勞永逸地消除隋朝面臨的大難題：南北對立和邊關威脅。

楊廣能做到嗎？他該怎麼做呢？

大運河：一個文藝青年的驚天力作

老爸楊堅顯然不是楊廣的偶像和追求者，如果非要給楊廣找一個偶像，那只能是古代中國第一帝：秦始皇。我們無法知曉楊廣是不是嬴政的粉絲，但看看楊廣當上皇帝後的所作所為，有許多嬴政經營天下的影子。

比如，秦始皇統一六國之後並未故步自封，而是努力把國土擴張到嶺南地區，也就是現今的廣東、廣西、福建一帶。為了運輸物資的方便，秦始皇下令在長江的支流「湘江」和珠江的支流「灕江」之間開鑿一條運河，一舉溝通長江流域和珠江流域。這條三十多公里長的運河，只用四年就建成了，秦軍憑藉水運的便利，迅速控制嶺南地區，秦王朝疆土又向南大大擴展了。

對，運河！只要有了運河，就能一勞永逸地解決問題！嬴政是這麼想的，楊廣也是這麼想的。年輕的皇帝在地圖上大筆一揮，畫出了兩條線，一條從洛陽出發，往東北方向直抵北部邊陲的涿郡；另一條從洛陽出發，往東南方向直抵錢塘江流域的重鎮：餘杭。

看到這張藍圖，大家就能知道楊廣心裡打的什麼算盤，東北方向的運河是為了將軍隊、武器、糧食等物資運往北方，對付東北強敵高句麗；東南方向的運河，則是為了方便南北方的物產雙向運輸，一旦南方有變，也可以及時派兵鎮壓。

其實在隋朝以前，中國東部地區已經有若干條運河通航。西元前四八六年，吳王夫差為了北上爭霸，在現今揚州附近開挖邗溝，溝通長江與淮河水系，這是中國歷史文獻中記載的第一條有確切開鑿年代的運河。早期的運河以軍事目的為主，但越到後來，運輸糧食等物資的用途就越發凸顯。春秋戰國時期是開挖運河的高潮期，齊國在臨淄城附近用運河溝通濟水和淄水；魏國遷都大梁後，用開鑿的鴻溝連接了黃河流域和淮河流域。

即便有了前人的基礎，隋煬帝的大運河工程也極其浩大，作為全國建設工程的總設計師，楊廣按下了搭載好幾顆衛星的火箭的點火按鈕。一場轟轟烈烈的建設運動展開了，從朝廷官員到黎民百姓，全體動員起來，不管願意不願意，都必須跟隨著熱血沸騰的皇帝向前，向前，再向前。

西元六〇五年，為了確保南方的賦稅和物資能夠源源不斷地運往北方，隋煬帝在前代汴渠的基礎上，下令開鑿通濟渠，溝通黃河與淮河。同時，隋煬帝下令重新疏浚邗溝，以及疏鑿長江以南的江南運河，並對前代開鑿的浙東運河航道加以整治。西元六〇八年，為了展開對北方的軍事行動，隋煬帝又在原有運道的基礎上開鑿永濟渠，直抵涿郡，從而建成了以洛陽為中心，東北方向到達涿郡，東南方向延伸至江南的大運河。

楊廣親自監督，不斷地查看設計圖紙和工程進展。大運河的第一期工程通濟渠溝通了洛陽和揚州，長一千多里、寬四十步，僅用了一百七十一天完工；新的都城洛陽，也就是兩段運河的中樞，僅用了不到十個月就初具規模。

除了大運河工程之外，楊廣還督建了一條寬一百步、長達三千里的馳道，從陝西榆林直通現今的北京，作為將來和高句麗動武時的路上運輸線。這條馳道像極了當年嬴政修建的秦直道，從咸陽到九原郡（現今內蒙古的包頭附近）全長七百三十六公里，目的是抗擊匈奴。

大業六年（六一〇年），舉世無雙的建設工程完工了。這一年的正月十五，楊廣在東都洛陽舉行了盛大的竣工慶典。興奮的皇帝邀請了各國使節和商人來參加盛會，安排了五萬名樂工通宵達旦地表演各種節目，這個「元宵晚會」持續了半個月的時間。新都的市場重新裝修，每個店鋪也都修葺一新，連賣菜的小販也都要在店鋪裡鋪上地毯，而路邊的樹木上都纏了絲綢。別忘了，我們的大隋皇帝不僅是治國奇才，同樣也是一位充滿浪漫主義情懷的文藝青年，七歲那年，他就寫出了平生第一首詩歌，他做得出往樹上掛絲綢、沿著運河兩岸拉綢緞的行為藝術。

隋王朝的富庶和強盛震撼了周邊國家。曾與高句麗有密切關係的突厥和吐谷渾各部先後歸附，站到隋王朝這一邊；西域甚至歐洲的商販都跋山涉水來到長安、洛陽等地經商，河西走廊的武威、張掖、敦煌等地，成為當時國際貿易的重要中轉站和商品集散地。在建設工程還未完全竣工的大業五年（六〇九年）六月，隋煬帝就曾經巡邊，高昌、吐谷渾等西域二十七國的國王、使者在道路上拜迎這位大隋皇帝。

到這個時候，楊廣似乎已經取得了巨大的成就，雖然統一天下的是老爸楊堅，但不可否認楊廣是打天下的急先鋒之一；全國性大工程竣工，王朝中遙遠的地區都有馳道和運河相連；四周政權紛紛來朝稱臣……如果楊廣此時收手，什麼事都不幹，安享下半輩子，在史書上他會是一位有作為的皇帝，一個改變了中華大地的英主……

我們還沒到需要給楊廣蓋棺定論的時候吧？大業六年，他才剛剛四十二歲，意氣風發，正是幹事業的大好時期。讓一個四十出頭的有為青年就此退隱江湖，未免太殘忍了。

楊廣並不打算就此收手，他要繼續向前衝，成為中國歷史上最偉大的皇帝。

天下已定，還有什麼豐功偉績等著隋煬帝去建立呢？征討高句麗！這個早在漢代就崛起於中國東北和朝鮮北部的國家，一直不把中原王朝放在眼裡，到了隋朝時期，依然是陽奉陰違，這讓楊廣心裡很不悅，別的國家都紛紛上表稱臣，只有高句麗不搭理他，這讓立志做千古一帝的皇帝的臉面要往哪裡放？

大業七年（六一一年），隋煬帝下令征討高句麗。要創造大歷史，怎麼能沒有大場面呢？楊廣徵集了史無前例的一百一十三萬大軍，分成了二十四個軍，每天發一軍，前後軍相距四十里，大軍總長度達到了九百六十萬平方公里。哦，太激動了，說錯了，是九百六十里，加上隨軍的二百多萬民工，漫山遍野、浩浩蕩蕩地開赴遼東前線。

這不是去戰場上浴血奮戰，這是在進行盛大的「閱兵」儀式，而且不是一天就完事大吉了，隋軍到了第二年才於涿州集結完畢。修建大運河和馳道時，楊廣徵集的勞役總量已經規模空前，大大超過了當時隋朝民眾所能承受的限度，而且短短的幾年時間，大工程一個接一個地開工，隋王朝這輛車嚴重超速行駛，幾乎要翻掉了。攻打高句麗的行動所徵用的兵役和勞役量，甚至超過了修建大運河時動員人數的總和。為了趕造渡海的戰船，在山東東萊海口勞作的民工晝夜立於水中，自腰部以下都生滿了蛆，疾病流行，民工死掉了三分之一；從江南地區運糧到涿郡的道路上，到處都是累死的民工。

如果能夠打敗高句麗，隋煬帝或許還能讓這輛車平穩行駛。但是如果敗了，後果不堪設想。根據西方世界的墨菲定律，如果事情有變壞的可能性，不管這種可能性有多小，它總是會發生。墨菲定律在楊廣的身上應驗了，面對早已嚴陣以待的高句麗人，耀武揚威的隋軍毫無打持久戰的心理準備，在渡過遼河的三十萬大軍遭到毀滅性打擊後，全軍撤退，第一次攻打高句麗草草收場。

楊廣從小到大一直很順利，不論軍功、政績還是文學，都玩得出類拔萃。這次征討高句麗失敗，實在是大傷面子。楊廣嚥不下這口氣，第二年御駕親征，打算一雪前恥。沒想到後院起火，隴西貴族楊玄感起兵造反，隋煬帝不得已取消了這次軍事計畫，回身鎮壓楊玄感的叛亂。在迅速平息這次叛亂之後，固執的楊廣第三次興兵討伐高句麗，在獲得了高句麗象徵性的服軟後，草草收兵，因為此時中原各地已經叛亂四起了。

早期的順利和風光，加上自身的藝術氣質，讓楊廣好大喜功，卻缺少抗挫折的能力，這是許多年少成名之青年的通病，剛好楊廣也屬於此類。征討高句麗失敗後，楊廣就此意志消沉，躲到江南花天酒地、醉生夢死，兩耳不聞窗外事，最後被叛亂的士兵勒死。

京城需要大運河

隋煬帝死了，隋王朝亡了，但大運河還在，這條連貫海河、黃河、淮河、長江、錢塘江五大水系的人工運河，根本性地改變了此後中國的局勢。

唐朝繼承了大運河這筆珍貴的財富。唐朝定都長安，雖然有關中平原的糧食壓箱底，但關中地區人口不斷增長，僅靠這個小平原的糧食產出，已經無法滿足長安及周邊地區人民的生活需要，有時甚至連給官員發薪水都無法滿足。正是依靠大運河從南方調運來的糧食和其他物資，唐朝才維持了長安的各項開支。女皇武則天甚至長期居住在大運河的中樞——洛陽，就是為了讓行政機關離運河近一些，讓物資調運更方便。

唐朝初年，每年由大運河運輸的糧食只有二十萬石左右，到了唐玄宗的「開元盛世」，糧食運輸量達到每年七百萬石，更不用說其他各地運送來的土特產了。

安史之亂後，唐王朝一片混亂，河北、山東等地的節度使割據一方，財政上我行我素，不向朝廷繳納稅款。唐朝在大亂之後還能支撐一百五十年之久，一個重要的原因就是依靠大運河的運輸，把南方地區的糧食、物資運送到長安地區，維持朝廷的運轉。

歷史學家陳寅恪對此有過精闢的論述：「唐代自安史之亂後，長安政權之得以繼續維持，除了文化勢力外，僅恃南東八道財賦之供給，至黃巢之亂，既將此東南區域之經濟幾全加破壞，復斷絕汴路運河之交通，而奉長安文化為中心，仰東南財稅以存立之政治集團，遂不得不土崩瓦解，大唐帝國之形勢及實質，均於是告終矣。」

再往後看，北宋建立後，首都定在東京汴梁（今河南開封），比長安更靠東，和大運河的聯繫也更緊密了。北宋時期大運河的運輸量基本上與唐朝持平，最多時曾經達到每年八百萬石糧食，超過了唐朝的最高紀錄。

北宋對大運河的利用，完全符合楊廣的設想，不僅可以利用大運河在全國調運糧食和物資，還可以經由大運河加強軍事力量。為了對抗周圍的遼、西夏以及後來崛起的金朝，北宋每年都向邊境運送大量的戰略物資，其中很大一部分是依賴大運河來完成運輸任務的。

南宋是一個偏安江南的朝廷，也把都城設在大運河邊上的臨安（今浙江杭州），原因很簡單，為了運輸物資方便。過去經由大運河向北運輸到東京汴梁的江南物資，在北宋滅亡後，掉頭向南，運輸到新的都城臨安。即使所控制的大運河只剩下可憐的一小段，但對於南宋的經濟依然至關重要。手握大半條運河的金朝自然不會放過發家致富的好工具，利用大運河，金人把淮河流域的糧食運送到自己的都城——汴京，那裡正是昔日北宋的都城汴梁。

只是這樣一來，大運河無端被分成兩部分，經濟作用大打折扣。大運河的運輸價值，表現在它溝通了不同緯度地區，促進北方和南方的商品交換。前文已經說過，中華大地上東西方向交換產品沒什麼油水，因為大家生產的東西都差不多，只有南北方向上才有產品的差異，大運河正是因為讓人們能在南北方向上互通有無，才如此受到歷朝歷代的重視。現在不論是北方的金朝，還是南方的南宋，在自己的範圍內利用運河運輸物品，跨越的緯度很有限，除了調用糧食滿足都城官員們的胃口外，也就沒有多大的油水了。

更麻煩的是，大運河的軍事價值也大打折扣。當北方的蒙古人在鐵木真的帶領下東征西討的時候，金朝無法集中足夠多的物資抵抗蒙古鐵騎，最終在南宋和蒙古的夾擊之下滅亡了。南宋也好不到哪裡去，手上只握有一小段大運河，能有多大的用處？在金朝滅亡後，南宋苟延殘喘幾十年，也壽終正寢了。

元朝建立，中國南方和北方再次統一了，而且整條大運河都納入新王朝的版圖中，就像是新王朝的食道一樣。元朝與隋朝、唐朝和宋朝的不同之處在於，元朝時期北部邊疆的危機沒有了，這是大好事，但是，擺在開國之君忽必烈面前有一件麻煩事：把都城建在哪裡合適呢？

從運輸的角度來看，北宋和金朝把都城設在開封是很合理的，因為開封處於隋朝大運河的中樞，東北方向和東南方向的物資都可以方便地運送到開封地區，王朝的管理會很方便和有效。可是對於忽必烈來說，他不僅要管理黃河流域和長江流域，還必須管好蒙古高原。如果建都在開封，距離老家太遠了，而且當年沒有空調和暖氣來調節溫度，遊牧民族出身的蒙古統治者顯然對開封這個「南方地區」的氣候並不適應。

於是，忽必烈把自己的都城建在隋朝大運河的最北端，也就是元大都，即現今的北京。建都北京，一方面考慮到依靠運河之利，可以順利地把黃河流域乃至長江流域的物資調入京城；另一方面也考慮到維持對廣袤的蒙古高原的控制，總之，兩手都要抓，兩手都要硬。

既然都城定在北京城，那麼要把江南的物資調往北京，似乎就沒有必要先折向開封，再折向北京了，不如直接從江南北上，距離更短。於是，忽必烈當政時期，國家建設的重點就是把隋唐大運河截彎取直，修建一條基本上南北走向的運河。

西元一二八九年，元朝開鑿了會通河，北通御河，南接泗水、黃河，從根本上改變了淮河以北大運河的格局與走向。由此開始，大運河不再流經洛陽，河南和安徽北部的河段被廢棄，大運河形成了南北直行的走向，縮短航程一千多里。西元一二九三年，溝通大都城內與城東通州的通惠河建成，來自南方的漕糧可直接抵達城內的積水潭，就此實現了中國大運河的第二次大貫通。漕船可以滿載著江南的貨物直接北上，抵達元大都。隋唐大運河改頭換面，變成了京杭大運河。

忽必烈打通京杭大運河，對於元、明、清三代影響深遠，除了明朝前期定都南京之外，從元朝建立到清末，北京城一直作為中國的都城，雖然與經濟重心江南地區相距遙遠，卻依然可以把整個國家牢牢掌控，這全靠京杭大運河一端連接都城，另一端連接江南地區。

僅從開通京杭大運河來看，忽必烈對元、明、清三代是有傑出貢獻的，當然他的貢獻是建立在楊廣的隋唐大運河的基礎上，而且新開鑿的運河長度也遜於隋朝的運河。

京杭大運河已經不僅僅是王朝的一條運輸糧食的食道，它更是王朝的堅強脊柱，撐起了古代王朝的龐大身軀，王朝的運轉和經濟效率已經不是隋朝之前的朝代所能比擬的。

假如，我是說假如，這條脊柱有一天突然斷了……

當皇家海軍掐住了漕運

請允許我再次提到墨菲定律，如果事情有變化的可能，那麼它總會發生。這一次的倒楣蛋正是京杭大運河的建設者——元朝。元朝辛辛苦苦地修建了新的運河，還沒享受幾十年，一三四四年黃河突然發大水，這不算什麼倒楣事，歷史上黃河經常發大水，勤勞勇敢的中國人民早就習慣了。倒楣的事發生在洪水退卻之後，人們猛然發現，厚厚的淤泥竟然把大運河給堵塞了。

王朝的脊柱斷了，元朝立刻徵調大批民工去疏通河道，卻不好好招待這些民工。雖然蒙古人是統治者，卻是少數民族，現在大量的漢人聚集在一起做重活，得不到充足的給養，蒙古官員只是揮動馬鞭驅使，自然容易引發民變。結果，有著白蓮教背景的民工們結夥發難，紅巾軍起義爆發，並迅速點燃了反抗元朝的全國性民變。

紅巾軍起義爆發的地點在江淮一帶，恰好切斷了大運河的漕運，這讓元朝統治者在元大都裡一籌莫展。本來蒙古皇帝還可以經由海路把長江三角洲一帶的糧食運送到京城，然而，在兵荒馬亂的年代，海盜也蜂擁而起，紛紛打劫朝廷運糧的海船，元朝拿這些海盜一點脾氣都沒有。元朝勉強維持京城附近的統治，任由南方大片地區自生自滅。最後當朱元璋殲滅各路民軍，揮師北上時，元朝的末代皇帝策馬北奔，逃回蒙古人熟悉的草原，短短九十多年的元朝就這樣滅亡了。

一條運河引發的王朝血案不只這一起，下面是明清對大運河的血淚控訴。

明、清兩代繼承了元朝的京杭大運河，經濟發展同樣嚴重依賴大運河。明朝從一四一五年起停止了海運漕糧，規定所有漕運全部走內河，當然也包括大運河。明朝此舉和沿海地區倭寇肆虐有很大關係。運輸線既然無法得到保障，明朝乾脆停止了風險很大的海運。從那時起到清朝末年，京杭大運河的貨物運輸量通常占到全國運輸總量的四分之三，當時全國大部分的商業中心都集中在大運河沿岸。

利用大運河獲取稅收，也是各個王朝財政管理的一條門道。比如明代初期開始，山東臨清是黃河以北大運河沿岸南北貨物的重要集散地。因此，明朝於宣德四年（一四二九年）在此設立向民用商船徵稅的機關。至明代萬曆年間，臨清運河鈔關每年徵收船料商稅銀八萬多兩，占全國鈔關課稅額的四分之一。

對於沒有進入工業革命的清王朝來說，大運河既然是元朝的脊柱，同樣也是它的脊柱，墨菲定律不止一次地向清王朝下手。

第一次鴉片戰爭打到後期，英軍攻陷吳淞口，掐死了長江口，一舉切斷清朝的海運通道，清朝提出議和。但是，大英帝國皇家海軍早已在海戰中浸淫一百多年，清醒地認識到那些梳辮子的敵人並未傷筋動骨，此時談判撈不到什麼油水。於是，英軍不理睬清朝的乞和建議，繼續溯江而上，攻打大運河與長江的交叉點：鎮江。此戰英軍投入兵力上萬人，戰艦七十多艘，在付出上百人陣亡的代價後拿下了鎮江。

大清王朝的脊柱被英軍掐住了。北京城裡的道光皇帝一下子害怕了，派人與英軍商量，接受英國的各項要求，包括割地、賠款、設立通商口岸等。天朝上國低下了高傲的頭顱，這就是切斷大運河漕運的嚴重後果。

第一次鴉片戰爭後，清王朝過了十年左右的太平日子，沒想到，太平天國於廣西金田發難，並一路打到南京。一八五三年後，太平天國占據長江下游一帶十多年，大運河的漕運也被迫中斷了。運河沿岸的各個繁華城市均遭受重創，揚州、蘇州、杭州、臨清都被戰火洗劫。清朝不得不經由海上，從南方未被太平天國攻占的地區調糧食和物資北上，維持北京城內的消耗，供給國家運轉。

這十多年內亂期間，不僅讓清朝手頭吃緊，就連剛剛進入中國市場的歐洲人也感受到大運河被切斷的利害。以至於當時英國駐上海領事阿禮國（Sir John Rutherford Alcock）寫信回國說，每年早春時節，北京仰賴漕船通過大運河供應當年的食糧，現在只要大英帝國派出小小的一支艦隊，占領鎮江這樣的運河據點，幫助清朝平息國內叛亂，就可以讓清朝給英國更多的利益，這比占領二十個沿海或邊疆上的城市還要有效。

在一次次的打擊之下，京杭大運河有許多河段淤塞，已經無法通航。一八五五年黃河改道後，運河山東段逐漸淤廢，從此漕運主要改經海路。在平息了太平天國內亂後，清朝還曾試圖修復大運河的漕運功能，無奈國庫空虛，有心無力。

古老的國度又一次站在生死關頭，有大運河，生；沒有大運河，死？幸好除了修復大運河之外，風雨飄搖中的清朝又有了新的選項，那就是工業革命帶來的新交通運輸方式：鐵路。清末修建的最重要的鐵路莫過於京漢鐵路（舊稱盧漢鐵路），它從北京城向南延伸到漢口，全長一千二百一十四公里，一八九八年年底從南北兩端同時開工，一九〇六年四月一日全線竣工通車，這是一條跨緯度、跨流域的鐵路，當然也是一條能夠替代大運河的國家新脊柱。一九一二年，連通天津和南京的津浦鐵路也全線通車。

水路運輸遠比古代的陸路運輸節省成本，所以自從楊廣開鑿了大運河後，南北方運輸和貿易的發展，讓古代中國邁上一個新的臺階，獲得滾滾財富，並逐漸富甲全球。也正是因為嚴重依賴大運河，才讓元朝和之後的封建王朝在時局動盪時苦不堪言。

俱往矣，看今朝中華大地，是高鐵和航空的天下。

〔第8章〕

別說宋朝不缺錢

宋朝是一個很拉風的朝代，它的歷史是從成語「黃袍加身」開始的。後周大將趙匡胤領兵北上禦敵，途經陳橋驛駐紮。早晨，趙匡胤酒醉醒來，一出屋，就被屬下披上黃袍，眾將高呼「萬歲」，江山輕而易舉地就獲得了。不過，趙匡胤當時是真喝醉了，還是假喝醉了，事先是否知道有黃袍加身的橋段，就不得而知了。中國歷史上每到改朝換代之際，總會上演新主子三番五次推辭，流著淚說「我不行，你們怎麼能逼我當皇上」的戲碼，結果這些人哪個也沒推辭成功，全都「被迫」登上了皇位。趙匡胤基本上也屬於這樣一位君主。

雖然開局略顯老套，但趙匡胤的大宋此後卻不同凡響，令人刮目相看。

富甲全球的大宋

趙匡胤是職業軍人出身，按理說應該好勇鬥狠，熱衷攻伐，重武輕文。誰料到這位宋太祖竟然是個熱愛生命、熱愛和平的好男兒，解決事情時都盡量避免殺戮。

比如初登大寶不久，趙匡胤就在太廟的一間密室中立了一塊碑，此後大宋新皇登基，都要由一位不識字的太監帶到密室裡瞧瞧那塊碑。碑上到底寫了些什麼，直到金軍攻破汴梁城，打進太廟，才真相大白，碑上赫然書寫著三條，大意是：第一，不殺柴氏子孫（後周後裔），如果他們謀反，就在監獄裡讓他們自盡，不能公開殺掉；第二，不殺士大夫，尤其是那些諫臣；第三，如果子孫違背了前兩條，天誅地滅。

這「勒石三戒」不僅給大宋歷代皇帝畫下了執政的底線，也給大宋的經濟方針定下了基調，通俗來講就是三個字：不折騰。全國以經濟建設為中心，對外能和平解決爭端，就不訴諸武力；對內能調和矛盾，就不激化衝突。

在這一國策的指引下，大宋的經濟數據一舉超越了此前歷代的各項紀錄。宋朝財政收入最高的一年，達到了一億六千萬貫（一貫等於一千文），即使是後來的南宋，財政收入高的時候也能達到一億貫。這樣的收入紀錄在古代中國不僅空前，也堪稱絕後。比如，明朝在財政收入上比北宋差了整整十倍，清朝康雍乾盛世時狀況稍好，但也不及北宋財政收入的一半。

宋朝平民百姓的生活也比其他朝代更好。司馬光曾經痛心疾首地表示，世風日下，連農夫走卒都穿絲質的鞋子，實在太奢靡了！

這樣一個安定團結的局面是如何得來的呢？我們不應該把一千年前宋朝的成績過分抬高了，這個朝代的經濟基礎還是廣大的自耕農，這些農民上繳的皇糧和稅款，支撐起了大宋的江山社稷，骨子裡大宋還是很傳統的。

本書第一章已經介紹過，高產耐旱的占城稻就是在宋朝進入中國並得到推廣的，激發了宋朝人口突破一億人。西元七四二年，唐朝統計的戶數是八百九十七萬三千六百三十四戶。到了西元一〇八〇年，宋朝的全國統計戶數是一千六百五十六萬九千八百七十四戶，大約兩個半世紀的時間，全國的戶數增加了將近一倍。同一時期，如果只看長江中、下游流域和東南沿海地區，戶數增長到原來的三、四倍之多。人口多了，稅收自然也多了。

但在經濟上，宋朝與其他朝代相比，有兩個亮點，一個是開源，就是將海外貿易發展起來。

原本古代中國經由陸上絲綢之路與其他國家做貿易，但宋朝建立後沒多久，西北的黨項人就建立西夏，阻斷了宋朝與中亞、西亞的陸上貿易通道。不得已，宋朝的對外貿易轉向東南沿海，竟然開闢出了繁榮的海上絲綢之路。宋朝先後在廣州、臨安（今杭州）、明州（今寧波）等十幾個沿海城市設立了市舶司，專門管理海外貿易。其中廣州、泉州和明州的貿易量最大，特別是泉州，在南宋時期，一躍成為當時世界第一大港，是海上絲綢之路的起點。

宋朝出口的貨物，包括絲綢、瓷器、糖、紡織品、茶葉、五金；進口的貨物則包括象牙、珊瑚、瑪瑙、珍珠、乳香、沒藥、安息香、胡椒、琉璃、玳瑁等幾百種商品。南宋時，每年通過市舶司獲得的稅收已經達到二百萬貫，占了全國財政收入的六%。這只是官方的收益，民間也有許多人從事海外貿易，獲利頗豐。

雖然不能直接從陸上絲綢之路做長途貿易，但宋朝還是積極與陸上鄰國展開貿易。比如，宋朝在與金朝、大理的交界處開設市場，對外輸出藥材、茶葉、棉花，引入人蔘、毛皮、馬匹等。這些陸上貿易的收益也不容小覷。

俗話說，馬無夜草不肥，雖然大宋的稅收主要來源還是農業，但有了大規模的對外貿易，日子自然要比閉關鎖國的那些朝代富裕多了。

此外，古代中國許多朝代的財政往往是皇族經濟、戰爭經濟、工程經濟，稅收收入主要是充當滿足皇族奢華享受的私房錢、對外戰爭的軍費和工程建設的撥款。這些經濟類型，宋朝經濟當然也都不缺，但它還有另一個亮點，就是消費拉動型經濟。

〈清明上河圖〉是北宋畫家張擇端的一幅名畫，反映了北宋都城汴梁的繁華。其實還有一部著作號稱文字版的〈清明上河圖〉，那就是孟元老的《東京夢華錄》，記錄東京汴梁的各個街道上店鋪林立，如酒樓、金銀鈔引鋪、當鋪等，我們可以從記述中看到，宋代都市裡居民區（坊）與商業區（市）之間已經沒有什麼明顯的界限。宋代都市之內也有定期舉行的「商品交易會」，最典型的是在大相國寺及其周圍每月五次的盛會。

城市有店鋪，城郊有草市。汴梁沿著汴河之草市的繁華程度，一點也不次於城內的繁華街道，以致有學者認為〈清明上河圖〉所反映的不是汴梁城內，而是汴梁城郊草市河市的情景。有些詩人用詩句描寫了草市的情景，比如范成大有「遠尋草市沽新酒，牢閉篷窗理舊書」，陸游有「草市寒沽酒，江城夜擣衣」的詩句。

這些文學作品都反映了北宋都城繁花似錦。都城的經濟能夠如此繁榮，是由於那裡有強大的消費能力。

前面已經提到，宋朝從趙匡胤開始就十分重視讀書人，科舉制度在宋朝得到發展，只要中了科舉，就可以直接授予官職，這等於給民間讀書人提供了一個途徑，不用看出身、不用看門第，只要中舉，便能走上仕途。科舉制度繁榮的結果之一，就是宋朝的文官隊伍膨脹，在北宋的都城汴梁集中了大量的朝廷官員。

汴梁城內皇族、官員、軍人、商人雲集，人口達百萬之眾，這些人的吃穿用度不是附近州縣能夠充足供應的，於是北宋依靠運河漕運，從日漸富庶的江南地區運送大量的物資到汴梁。一船船送抵汴梁的貨物，不僅有糧食，還有絲綢、茶葉、瓷器、木器等，吃喝玩樂的裝備一應俱全。當時的歐洲正處於中世紀的黑暗之中，美洲的馬雅人還在叢林中亂闖，大宋的汴梁城猶如文明的第一燈塔，照耀著周邊之地，令四方心神往之。

汴梁城龐大的消費力和強大的購買力，刺激了全國各地的生產力。宋朝不同於古代許多重農抑商的朝代，它對商人的限制相對寬鬆，並不懼怕商人做大後會威脅皇權。一些文人士大夫甚至還為商業、商人搖旗吶喊，公開支持。比如寫出「先天下之憂而憂，後天下之樂而樂」的北宋政治家范仲淹，就公開為商人鳴不平說：「吾商則何罪，君子恥為鄰？」他認為，敗壞社會風氣的不是商人，而是權貴。兩宋之交的進士鄭至道則說，百姓自古即分為士、農、工、商四民，士以讀書明理管事為業，農以耕為業，工以製作器物為業，商以貿通有無為業，此四者「皆百姓之本業」。

有了這樣良好的社會輿論，宋代的商業發展自然也就順暢許多。而經商獲得的利潤，要比務農高出許多倍，手工業、商業發達的國度一般來說要比畜牧業、農業發達的國度更富裕。

比如說宋錦，顧名思義就是宋朝發展起來的織錦，源起於吳地，在兩宋時期形成氣候。吳地處於長江中下游平原，物產豐饒，給手工業的發展提供了物質和經濟基礎。這裡的氣候條件又非常適合桑樹和蠶的生長，很容易就發展成為南方絲織業的中心。

宋朝史書曾記載，全國各地上貢皇室的絲織物中，只有四分之一來自北方各路，卻有三分之一來自蘇浙地區。這是之前歷代不曾出現的手工業局面。

以宋錦為代表的江南地區的絲織業，不僅在數量上超越北方，宋錦的精工細作簡直到了登峰造極的程度，讓其價格昂貴到只有皇室才有能力支配其用途的地步。後世的考古挖掘中，昔日宋朝疆域內幾乎沒有那時宋錦的遺物出土，倒是塞外一些墓葬中曾出土一些宋錦。也許，當時作為絲織品中最高級的宋錦，由於物以稀為貴，除了宋朝皇室自己享用外，就是拿去作為國禮，送給虎視眈眈的北方強鄰，謀求一時的和平，延續繁華之夢。

除了都城、江南之外，北宋時期的四川也是一派繁榮景象。當時的一位地方官趙汴曾描述，四川當地一年十二個月舉行十二種不同的集市：正月燈市，二月花市，三月蠶市，四月錦市，五月扇市，六月香市，七月寶市，八月桂市，九月藥市，十月酒市，十一月梅市，十二月桃符市。其中，蠶市與藥市最熱鬧。四川眉州詩人蘇軾、蘇轍兄弟離開四川到外地做官後，都曾分別寫詩回憶自己小時候到蠶市遊逛時的快樂情景。

宋朝全境的手工業、商業發達程度在歷朝歷代中堪稱高峰，能夠富甲全球也就不奇怪了。

宋兵乙：我曾是個無業遊民

宋朝皇帝為什麼不擔心江南地區會憑藉強大的財力挑戰皇權呢？其實當皇帝的，隨時都擔心有人取而代之，只是宋朝把全國的精銳之師都集中到汴梁城，集中到皇帝的身邊，這就在很大程度上避免了地方勢力做大。

和平主義者趙匡胤坐江山的時候，麾下的軍隊不足四十萬人。就這些軍隊，趙匡胤還搞了一齣「杯酒釋兵權」的演出，讓手下大將把各自的軍權都交出來，集中在他一個人手中，這些大將則拿著養老錢享清福。相較於漢高祖劉邦、明太祖朱元璋當了皇帝後就開始殺功臣，趙匡胤處理問題的做法非常人性化。

此後，北宋的軍隊逐漸壯大，到了北宋中期的時候，軍隊人數竟然達到一百二十五萬人，除了喜歡搞閱兵儀式的隋煬帝外，北宋軍隊數量幾乎是古代中國之最。從軍隊構成來看，士兵主要分為兩類，其中一類是駐守汴梁地區的禁軍，《水滸傳》中豹子頭林沖落草前的職業就是八十萬禁軍教頭。對，沒錯，是八十萬禁軍，作者施耐庵並沒有誇張，北宋的都城集中了八十多萬名軍人。另一類軍隊屬於廂軍，駐紮在地方各處，人數遠比禁軍要少，而且待遇也低一些，每個禁軍每年要消耗約五十貫，廂兵每年消耗三十貫，單是這百萬大軍的軍費，就高達四、五千萬貫。

除了富甲天下的大宋外，沒有哪個朝代能維持這麼大規模的常備軍，而且士兵待遇還相當優厚。曾經有位西方學者感歎，當時歐洲小國的君主，都不如汴梁城把門的守卒生活條件好。

北宋養活這麼多的軍隊，是為了作戰需要嗎？北宋在北方面臨遼或金的威脅，在西北方面臨西夏的威脅，的確需要一支強大的軍隊禦敵。但是，兵不在多而在於精，北宋這百萬大軍對外作戰鮮有勝績，倒是多次被遼軍深入邊境，飲馬黃河。

是因為林沖教頭對這些禁軍的軍事訓練太糟糕，使得宋軍在戰場上不堪一擊嗎？非也，其中有個根本的原因，就是北宋招募龐大的軍隊，並非單純為了作戰，還為了解決失業人口的就業問題。

各個朝代要獲得兵員，無非採取兩種辦法，一種是徵兵，另一種是募兵。徵兵就是強制老百姓參軍入伍，而募兵就是花錢雇用老百姓參軍入伍。宋朝是中國歷史上唯一長期堅持募兵制的朝代，它的大軍都是花錢雇用的，而且還沒有退役制度，只要某個人進入宋朝的軍隊體系裡，就等於捧上鐵飯碗，一輩子衣食無憂了。

北宋時期，產量高的占城稻開始推廣，農業開始採用水稻和小麥輪種，糧食的大幅增產直接激發了全國人口突破一億人。雖然宋朝商品經濟發達，許多非農業的行業吸納了大量的勞動力，但宋朝的統治者還是為社會上出現了越來越多的無業遊民頭疼。

這些無業遊民對社會的安定是潛在的威脅，為了消除這個威脅，宋朝再次用錢開路，花錢從這些遊民中選擇身強力壯的人，補充進軍隊裡，讓他們從遊民變成了士兵，「每募一人，朝廷即多一兵，而山野則少一賊」，這就是北宋解決失業人口的國策。

宋太祖趙匡胤就是這個國策的奠基者，他說過，災年最容易出現民變，不過，此時募兵也最容易，因為老百姓沒糧食，想有口飯吃，給一點錢就能招募到士兵；而在豐年，老百姓豐衣足食，即使提高軍隊的待遇，肯參軍的人也寥寥無幾，畢竟當兵是一個有生命危險的職業。《水滸傳》中描寫的朝廷，三番五次派官員到水泊梁山招安，就是這一國策的表現。在宋朝皇帝眼中，剿滅山賊太費力氣，還不如花一點錢招安了這幫草寇省事，反正朝廷有錢。

參軍有吃有喝，還有錢賺，何樂而不為呢？在其他朝代非常頭疼的兵源問題，在大宋看來簡直是不值得一提。宋朝時期也不是沒有發生過起義，比如北方的宋江起義和南方的方臘起義，只是這些起義與直接或間接推翻漢朝的黃巾起義、推翻唐朝的黃巢起義，以及後來推翻明朝的李自成起義相比，規模小了許多，不會對江山社稷造成致命傷害，不論北宋還是南宋，都不是亡於農民起義，這充分說明宋朝的募兵制在解決社會不安定因素方面還是很管用的，宋江、方臘就算揭竿而起，群眾基礎也相當薄弱，大宋地界沒多少人願意捨棄性命與他們一起「替天行道」。而且一遇招安，宋江帶頭投靠朝廷，這不能算是叛變，只能說被官府的糖衣炮彈打垮了。

但以解決失業問題為目的的募兵制，自然難以獲得有足夠戰鬥力的隊伍。北宋最初招募士兵，有嚴格的體檢標準，比如上等禁軍的身高要求五尺八寸以上，這個標準放到今天，差不多得有一百八十公分的個子才能入選；入伍的身高最低標準，在宋真宗時期是五尺五寸。標準高了，就會有許多無業遊民進不了軍營，有悖於解決失業問題這個基本國策，於是有大臣提出，只要體格健壯，身高矮一點沒關係，此後最低標準就不斷降低，到了宋仁宗時期，入伍標準下降到五尺二寸，換算成今天的計量單位，也就是一百六十公分多一點，社會上的大部分人都有資格入伍了。

這樣招來的士兵，身體素質可想而知，林沖這樣的禁軍教頭再敬業，也不可能把素質很低的士兵都練成宋太祖趙匡胤那樣的猛將。而且，為了賺錢而參軍，這些士兵保家衛國的榮譽感就沒有了，朝廷不給優厚的待遇，宋兵就不願意去打仗。於是，北宋的將軍們為了讓這幫士兵能上陣殺敵，甚至違反軍規，允許他們把手裡的錢都揮霍掉，這樣他們才有動力去打仗賺錢。

有這樣一支大爺似的「百萬雄兵」，宋朝對外作戰屢戰屢敗也就不奇怪了。面對北方和西北方的虎狼之師，宋朝該如何應對呢？

宋朝歲貢的利與弊

宋朝面對外敵時還是照方抓藥，拿錢解決。

宋朝其實一開始也不想這麼窩囊。但北宋初年，契丹已經占據了長城以南的燕雲十六州，也就是現今的北京、天津、河北和山西一帶，都屬於不錯的農耕區。我們在前文已經談過，遊牧民族要是學會了耕田，那就誰也擋不住了。

趙匡胤的弟弟、宋太宗趙光義不想做軟柿子任人宰割，於是打出楊家將這副牌，北伐契丹，希望收復燕雲十六州，把契丹趕到長城以北去，然後在長城附近的崇山峻嶺布防。

沒想到，契丹當時由蕭太后帶領，蕭太后巾幗不讓鬚眉，指揮契丹鐵騎出擊，硬是把宋軍殺得丟盔棄甲，統領楊家將的楊業也戰死沙場。遼宋之間的戰爭一直持續到宋真宗與蕭太后簽訂澶淵之盟的時候。在一場雙方損失慘重的拉鋸戰後，宋朝和遼朝終於坐下來談判議和。名為議和，實際上就是遼朝開價，宋朝出錢。

北宋方面談判的使臣曹利用臨行之前，問宋真宗願意支付多少錢買和平。宋真宗說：「迫不得已，雖百萬亦可。」這話讓宰相寇準聽到後，便威脅曹利用，如果上貢金額超過三十萬歲幣，回來後就砍掉曹利用的腦袋。結果曹利用真的達成了銀十萬兩、絹二十萬匹的三十萬歲幣。

曹利用回來後要見宋真宗，偏巧宋真宗在吃飯，他只好在門外等候。宋真宗想知道談判的結果，於是打發內侍去問曹利用。曹利用覺得這是國家機密，得當面稟報才行，不能直接告訴內侍，於是伸出了三根手指。內侍回報了宋真宗三根手指，宋真宗竟然以為是三百萬歲幣，不禁脫口而出：「太多了。」停了一會兒，又自我安慰道：「雖然給得多了一點，但就此把事情了結了，也好。」等到曹利用稟報宋真宗談判結果是三十萬歲幣時，宋真宗簡直要樂瘋了，大大地賞賜了曹利用。

澶淵之盟後，根據盟約，宋朝每年向遼朝提供三十萬歲幣的「助軍旅之費」；雙方在邊境展開互市貿易，互通有無。宋遼之間一百二十年沒有再起刀兵，各自安享太平。

澶淵之盟一事，深刻地教育了北宋的皇帝，也給我們一種別樣的啟迪。前面已經談到，宋朝的年財政收入可以輕鬆破億貫，三十萬歲幣的賠款只相當於年財政收入的〇．三％。賠款的確讓人覺得丟了面子，可是如果堅持「士可殺而不可辱」，非要與契丹死扛下去，且不說能不能真的打退契丹，就是每年的軍費開支和人員傷亡，算下來恐怕也得上千萬貫。從宋太宗開始的對遼戰爭，真是不值得。

其實，契丹也不想和宋朝長期打拉鋸戰，因為契丹的經濟更脆弱。雖然契丹騎兵亦兵亦民，戰爭時是騎兵，和平時是牧民，但這戰爭要是拖上幾年，牛羊沒人照看，宋朝境內又沒有好草場放牧，契丹自己的經濟也得崩潰。

所以，澶淵之盟是個很符合經濟學的條約，它讓談判雙方或者說買賣雙方都獲得了利益，宋朝花小錢省大錢，還買來和平發展；契丹得了宋朝的賠款，日子也改善了。這就叫雙贏。

到了南宋時期，宋朝的對手變成了金朝，已經把雙贏原理使用得滾瓜爛熟的南宋皇帝如法炮製，每年給金朝白銀二十五萬兩、絹二十五萬匹，甚至對金朝的皇帝稱叔叔，買來了西湖歌舞翩躚的太平。看起來，宋朝又折面子又損錢，但即使是國土嚴重縮水的南宋，每年的財政收入也可以達到八千萬貫，對金朝的歲貢最多也就占南宋財政收入的一％。是為了面子和金朝殊死搏鬥，或者修築一道新的長城，還是花點小錢打發了這幫北方窮鄰居呢？

與宋朝相反，幾百年後的明朝採用了另一種方式。明朝的亡國之君崇禎向來是主戰的，為了對付來自關外後金的威脅，連年戰事，軍費開支巨大，農民不堪重負，揭竿而起。為了剿滅農民起義，軍費又增。最後明朝陷入了惡性循環，偏巧又趕上海外白銀輸入銳減（本書後面章節會專門討論，此處不表），江山丟光了，銀子也丟光了。

南宋和北宋加起來，抗衡了北方的契丹、黨項、女真和蒙古四大強敵的車輪戰，最終耗死了前三個，並在南宋末年與橫掃歐亞的蒙古大軍硬扛了幾十年時間，充分說明宋朝絕對不是一個軟弱無力的朝代。

就宋高宗趙構來說，千古以來人們一直抨擊他龜縮江南、屈膝求和，甚至還夥同奸臣以莫須有的罪名殺死了抗金英雄岳飛。趙構的確太窩囊了，殺死岳飛也過於狠毒，但我們評價一個歷史人物或一個朝代，不僅要看他或它是不是有氣節，還要看最終的結果。明朝滅亡後，其殘餘勢力試圖在江南與清朝對抗，但很快就土崩瓦解了。而趙構在宋朝風雨飄搖之際，卻能夠收拾舊河山，組建起南宋領導班子，最終實現了與金朝對峙的局面。這樣的結果不會是一個不學無術的窩囊廢能實現的。至於北伐中原恢復舊河山，趙構的南宋沒有做到，但中國歷史上偏安南方的朝代中，又有幾個做到了呢？

扯幾尺布匹、扔幾兩銀子打發北方的敵人，換得國家的長治久安，並不算丟人，誰讓咱大宋不缺錢呢！

雖說大宋不缺錢，但看看宋朝給遼、金的歲貢，我們就會發現一個有趣的現象，那就是大宋只願意給白銀和絹，卻從來不拿銅錢作為歲貢給出去。實際上，大宋還刻意避免自己的銅錢流出，甚至還發明出類似於今天銀行支票的形式，在邊關地區流行，盡量減少附近的銅錢使用量，不給任何人把銅錢帶出去的機會。

大宋既然不缺錢，為什麼會對銅錢錙銖必較、斤斤計較呢？

宋朝為何鬧錢荒？

談到銅錢，宋朝鑄造的銅錢可謂古代中國的極品，不僅鑄造技術精湛，而且錢幣上書寫著當朝皇帝的御筆書法。

別看宋太祖趙匡胤是一介武夫，他身後宋朝歷代皇帝的書法，那是一個賽一個，尤其到了宋徽宗時，工筆花鳥、瘦金體書法歷經近千年，仍然被當今的學者所推崇。如此高雅的藝術作品，宋朝人透過一枚銅錢就可以欣賞，宋朝人不但物質生活富足，精神生活也絕非其他朝代所能比擬的。

宋朝是中國歷史上製造銅錢最多的朝代。在北宋一百六十七年的歲月中，大多數年分銅錢鑄造量都在一百萬貫以上。到宋神宗時期，甚至達到了年鑄造銅錢五百萬貫的驚人紀錄，需要耗費銅一萬噸左右。有人估計，北宋自己鑄造的錢幣加上過去朝代的鑄造量，如果不考慮損毀情況，到北宋末年，全部的銅錢應該有三億貫。與每年三十萬歲幣相比，北宋的銅錢量可謂天文數字了。

然而匪夷所思的是，北宋卻經常鬧錢荒。比如，當時的文學家蘇軾就曾經上奏說，浙江一直鬧錢荒，現在更嚴重了。老百姓拿著白銀、絹絲到市場上，卻沒有什麼顧客光顧，而當鋪往往大白天就關門歇業，因為大家手頭上都沒有現錢。

既然官府掌握著鑄幣權，老百姓手中又沒有現錢，官府難道不會向市場上投放貨幣嗎？宋朝官府當然不是笨蛋，可是往往幾十萬貫的銅錢投放到市場，就像潑出去的水一樣，很快就不見蹤影了。

到了南宋時期，錢荒更加嚴重。著名的抗金大臣李綱曾經上奏說，市面上根本就沒有現錢，農民的糧食不論怎麼降價，由於潛在的買家缺乏貨幣，無法成交，農民弄不到錢繳稅，導致一些人被迫逃亡。

市場上缺乏銅錢，銅錢的價值自然就上升了，甚至宋朝官府都對銅錢的價值重新規定，比如宋太宗趙光義就下令，七十七文錢當作一百文錢來用，這就等於讓銅錢比面值升值了四十％以上。到了南宋時期，銅錢更加缺乏，市場上習慣用五十文銅錢當作一百文來花，銅錢升值了一倍。

宋朝年年鑄造銅錢，那麼多的銅錢都跑到哪裡去了？不是契丹、黨項搞破壞，也不是宋朝的經濟增速超過了鑄幣速度，而是宋朝的老百姓都把銅錢收集起來熔化掉，重新打造一些銅器出售，作為生財之道。

把錢毀掉，製造出其他物品，還能更賺錢，如此喜感的事情怎麼會發生呢？

這首先是由於宋朝錢幣鑄造成本高。古代中國在大多數時候，都是由官府壟斷了鑄幣權，漢朝曾經在一段時期內允許官府授權的私人鑄造錢幣，朝廷上還曾經為錢幣鑄造應該官營還是私營進行討論。宋朝則完全由官府壟斷了錢幣鑄造權，按照一般的理解，鑄造錢幣怎麼可能虧本呢？比如用價值一貫的銅料製造出銅錢，這些銅錢可以按照一．五貫或者二貫的面值發行，以差價彌補官府鑄幣的其他成本，甚至還會有所盈餘。

但是面值不能隨意抬高，因為如果銅錢的面值超出銅料太高，一些民間人士就會在高利潤的誘惑下鋌而走險，購買銅料私自鑄造銅錢，衝擊官方的錢幣市場。此外，官辦企業都屬於鐵飯碗，一般來說效率都不高，鑄造錢幣時的浪費和損耗比較嚴重，更不用說貪汙和開小金庫存私錢了。唐朝就曾經出現過官府鑄造錢幣反而虧錢的怪誕事。

當然，正常情況下官府應該不會因為鑄幣而虧損。但是，如果錢幣投放到市場之後價值發生波動，就不是官府能夠控制的了。比如，宋朝在經濟發展的同時，通貨膨脹也很嚴重，於是製造銅錢的銅料價值也水漲船高。官府好不容易製造出一批銅錢，在銅錢上標注了面值，沒過多久，由於銅料價格上漲，一枚銅錢的幣值還不如鑄造這枚銅錢的銅料的市場價格高，更不如用同樣的銅料鑄造的銅壺、銅爐等日用品的價格高。這樣一來，腦子活絡一些的人就開始在市場上收集銅錢，重新熔化後製成銅壺、銅爐出售，從中牟取差價利潤。「銷熔十錢得精銅一兩，造作器用，獲利五倍」，這是當時人們的經濟時事評論。

從北宋到南宋，官府製造一批銅錢，民間就銷毀一批銅錢，於是市場上總是缺少銅錢。宋朝自己都缺銅，就不可能在付歲貢的時候把銅錢給遼或金了。更何況，銅本身也屬於戰略物資，可以用於打造兵器，從國防的角度考慮，給白銀和絹都更加安全一些。

所以，說宋朝不缺錢，說的是這個朝代經濟發達、物產富足；說宋朝缺錢，說的是作為日常交易的基本貨幣「銅錢」始終是短缺的。

為了緩解銅錢荒，宋朝想到了用鐵來鑄造錢幣。

其實早在五代時期，有些地區已經開始用鐵鑄幣並通行。北宋還沒取代後周的時候，四川地區附近的後蜀就使用鐵錢，在北宋滅掉後蜀後，也沿襲了用鐵鑄幣的傳統，以彌補銅錢的短缺。

但是，馬克思說過一句著名的話：「金銀天然不是貨幣，但貨幣天然是金銀。」一種金屬能夠被大家廣泛接受作為鑄幣的原料，是和這種金屬的性質分不開的。歐洲古代各國借助曲折的海岸線和優良港口，紛紛從事海外貿易，而且交易往往比較大宗，這樣一來，用貴金屬作為貨幣，可以滿足大宗交易，金幣、銀幣在古代歐洲暢銷，就是這個原因，也啟發馬克思說了前面那句話。

不過，如果馬克思生在中國，就會說「銀銅天然不是貨幣，但貨幣天然是銀銅」了。古代中國是以大量自耕農為基礎的農業國家，日常更多的是小額交易，朝廷有時會大批採購，所以通行古代中國的貨幣用賤金屬銅並輔助銀就可以了，黃金一般不用於交易，而是用於皇帝賞賜給下屬，或者給大佛鍍上金身之類的事情。

再說鐵錢。鐵是一種比銅還賤的金屬，這裡的賤沒有道德含義，只有經濟含義。一些日常的針頭線腦商品，用鐵錢也許還比較合適，交易價值稍微高一點，鐵錢的弊病就顯露無遺，人們買一袋米都得身揹很重的鐵錢去交易，實在太不方便了。更糟糕的是，金、銀不會生鏽，銅在常溫的乾燥環境中也很難生鏽，可是鐵的化學性質卻很活潑，很容易被氧化，變成毫無價值的鐵鏽。鐵錢不易保存，這也是鐵錢不被人喜歡的缺點之一。

還有兩個經濟上的弊病，讓宋朝鐵錢替代銅錢的方案屢屢受挫。一個是鐵錢鑄造比銅錢更簡單，所以民間很容易私造錢幣，衝擊國家金融的穩定。另外，鐵錢和銅錢一起流通於世，官府就必須給兩者定一個兌換比率。可是宋朝還沒有快捷的交通網和完善的銀行體系，所以鐵錢只在部分地區流通，在實際的交易中，鐵錢多的地方，鐵錢的兌換價值就低；鐵錢少的地方，鐵錢就可以兌換更多的銅錢，至少在字面上是如此。於是，這又給民間部分人提供一個發財的機會，不同地區匯率不同，來回兌換不同的錢幣，就能夠獲利了。宋朝官府想維繫銅錢、鐵錢兌換比率的穩定，幾乎是不可能的。

銅錢沒了，鐵錢不堪大用，大宋快被錢的事給逼瘋了，就在這個節骨眼上，一種新型的貨幣橫空出世，讓宋朝皇帝如獲至寶，長呼了一口氣。

〔第9章〕

早產的紙幣惹人哀嘆

宋朝是一個通貨膨脹嚴重的朝代，銅錢面值趕不上銅料價值，導致銅錢大量被人銷毀並拿去鑄造銅器。這其實是很反常的，因為市面上的貨幣量少了，缺錢的經濟應該表現為通貨緊縮，為什麼宋朝卻深陷通貨膨脹的泥沼呢？

答案很簡單，宋朝不僅有銅錢和鐵錢，還印刷了遠比銅錢面值大得多的古代紙幣：楮幣。楮幣在短時間內緩解了宋朝的錢荒危機，但巨浪滔天的楮幣潮水最終也將沖垮大宋的兩代王朝。

從飛錢到交子：四川人有法子

印刷術是中國古代四大發明之一，蔡倫造紙和畢昇活字印刷術這兩大發明，使中國人很早就享受到了輕薄紙張帶來的生活便利。但是，紙張被用於金融領域，卻已經是唐朝後期了。

唐憲宗在位時，許多商人外出經商，隨身需要攜帶大量的銅錢，非常不方便，於是發明了「飛錢」，商人在一地（比如京城）把銅錢如數交給官府，官府會開具一張有效力的憑證，上面記錄著開具的地方和銅錢數目。商人只要帶著這張憑證到異地相關官府部門，就可以提取同樣數量的銅錢，用於購買貨物。這種憑證就是飛錢，相當於現代金融業裡的匯票。

飛錢使得商人可以輕裝上路，交易更方便，同時也減少了長距離的銅錢搬家，減少了人們在交易中使用銅錢的數量，緩和了銅錢短缺的現象。不過，飛錢只適用於匯兌業務，它本身不是貨幣，使用完畢就銷毀，不會進入貨幣流通領域，所以不算是真正的紙幣。

宋朝在建立之初，滅掉了位於四川的後蜀國，把當地的銅錢帶到京師，只留下鐵錢在當地流通，以此緩解這個新興王朝貨幣短缺的問題。此後，北宋朝廷甚至宣布，禁止四川地區使用銅錢，只能使用鐵錢，希望減少市場上對銅錢的需求量。

可是，鐵錢的購買力太低，按照北宋前期的貨幣兌換比率，一貫小鐵錢重六斤多，幣值卻只有銅錢的十分之一。當時要買一匹絹，需要的小鐵錢的重量有三十多斤。可以想像，人們的日常生活因鐵幣的流通產生了諸多不便，商人就更苦不堪言了，想進貨一百匹絹，竟然要用牛車拉著鐵錢去買。許多小額交易的買賣雙方一想到沉重的鐵錢，立刻就打消念頭。

成都十六家富商迫於無奈，並受到飛錢的啟發，在宋太宗初年訂立契約，聯合創立了世界首家發行紙幣的私人金融機構「交子鋪戶」，開始發行信用紙幣「交子」。交子一開始還是與飛錢類似，只是一種民間的匯兌憑證，並非真正的貨幣。後來，北宋政府介入交子的發行，由民辦改為官辦，並把交子作為貨幣強制推行，交子搖身一變，成了可以在四川市場中流通的貨幣。

世界上的第一張紙幣就這樣在四川人手中誕生了，而且北宋官府在發行紙幣之初，就顯示出高度的現代金融標準，宋朝人知道紙幣雖然看起來一本萬利，卻不能隨意亂印，畢竟這東西只是貨幣，不是財富，論實際價值，紙幣還不如銅錢，後者起碼有料。紙幣的發行必須要以一定比例的準備金作為基礎，以防人們大規模地把紙幣兌換成其他貨幣時能夠應付擠兌潮。

由於紙幣誕生於北宋的四川地區，這個地區又是鐵錢的流通範圍，於是，一開始宋朝人會預留一定數量的鐵錢作為準備金，然後再發行相當數量的紙幣，從面額來看，鐵錢面值約是紙幣發行額的二成八，也就是二十八%。我們現今的銀行存款準備金率一般在百分之幾到百分之十幾之間波動，幾乎不會超過二十%，由此可見，宋朝剛發行紙幣的時候，還是非常謹慎小心的。那時候的造紙工藝不比現在，紙幣磨損得很快，北宋官府通常三年就要再發行一次新紙幣，同時回收舊紙幣，以新換舊。

紙幣對於被錢荒折磨的大宋，真是一劑靈丹妙藥。上一章已經談到，民間對銅錢趨之若鶩，會收集起來熔化銅錢並造銅器，使得市場上難見銅錢。其實，大宋的銅錢不僅是本國的法定貨幣，而且「一國所鑄，四朝共用」，在遼、西夏和金三國也是硬通貨，大家都處於同一個貨幣體系中，類似於現今歐元在許多歐洲國家中充當法定貨幣一樣。大宋銅錢甚至還流向高麗、日本、東南亞各國，這進一步導致了大宋銅錢嚴重缺乏的狀況。

銅錢缺乏，自然會引發通貨緊縮，但紙幣一發行，用少量的鐵錢準備金放出面額巨大的紙幣，流通於世，立刻抵消了通貨緊縮的趨勢，市場上有了流通的貨幣，人們做交易也就更加方便了。

除了法定的楮幣這種紙幣外，宋朝官府還發行類似於現今的匯票或支票之類的證券，有些證券有固定面額。拿著這些證券，人們可以在官營的單位領取到鹽、酒、茶、礬、香料等專賣品，類似於幾十年前中國通行的布票、糧票、油票等。更有趣的是，大宋就連和尚、道士也有專門的證券，叫作「紫衣」或「師號」，他們可以用這種專用證券購買所需之物。紙幣一旦出現，人們就開始思如泉湧，發明出各種花樣的用法，方便自己的生活。

紙幣的發明，給人們帶來了巨大的便利。宋代一貫大鐵錢重二十五斤，即使後來重量減半了，一個彪形大漢要揹著幾貫錢行走也是步履艱難，十貫以上的鐵錢只能靠小車運輸。一貫銅錢雖然遠比鐵錢輕，但也有五斤重，價值卻只與一兩白銀差不多。改用紙幣後，一貫錢印製成一尺見方的紙片，重量幾乎可以忽略不計，就算是一個普通人攜帶百貫的紙幣行走，也是輕輕鬆鬆。紙幣受到了商人的熱烈歡迎，進行大宗貿易的他們早就被銅錢、鐵錢折磨很久了，光是運輸錢幣就要消耗可觀的資金，這生意真是太難做了。有了紙幣，商人的貿易成本明顯降低，他們還發現，自己經過重重關卡時，甚至可以把紙幣藏起來瞞報稅收！

紙幣流通的最大受益者當然是宋朝官府。比如，過去一件讓官府很頭疼的事情，是給駐守邊境的軍隊發餉，那筆巨額的錢運輸起來十分不易。有了紙幣之後，軍隊官兵的軍餉直接用紙幣發放就行了。某些地方因災害急需大量資金時，官府也可以立刻派人帶著大量紙幣過去應急。朝廷命官的往來、讀書人的趕考也都攜帶紙幣，方便極了。

製造紙幣的成本很小，但它本身所代表的價值卻很高，於是宋代出現了不少偽造紙幣的現象。大詩人陸游曾經提到，北宋末年的一位富豪曾派僕人去經營買賣，賺回了紙幣五千貫，拿回來仔細一看，竟然全是偽造的！南宋初年，四川官員曾經破獲了一起偽造紙幣的案件，數額高達三十萬貫，案犯五十多人。更有甚者，盤踞山東的割據武裝首領金人李全，就曾命令部下偽造宋朝紙幣，再拿到宋朝境內購買物品，引發了宋朝市場的混亂。

古代紙幣比現代紙幣容易偽造，這的確是個嚴重的問題。但是反過來看，這個現象也說明宋朝發行的紙幣，在大多數時間裡是有信用的，被大家所接受，能夠在市場上自由流通。

大宋開始對紙幣上癮

紙幣絕對是劃時代的金融創新，但這個早產兒給人們帶來的不僅有喜悅，也有痛苦和災難。任何貨幣都有自身的特性，紙幣也不例外，紙幣的「鑄造」過於容易，面額又可以隨意書寫，這讓紙幣好像是一匹性情暴烈的駿馬，騎手駕馭得當，可以日行千里，建功立業；但如果駕馭不當，牠就可能直接跳起來往後踢，把騎手摔翻在地。紙幣是福是禍，全看騎手的駕馭能力。

北宋最初對紙幣的使用很謹慎，嚴格遵守準備金比率發行，維護了紙幣的市場信用，所以從宋仁宗到宋神宗的幾十年中，紙幣幣值保持穩定，為大宋的經濟穩定立下了汗馬功勞。

但是到了宋徽宗的時候，蔡京主持朝政，開始大肆印刷紙幣，把紙幣的流通地區擴大到全國，搜刮民間財富，終於把北宋的經濟局面引入嚴重通貨膨脹的深淵中。發行紙幣時的準備金比率越來越低，就連準備金只有紙幣面額的六十分之一時，也敢開印；甚至到了最後，沒有準備金也照樣發行紙幣，洶湧的紙幣搞亂了北宋末年的經濟。

北宋末年，固然有遼、金大舉進攻的威脅，國家需要籌集足夠的禦敵資金。但也正是這個時期，蔡京幫助宋徽宗大辦花石綱（註：運送奇花異石到京城的船隊），四處搜羅奇石怪樹，滿足皇上高雅的藝術需求，卻搞得許多人都傾家蕩產；方臘在南方揭竿而起，朝廷又要花錢去鎮壓。假如能夠把辦花石綱的錢用於禦敵，也就不必靠狂印紙幣來籌措軍費了。所以，北宋濫發紙幣，怪不到遼和金的頭上，皇上和奸臣的貪婪才是禍根。

民眾的財富也不是可以隨意揮霍的。大量的紙幣不僅帶來通貨膨脹，還把市場中的銅錢徹底驅趕走了，這就是經濟學中的「劣幣驅逐良幣」現象。

北宋民眾知道紙幣肯定會貶值，而且還會大幅貶值，於是拒絕接收紙幣，手頭有紙幣的人也會盡快兌換成銅錢或實物，把銅錢拿在手裡存著。於是市場上紙幣充斥，銅錢難得一見，「劣幣」紙幣驅逐了「良幣」銅錢。

面對混亂的局面，北宋官府不得不宣布，民眾納稅必須繳納一定數量的銅錢；紙幣和銅錢的幣值必須按照某個固定的匯率進行兌換。可是，破壞紙幣信用的恰恰是北宋官府自己，卻希望老百姓尊重紙幣的信用，這根本就是南轅北轍的金融政策，也向老百姓暴露了紙幣的信用已經崩潰的現實。

還沒等到金朝的鐵騎衝入，北宋已經被紙幣摧毀了，金兵南下不過是收拾一下殘局而已。

紙幣對三大王朝的衝擊

古代中國被紙幣摺倒的王朝，北宋是第一個，但絕不是最後一個，此後的南宋、金和元朝，無一例外地頭撞南牆，被一疊紙幣砸倒。

南宋繼承了北宋的半壁江山，同時也繼承了印刷紙幣的傳統。北宋紙幣的經驗和教訓，南宋統治者是清楚的，尤其是被金抓走了兩個皇帝的「靖康之恥」還歷歷在目，南宋皇帝不敢在紙幣問題上亂開玩笑。

據說，南宋的第二任皇帝宋孝宗為了紙幣發行的問題，幾乎十年睡不好覺。透過總結前朝的經驗教訓，宋孝宗確立了紙幣限額發行、兌現自由、准許納稅的幾條管理準則，說起來平平無奇，卻是保持紙幣信用不衰的根基。

南宋初期，紙幣已經被廣泛使用，好在準備金充足，印刷數量也得到嚴格的控制，紙幣對南宋重整河山做出了很大的貢獻。

可是紙幣幣值的穩定只持續了三十年就舊病復發了。說起來還是南宋自己冒失，一二〇六年，在自身準備不充分的情況下，貿然伐金，沒想到金朝早有準備，幾路伐金軍隊紛紛敗退，金軍反攻，原本屬於南宋的四川也一度反叛，投靠了金朝。這一仗打下來，南宋元氣大傷，不得已只能靠印刷紙幣度過難關。

此後，南宋的好日子就到頭了，與金朝打打停停，後來金朝滅亡後，又與蒙古鐵騎大戰幾十年。龐大的軍費開支從哪裡來？北方的銅礦早已被占，南宋只能靠發紙幣度日了。宋孝宗的教誨早就被拋到了腦後，紙幣發行量暴增三十多倍。惡性通貨膨脹再現，老百姓不願意拿著紙幣，讓自己的財富縮水，於是紛紛擠兌銅錢。

南宋官府試圖強迫民眾接受紙幣，但根本無法抵禦民眾拒收紙幣的怒火。一二〇九年冬天，都城臨安城裡的米行老闆為了拒收如同廢紙的紙幣，集體閉門歇業。感受到飢餓威脅的老百姓慌了神，社會上出現了搶米風潮。南宋官府好不容易籌措了一千四百萬貫銅錢回收紙幣，並從各地徵集大批糧食來平息搶米風潮，歷經三年，勉強穩定住局勢。

從經濟學上講，南宋所謂的「通貨膨脹」，其實只是紙幣引發的通貨膨脹。由於紙幣與銅錢、鐵錢一併流通於市場上，所以貨物的計價就會出現矛盾之處，兩幣並行必然導致「物有二價」。比如南宋中期，絹的價格，如果以紙幣計算是每匹四貫，到了南宋末年上漲到六十貫以上。但是，如果以銅錢計算，從南宋中期到末期，每匹絹的價格始終維持在三貫多，並無通貨膨脹。兩相比較，老百姓當然喜歡銅錢，不要紙幣了。

南宋官府很快就發現，市場上的銅錢會被老百姓收藏起來，他們用紙幣納稅和買東西，只要有機會就把手裡的紙幣兌換成銅錢。長此以往，市場上的銅錢將全部流入私人囊中！面對現實，南宋官府推出了「錢會中半」的制度，「錢」指的是銅錢，「會」指的是會子即紙幣。政府規定，老百姓納稅的時候，上繳的貨幣中，銅錢必須占一定的比例，不許都用紙幣來繳稅。這個制度的推行，實際上說明了宋代的紙幣與近現代的紙幣是不同的，即宋代的紙幣沒能完全地替代金屬貨幣。

南宋末年，蒙古騎兵滅掉金朝後，馬鞭直指江南的南宋朝廷，病急亂投醫的南宋再次開動印刷設備救命，紙幣發行總量竟然達到十億貫以上，市場上一貫紙幣只能兌換幾文的銅錢，商賈百姓在公開場合焚燒紙幣以示抗議！

劣幣不僅驅逐了良幣，甚至連糧食都驅逐了，市面上只有一疊疊的紙幣，見不到米，當時二百貫紙幣甚至還買不了一雙草鞋，可見通貨膨脹嚴重到瘋狂的程度。

但南宋絕對不是當時紙幣發行量的第一，先它一步滅亡的金朝，在紙幣印刷數量上，比南宋有過之而無不及。南宋皇帝好歹都是文化人，知道凡事得講究個章法，沒有足夠的準備金亂印鈔票，是會亡國的，只是到了緊急關頭，他們被迫飲鴆止渴。

金朝早期的皇帝都是草莽出身，處理經濟比宋朝要差多了。在攻陷了北宋的半壁江山後，他們接觸到紙幣這一世界領先的發明，於是也照葫蘆畫瓢，學著宋朝的樣子印刷紙幣。最開始印刷量小，對經濟的正面影響大，負面影響小。嚐到甜頭的他們開始大肆印刷紙幣，以滿足自己對外戰爭的軍費需要。金朝紙幣發行的七十年中，紙幣換了五次，每換一次，紙幣就貶值一次，到最後白銀與紙幣的比價上漲了六千萬倍。諸位沒看錯，單位是「萬倍」。金朝後期，一萬貫才能買一張大餅。如果說宋朝是迫不得已亂發紙幣，那麼金朝在紙幣問題上就是胡作非為，自取滅亡了。

蒙古聯手南宋，一起滅掉了金朝。這回「紙幣與王朝」故事的主角換成了蒙古人建立的元朝。

十三世紀，義大利旅行家馬可．波羅來到中國，曾經對元朝使用的貨幣大為驚詫：

「大汗令這種紙幣普遍流通於所有的各王國、各省、各地，以及他權力所及的地方。無論何人，雖然自己以為怎樣權要，都不敢冒死拒絕使用。事實上，他們都樂於用它，因為一個人不論到達大汗領域內的什麼地方，他都發現紙幣通用，可以拿來做貨物買賣的媒介，有如純金的貨幣那樣。」

紙幣讓馬可．波羅開了眼界，可惜他並不知道，就在他來到中國之前，已經有兩個強大的王朝——宋朝和金朝，都淹沒在紙幣貶值的浪濤下。他更不會知道，自己目睹的強大元朝，也將在幾十年後，在漫天飛舞的紙幣中轟然倒地。

滅掉了金朝和南宋後，元朝認真總結了紙幣發行的經驗教訓，並建立起自己的一套紙幣體系，準備金自然是必不可少的。元朝由於疆域遼闊，而且欽察汗國、伊兒汗國等四大汗國又遍布歐亞，所以金銀銅鐵比較豐富，有充足的金屬可用作準備金，這是它發行紙幣的有利條件。元朝的紙幣全國通用，而且是唯一的法定貨幣。

可惜元朝的皇帝自忽必烈之後，一個比一個敗家，驕奢淫逸就需要錢，於是開始挪用儲存在各地的、作為準備金的金銀。準備金被釋放出來，等於直接增加了市場上的貨幣供應量，勢必引發通貨膨脹。當金銀準備金被揮霍光後，元朝統治者又開始玩宋朝和金朝的把戲，亂發紙幣，而且元朝官府只管向外發紙幣，從來不考慮為了控制通貨膨脹而回收紙幣，通貨膨脹如同猛虎下山一般，一步步惡化。到了元朝末年，按照紙幣的面值算，米價竟然比元朝初年上漲了六、七萬倍！

元朝的堡壘是從內部被攻破的，而濫發紙幣絕對是摺倒蒙古騎兵的一條結結實實的絆馬繩。

在通貨緊縮與膨脹間徘徊

如果從趙匡胤黃袍加身的西元九六〇年算起，到一三六八年元順帝逃回蒙古老家結束，四百多年的時間，紙幣左右了宋、金和元這三大王朝的命運。紙幣能夠在一千年前早早來到這個世界，的確有些偶然因素，比如古代中國印刷術發達，但紙幣能夠「興風作浪」四百多年，也和金屬鑄幣的缺陷有很大的關係。

用金屬鑄幣，貨幣的供應量受礦料的影響很大，畢竟礦產屬於不可再生資源。當發現一座富礦後，貨幣供應量會大增；而如果長時間找不到礦藏，就沒有金屬可以鑄幣，而市場上流通的貨幣量會逐漸減少，有些被損毀，有些被人帶入墳墓，退出了市場。金屬鑄幣的流通量很難與當時的經濟規模相適應。比如，當一個國家經濟規模的增長，遠遠大於鑄幣用的礦產的開採量時，社會上就會出現礦料短缺，進而出現貨幣短缺，引發通貨緊縮，許多交易就會因為缺少貨幣而廢棄，影響到經濟的繼續發展。

這個金屬貨幣量的弊病，與金屬貨幣攜帶不方便的缺點相比，對經濟發展的影響更為致命，古代中國頻頻頒布禁銅令，禁止銅錢輸出，實在是被錢荒逼的，迫不得已。終於盼來了紙幣問世，各朝各代都心花怒放，蔡倫造紙使用的是麻、布和樹皮之類的東西，成本便宜得很，而且都是可再生資源。紙幣的發行突破了「鑄幣材料」不足的限制，市場上想要多少紙幣，官府就能印刷多少，想要多大面額的紙幣，悉聽尊便。

可惜紙幣自身價值太低，發行紙幣必須要有其他有價值的物品作為準備金。這些王朝雖然也都明白這個道理，但最後仍然沒能抵擋住紙幣的誘惑力，一個接一個地掉進濫發紙幣的財富幻境中。

一個國家的經濟是靠印鈔機能拯救的嗎？穿越回宋朝，問問宋朝人就知道了。

〔第10章〕

茶葉拴住了高原

青藏高原地處西南，位於中國地勢三級階梯中的第一級，平均海拔四千公尺，強烈的高原反應讓許多人視其為畏途。這片面積足有二百多萬平方公里的雪域高原，因其高海拔、冰天雪地與險川峻嶺，曾長期游離於中國歷史的邊緣，青史少有記述。

到了隋唐時期，青藏高原上的人民好像是從魔瓶中突然跳出來了，吐蕃王朝一躍成為亞洲幾大強勢政權之一，與唐朝、突厥及回鶻、大食鼎足而立，松贊干布與文成公主和親的事件更是廣為人知。

關於吐蕃王朝的突然興起和衰落，歷史學者給出過許多解釋，但大多從政治、文化、宗教的角度來分析。其實，吐蕃的興起也許與氣候變化的關係更為緊密。

氣候變暖，吐蕃興起

在中國隋唐之前，人們對寒冷的青藏高原上的政治情況並不十分瞭解，這是由交通不便造成的，也和當時青藏地區沒有形成較為強大的統一政權有關。從西元六世紀開始，位於雅魯藏布江流域東部的雅隆部逐漸強大起來，勢力擴大到拉薩河流域。到了七世紀初，松贊干布繼位後，先後以武力征服周圍的各個部落，正式建立了吐蕃王朝。

強盛的吐蕃在松贊干布的帶領下開始四面擴張，向南讓尼泊爾俯首稱臣，松贊干布還娶了尼泊爾的公主；向東與當時強大的唐朝分庭抗禮，在第一次和親的要求被唐朝拒絕後，松贊干布發兵攻打唐朝，雙方在松潘地區（即現今四川西部山區）鏖戰多時，互有勝負。彼此摸清對方的實力後，唐太宗答應和親的要求，這才有了文成公主入藏的故事。

松贊干布死後的八世紀到九世紀初，吐蕃的實力依舊強大，甚至趁唐朝「安史之亂」衰落之際，多次攻入長安；此外，還與唐朝為了爭奪西域大打出手，絲毫不落下風。吐蕃還向西與阿拉伯人建立的大食爭鋒，向北與草原霸主突厥及回鶻爭雄。

吐蕃所處的青藏高原地區，農業基礎薄弱，可供農耕的土地少，糧食產量低，雖然也有放牧之地，卻過於苦寒，導致歷史上人丁始終不旺。可是為什麼當年吐蕃王朝竟然能夠與人口眾多、物產豐富的唐朝、大食、突厥等強敵打個平手呢？

軍事實力是吐蕃在東、西、北三面抗衡唐朝、大食、突厥的基礎，吐蕃鼎盛時期，號稱軍隊人數四十萬人，對於人煙稀少的青藏高原來說，這是令人驚訝的巨大規模。在吐蕃與唐朝著名的大非川之戰中，吐蕃調動了幾十萬大軍，雖然其中也包括了吐谷渾等盟軍的部隊，但自己的軍事實力也必然很強，才能駕馭得了如此龐大的軍隊。

軍隊人數的多少是受人口數量限制的，而在古代，一個國家人口的多少，是受糧食產量限制的。隋唐時期吐蕃軍事實力的強大，其實反映了當時青藏高原地區糧食產量比較高。

青藏地區主要的糧食作物是青稞。青稞是大麥的一種，因為外殼分離，籽粒裸露，又叫裸大麥。青稞幾乎是世界上唯一能在海拔四千公尺以上地區生長的重要糧食作物，適應高寒氣候，青稞苗甚至在零下幾度的低溫下也不會被凍壞。但是，青稞本身產量低，而且青藏高原自然環境惡劣，適合種植青稞的區域並不廣泛，這是制約青藏高原地區人口增長的最重要因素。

青藏高原上的青稞若要增產，少不了氣候的幫忙。我們已經知道，在隋唐前期，整個東亞的氣候是非常溫暖的，青藏高原也不例外。

吐蕃並沒有留下多少關於氣候的記載，幸好今天的科學家有多種手段來探索古代高原的氣候，比如說研究冰川的冰芯、樹木的年輪寬度、湖泊沉積物等。

我們首先要知曉的是，以西崑崙山—唐古拉山為分界線，青藏高原劃分為兩個氣候區，這條分界線的北面受大陸性氣團水氣輸送的影響，可以大體上認為這個氣候區與蒙古高原的氣候變化較為同步；在這條分界線以南，主要受從南亞次大陸吹過來的西南季風水氣輸送控制，這個氣候區的氣候變化不一定會與北方的氣候區一致，也不一定會與黃河流域、長江流域一致。我們也可以粗略地進行劃分，現在的青海省大概屬於北邊的氣候區，而西藏自治區屬於南邊的氣候區。

那麼，在吐蕃崛起的那段歲月中，青藏高原的氣候是怎樣的呢？

青藏高原南部在西元六至八世紀，處於非常顯著的溫暖期，大概要比今天高出攝氏一度；而在高原的東北部，西元五〇〇年時處於寒冷期，要到西元八〇〇年以後才會進入溫暖期。雅隆部和松贊干布恰好就是從高原南部的雅魯藏布江流域崛起，開始了征服整個高原的征程。

溫度上升對於當地青稞的生長會有重大的促進作用，一方面是單位面積的產量大幅提高，另一方面是許多原本無法種植青稞的地方，由於氣溫上升，現在也可以種植青稞了。雖然史書上並沒有吐蕃王朝早期糧食產量的詳細紀錄，但是從後來吐蕃王朝能夠調動的兵力來看，其人口基數顯然有明顯的增長。

在松贊干布時期，青藏高原的政局從部落林立迅速地走向統一，有那麼一點類似四千年前中華文明從「滿天星斗」的各地文化，轉變為「月明星稀」的文明國家的感覺。氣候變暖給了松贊干布很大的支持，只是當事人未必清楚。

凶猛的吐蕃變乖了

在統一整個青藏高原後，吐蕃並沒有止住擴張的腳步，凶悍的高原騎兵四處出擊，向南控制了尼泊爾，並威脅印度北方各邦；向北與唐朝和突厥等勢力爭奪西域，一度控制了整個塔里木盆地周邊區域；向東則與唐朝時戰時和，一度讓西南地區的南詔國臣服於自己。吐蕃王朝崛起後，與青藏高原以東的唐朝抗衡長達兩百年。

當時的唐朝曾經與吐蕃多次作戰，但往往勝少負多，唐朝名將薛仁貴曾經與吐蕃交戰，但在青海的大非川之戰中幾乎全軍覆沒。唐朝甚至被迫答應繳納給吐蕃一些貢品，以換取與吐蕃的和平。後來，唐朝經歷了安史之亂後國力衰減，吐蕃內部也經歷了內亂，實力大不如前。不過，吐蕃還是有攻陷唐朝都城長安的戰績，讓唐朝不得不重新向吐蕃繳納貢品。

整個唐朝時期，吐蕃都是一股強大的勢力，這支高原軍隊經常從高原上衝殺下來，讓周圍的「鄰居」都不寒而慄。

然而，當中原地區經歷唐朝滅亡後短暫的五代十國，再至宋朝建立後，曾經強悍的吐蕃竟然變乖了，再也沒有襲擊中原的勇氣。讓吐蕃變乖的原因是什麼呢？

從吐蕃王朝內部來說，的確經歷了從統一到分裂的滑落過程。如果我們仔細分析這個高原王朝的政治格局，會發現它其實是一個巨大的部落聯盟。早在松贊干布的父親囊日松贊時期，其政權的強大就是建立在許多頗有實力的家族勢力的基礎上。在併吞一些周邊部落後，囊日松贊吸收了那些部落的力量，卻引發自己聯盟內部實力派的強烈不滿，囊日松贊甚至被人毒死。

但從高原的自然環境來說，吐蕃也只能採用部落聯盟的形式，間接管理日益擴大的疆域。畢竟青藏高原山川險峻，各個地區之間有著很嚴重的地理阻隔，交通非常不方便，各個部落如同分散的「原子」。中原地區那種中央政權直接管理廣大地域的模式，對吐蕃來說管理成本太高昂，根本做不到。也正是因為吐蕃政權採取了部落聯盟的形式，才能衝破雪山大河的地理阻隔，建立起統一的高原政權。

吐蕃王朝中一些所謂的大臣，其實就是許多強力部落在朝廷之中的代言人，他們不僅不會對王朝領袖即「贊普」俯首貼耳，反而千方百計想控制贊普，為己所用，打壓與自己作對的其他大臣。贊普的權力雖然凌駕於這些大臣之上，甚至還有宗教賦予的一定程度的神權，卻也不得不在各個勢力之間左右搖擺，以此來維持自己的統治。

吐蕃王朝戰鬥力的來源，就在於這些強力部落的「爭功」，誰能在對外戰爭中掠奪到更多的戰利品，誰就能在朝廷之上有更大的話語權。所以吐蕃軍隊作戰勇猛，人人爭先，有很強的掠奪性。但是反過來看，以部落聯盟為基底的吐蕃王朝的政權始終是不穩定的，充斥著權臣之間的相互廝殺、權臣與贊普之間的相互角力，甚至許多贊普都死於權臣之手。

隨著吐蕃末代贊普朗達瑪登基後大肆毀佛，吐蕃王朝內部矛盾徹底激化。西元八四二年，朗達瑪被佛教僧人刺殺而死，吐蕃王朝內部陷入長期的混戰中，各個部落紛紛獨立，整個高原又回到了部落林立的「原子化」狀態，統一的王朝煙消雲散了。

強大的吐蕃王朝因部落聯盟解體而衰亡了，但此後的千年中，青藏高原再無統一、強大的古代王朝出現，這有點讓人費解。畢竟氣候有冷有暖，外敵有強有弱，復興條件並不缺。高原上那些部落仍然有可能結成聯盟，而且有昔日吐蕃王朝的前車之鑒，似乎不難再度復興。

歷史總是複雜的，一個現象背後可能有多個因素在起作用，只是不同因素的影響力有大有小。為什麼在唐朝之後，青藏高原上的政權就不再與中原王朝對抗，反而對中原王朝產生了強大的向心力呢？這並不僅僅是吐蕃王朝分裂後各部落實力變弱造成的，還有一個似輕實重的東西在起作用，正是它把青藏高原拴在中華文明圈之內，讓曾經凶悍的高原人變得溫和了。

為茶癡狂的高原人

它就是茶葉，從植物學上看只是柔弱的綠色小葉片，卻具有經濟學上的重要價值和影響。

關於茶樹的起源地，學者們略有爭議，大部分學者認為起源於中國，少部分學者認為起源於現今印度的阿薩姆邦。但人工栽培的茶樹起源於中國西南地區的四川和雲南等地，基本上已是定論。

後人根據歷史文獻中出現的以茶作為地名的史料分析，在戰國以前的巴國和蜀國，茶葉應該已經成為當地人生活中的重要物資。

那麼在春秋戰國時期，西南地區的民眾是如何用茶的呢？

現在還不是很清楚，猜測是各種可能性都有，茶是藥、是食物、是飲料，也是供奉神靈的物品。「神農嘗百草，日遇七十二毒，得荼而解之。」荼即茶，早期的先民採集野生茶葉作為藥材，是在當時艱苦的生存環境下，增強自身抵抗力、抵禦疾病的一種有用的方式。

而文獻中記載的買茶紀錄，最早出現在西漢。西漢有一篇〈僮約〉裡講：「烹茶盡具……武陽買茶。」武陽是現今的四川省彭山區，當時是漢宣帝時期，也就是西元前一世紀，說明四川已經有了茶葉的售賣和飲用。

到了唐朝，茶樹經過長期的馴化和培育，茶葉的口味已經非常甘美，茶葉也逐漸從藥品、奢侈品變成了被廣泛消費的飲品。唐代詩人白居易在〈琵琶行〉中寫道：「商人重利輕別離，前月浮梁買茶去。去來江口守空船，繞船月明江水寒。」詩中琵琶女的丈夫就是一位茶商。

由於茶葉的種植和販賣獲利很大，唐朝官府也想從中分一杯羹。從唐德宗時期開始，官府就多次嘗試開徵茶稅，補充國庫。到了西元七九三年，官府終於規定，「於出茶州縣，及茶山外商人要路，委所由定三等時估，每十稅一，充所放兩稅」，茶稅自此成為古代王朝的一個稅種，當時唐朝官府「自此每歲得錢四十萬貫」，稅額如此大，說明當時中原王朝的茶葉貿易非常繁榮。

在古代，茶樹也廣泛種植在中國南方地區，從雲南、四川一直延伸到江浙區域。而在寒冷的青藏高原和蒙古高原，茶樹是無法存活的，那裡不出產茶葉。所以有理由猜測，早期的高原人是不知道茶葉這種神奇的綠葉子的。

中國科學家在西藏阿里地區的故如甲木寺遺址發現了植物殘片，分析後認為是茶葉，距今一千八百年左右，大概在漢末三國初。但這是否意味著藏區在漢末就開始飲茶了呢？很難做這樣的假設，因為傳入藏區的茶葉最初可能是藥用，而不是飲茶這種新的生活方式。

隨著吐蕃逐漸強大起來，茶葉逐漸融入高原人的日常生活中。唐朝人曾經記載，一次唐朝官員出使吐蕃的時候，在自己的帳篷裡烹茶喝，結果被吐蕃的贊普發現後，問這是什麼東西？官員回答說，這就是清除煩惱、解渴用的茶。贊普說這東西他也有，讓人拿來後指給唐朝官員看，說這個是壽州的，這個是舒州的……顯然，贊普在炫耀自己擁有很多茶葉。這個故事也說明到了唐朝後期，至少在吐蕃上層已經有飲茶的習慣了。

自從接觸到茶葉的滋味後，吐蕃上自王公貴族，下至平民百姓，都飲茶成風，爭相競求。到了唐末宋初，藏區人已經普遍飲茶，形成了對茶葉消費的強烈依賴，民眾中甚至有「寧可三日無糧，不可一日無茶」的說法。

藏區人對茶葉的使用和漢人是不同的，他們對茶葉的需求量之大，也是外人難以想像的。酥油茶可以說是生活在高海拔地區的藏區民眾的一大發明。酥油茶的製作方法，是將緊壓茶，比如磚茶、沱茶、餅茶等，弄下一塊放入鍋中，熬製成濃濃的茶汁，然後把茶汁倒進木製的酥油茶筒，再往裡面加入酥油、鹽和一些香料，用棍子在茶筒裡上下抽動，混合均勻，酥油茶就製成了。

飲用酥油茶能夠給人提供大量的熱量，更不用說還有多種維生素和微量元素，甚至還能避免人的嘴唇乾裂，酥油茶的這些好處，對於高原人來說真是巨大的福利。而且藏區民眾又多食肉和乳製品，以及著名的青稞炒麵——糌粑，都需要清香的茶來調劑味道，解油膩和助消化。於是，酥油茶成為藏區民眾的主要飲品，從早到晚幾乎茶碗不離手，每人每天少說也要喝上十幾小碗酥油茶，才覺得渾身舒坦。藏區的寺院一打酥油茶，就是一大鍋一大鍋的，從早喝到晚。有些寺院有幾千人，一天不知道要喝掉多少茶。

藏族地區茶消耗量極大，還與每年的熬茶布施有關係。一次布施中，各大小寺廟加起來，要消耗掉十幾萬包茶葉。在藏區，茶葉最大的買主就是寺廟。

高原人如此嗜茶如命，偏偏本地卻不產茶葉，想要茶葉，往往只能從漢地獲得。小小的茶葉就這樣把青藏高原和漢地牢牢地拴在一起。

隱形的茶葉邊疆

被茶香所吸引的可不只有青藏高原的民眾，隨著茶樹栽培和改良的不斷發展，口感越來越好的茶葉得到了世界各地人們的青睞。

從唐朝開始，不論東南西北，人們都喜歡飲茶了，茶葉貿易已經行銷很多地區。還記得讓唐朝很頭疼的回鶻嗎？晚唐史料有一個記載：「往年回鶻入朝，大驅名馬市茶而歸，亦足怪焉。」這個記載的作者，對於回鶻入朝官員用馬換茶葉的現象，感到很驚訝。

需要注意的是，早期的茶葉貿易多屬於民間自由貿易，很少有官方參與管理，這個回鶻官員購買茶葉，應該是順帶的個人行為。直到唐文宗時期，唐朝正式頒布了榷茶令，與周邊政權進行官方的茶馬交易，開始了官府作為茶葉種植和貿易主體的嘗試。其實那個時候，民間的茶葉貿易早已方興未艾，特別是中國西南地區的茶馬古道開始登上歷史舞臺。政府的作為可謂姍姍來遲。

茶馬古道是覆蓋在中國西南地區的一個龐大交通網絡，指的是起源於現今的雲南、四川等傳統茶葉產區，以馬幫等載體運輸茶葉等物品到藏區和其他傳統茶葉市場，換取藏區的皮毛、酥油等產品的傳統交通運輸線。茶馬古道以西南地區為中心，延伸到中國南方地區、西北一些地區，乃至東南亞和南亞地區。

《舊唐書》記載，唐朝官府參與漢地和藏區的茶葉貿易，獲得的利潤已經很可觀。到了宋代，茶馬互市已經成為漢地和藏區間的一件大事，因為漢地缺少戰馬，藏區嗜好茶葉，兩邊一拍即合。宋神宗曾對王安石抱怨說：「今馬軍多不精，一營（三、五百人）或止有數十匹馬。」相比之下，北方強敵的戰馬卻配備充足，因為他們大都是以畜牧為主業。比如，遼朝的軍制是正軍一名配馬三匹，鼎盛時在冊戰馬達百萬匹以上，馬匹不論是數量還是品質都碾壓宋朝。

此時內部分裂後的吐蕃地區，不僅不再是漢地的威脅，反而成為宋朝戰馬的來源地，因為宋朝北方的死敵遼、金、西夏是不會賣馬匹給宋朝的。宋朝在自己的西部邊境設置了許多買馬機構，招攬吐蕃各邦、回鶻、大理等國的人前來賣馬。宋朝每年透過這種方式購買的馬匹，多則數萬匹，少則四、五千匹，一般年分買馬在一、兩萬匹左右。這些馬匹對於宋朝抵禦北方死敵至關重要。

但是古代馬匹很值錢，大量購買要花費鉅資。我們前面講過，宋朝是不願意銅錢外流的，而西部的吐蕃、回鶻、大理也不太稀罕宋朝的銅錢，他們更想要黃金這種硬通貨，但宋朝的黃金又少。於是雙方最終商定，宋朝用茶葉、絲綢、鹽和白銀來交換馬匹。而宋朝拿得出手的這四種東西，又以茶葉和絲綢最大量，所以人們往往稱呼這樣的貿易為「茶馬貿易」。

宋朝的秦州（今甘肅天水市）、興元府（今陝西漢中市）、邕州（今廣西南寧市）等地，都是進行茶馬貿易的重要基地，它們的興盛繁榮都與茶馬貿易有直接關聯，貿易還改善了西部地區的交通狀況，許多道路因為茶馬貿易而開通。

由於疆域的關係，明朝與宋朝一樣缺少戰馬，於是明朝與藏區的茶馬互市空前發展起來。明朝還試圖利用茶葉來控制北方的蒙古各部。與藏區民眾類似，蒙古人接觸到茶葉後，也瘋狂地愛上了茶。藏族人有酥油茶，蒙古族人則有奶茶，具體來說就是把滾燙的牛奶和茶汁混合在一起，再放入鹽及炒米等形成的飲品。奶茶與酥油茶類似，也具有解油膩、助消化的功效，優質的茶還是提升草原人生活品質的象徵。

於是，明朝專門設置了官方控制的邊茶貿易，對於聽話的蒙古部就允許互市，用草原上的物產交換茶葉；對於不聽話的蒙古部就禁止貿易，拒不提供茶葉給他們。茶葉搖身一變成了戰略物資，成為對外貿易中的重要籌碼。

明朝時期還發生過一次嚴重的「庚戌之變」。由於明朝長期拒絕開市，蒙古土默特部無法得到茶葉，在領袖俺答汗的帶領下，蒙古騎兵大舉入侵明朝，一直打到北京城下，明朝軍隊只能縮在城裡防禦，任由蒙古騎兵在城外劫掠。此次事件之後，明朝被迫開市，與土默特部彼此交換茶葉和馬匹。明朝後期，由於茶馬互市發展得很好，北方與蒙古各部邊境基本上維持了長期的穩定，這種和平局面的取得，茶葉貿易功不可沒。

正是由於茶葉輸入了漢地王朝的政治及軍事力量難以完全控制的高原、草原地區，才締造出一個比漢地王朝實際控制疆域更寬廣的、隱形的「茶葉邊疆」。柔軟的茶葉把青藏高原、蒙古草原和漢地牢牢地拴在一起。

〔第11章〕

三個夢碎的土專家

古代中國是以農耕為主的社會，大量的農民日出而作，日落而息。讓古代農民感到無奈的是，他們每天辛辛苦苦，但是基本上只能填飽肚子，發家致富幾乎不可能。官府除了徵收他們的收成之外，還攤派大量的勞役工作，讓他們疲於奔命，日子過得很艱難。

看到農民的困境，古代一些位高權重的人物想要扭轉這個局面，立志要幫助農民發家致富「奔小康」，於是展開了一次次轟轟烈烈的「建設新農村」運動。

這些人物的努力能否成功呢？

王莽的空想經濟理論

「蒼天！你已經將天命授予我，但為什麼不替我消滅反賊！如果是我有大錯，就請用雷電擊死我吧！」

如此哀號的人是西漢末年的王莽，在四周義軍紛起、逼近都城時，他不知道該如何挽救自己的命運，只好率領群臣來到長安南郊，舉行祭天大典，痛哭流涕地敘述自己做皇帝的委屈。

王莽不是篡奪西漢王朝政權的亂臣賊子嗎？他有什麼可委屈的？其實，王莽算是中國古代少有的好人，只是這個好人搞砸了事情，親手毀滅了西漢王朝。

王莽早年喪父，好強的母親節衣縮食，把他送到名儒陳參門下學習。王莽沒有辜負母親的期望，勤奮地鑽研儒學。在聖賢之道的薰陶下，他立下宏誓大願，要以古人為榜樣，特立獨行，做一個錯誤世界裡正確的人。至於什麼是錯誤，什麼是正確，以儒家經典為準。

於是，他對母親盡孝，對長兄的遺腹子視如己出；他為人慷慨，經常周濟別人；他恪守古禮，在路上遇到年紀比自己大的人，一定要退避三舍，躬身等長者走過，才直起身子；每次去見師長，他都鄭重其事地沐浴，然後穿戴整齊，帶上禮品……周圍的人無不誇讚這個懂事的孩子。老師和同學們也一致認為，王莽是「克己復禮」的模範人物。

在前文說過，漢朝是名門望族壟斷仕途的時代，王莽要當官，也不得不走這條路。經伯父王鳳的極力推薦，王莽漸漸步入政壇，並且給官場帶來了一股新鮮氣息。他精通典籍，學問出眾，清廉自守，一塵不染。王莽對任何人都和和氣氣，謙恭有禮。別人處理政務難免摻雜私心，王莽卻不偏不倚，一心為公。

西元前八年，漢成帝封德高望重的王莽為大司馬，王莽開始獨掌朝綱。

發跡後的王莽並沒有顯露出一點驕橫之氣，相反的，他更加謙恭謹慎，經常把家財拿出來分給下屬和窮人，廣泛聽取意見，招有賢德的人做官。他希望以自己為表率，扭轉社會奢侈的風氣，上下班乘的馬車、穿的衣服，都儉樸得不能再儉樸。有一次，大臣們去他府上探視，王莽的夫人到門外迎接，竟被眾人當作僕人，因為她穿的是粗布衣衫。

王莽的政策方針完全遵循儒家理論，他不搞裙帶關係，不封王氏子孫，而是尊崇皇族。他平反了一批冤假錯案，解放了一批皇族後裔。此舉一下子贏得了皇族的擁護。

朝廷缺錢，王莽就號召官員們節儉度日，與百姓共患難，並帶頭捐款一百萬錢，捐地三十頃，用來救助貧民。每遇水旱災害，他就吃素，與民同甘共苦。根據德政的精神，王莽還下令對老人、兒童不加刑罰，婦女非重罪不得逮捕。

王莽搬出《周禮》記載的方法，在全國建立倉儲制度，儲備穀物以做賑災之用。他按照上古傳說，改革官制，設置「四輔」，加封周公、孔子等聖賢的子孫。王莽還大興教育，擴大太學招生量，太學生數量很快翻了幾倍，突破一萬人。他還在各地廣建學校，徵召「異能之士」，拓寬了普通知識分子入仕的管道……

和此前的一派亂象相比，大漢王朝在王莽的治理下，真的是撥雲見日，蒸蒸日上。社會正統價值觀念得以弘揚，社會風氣明顯好轉。從王公貴族到知識分子再到普通百姓，都覺得「道德楷模」王莽具有超人的品格和能力，是人民信得過的優秀領導，甚至是眾望所歸的領袖人物。

那時，人們對腐化墮落的劉姓子孫已經失去了信心，於是千方百計表達對王莽的支持，最終在西元八年的一天，王莽順應天命，更重要的是順應民意，當上了皇帝。持續兩百多年的西漢王朝結束了。當時，長安城內外，一派喜氣洋洋，百姓自發地穿上新衣，大肆慶祝。

一個叫作「新朝」的政權出現了，王莽要在廣闊的天地裡大展宏圖了。

古人心中都有一個夢，那就是上古時期，人民在堯、舜、禹、湯等明君的領導下，過著田園牧歌般的生活。那個時候，天下沒有黑暗，沒有不公。王莽的確篡奪了西漢王朝的天下，但他攫取權力的目的，是要真正按照「堯舜禹湯」的理想，締造一個理想的快樂世界。

新朝的政令如F1賽車場上的賽車一樣，嗖嗖地從朝廷發車，瞬間抵達全國。

農民和農業是國之根本，也是王莽首先要改革的方面。秦漢以來，地方豪強對土地的兼併愈演愈烈，貧富差距日益擴大。王莽認為，上古時期人人富足，是因為土地均等。因此，他規定，人均土地一百畝，多占土地的人家，不管是富豪巨室還是普通百姓，立刻要無條件交出土地，分給貧民，土地不許買賣抵押。

凍結奴隸制度，禁止買賣奴隸婢女，限制奴隸的範圍和數目不再擴大，使這個奴役制度最後自然消滅。

強迫人們勞動，凡無業遊民，每人每年罰布帛一匹，無力繳納者由官府強迫他們勞役，勞役期間由官府供給衣食。

實行官府專賣制度，酒專賣、鹽專賣、鐵器專賣，山上水中的天然資源也都為朝廷所有，由官府開採。

由朝廷統一發行貨幣。建立「國家銀行」，貧苦百姓可以申請貸款，年息為十分之一，杜絕高利貸對百姓的盤剝。

實行計畫經濟，由官府控制物價，防止商人操縱市場，以消除貧富不均。食糧布帛之類的日用品，在供大於求時，由官府按照成本收買；求大於供時，官府立刻賣出，以阻止物價上漲。從皇帝到百官，全都實行浮動工資制。如果天下豐收，皇帝就享用全額的生活費；如果出現天災，或者治理不當，就按比例扣減生活費。百官的工資也根據百姓的生活水準浮動。百姓豐衣足食，官員工資就高；百姓餓肚子，官員也要跟著挨餓。

這些政令合起來看，就是一個驚天地、泣鬼神的大棋局，王莽是一位高瞻遠矚的棋手，在下一盤很大的棋。從政策內容看，很像歐洲十九世紀才出現的空想社會主義的那套東西：全國實行公有制，計畫經濟，生產資料（田地）平均分配，多勞多得，少勞少得，不勞不得。那些空想社會主義的創始人當年要是瞭解到王莽的大棋局，一定非常汗顏，因為王莽早在西元一世紀，就已經在一片廣闊的天地中描繪美好的藍圖了。

靠人品行走江湖的王莽絕對是個一等一的好人，但是論經營天下的棋藝，就不那麼高超了。

比如，平均分配土地這一條，酷似某些農民起義軍喊出的「均貧富、等貴賤」的口號，目的是讓耕者有其地，讓沒有土地的人擁有土地。

然而，地主豪強是漢朝統治階層的中堅力量，擁有大量的土地，現在要他們把土地交出來，簡直是與虎謀皮，這讓他們以後還怎麼混？

地主豪強拒絕交出土地，於是王莽就霸王硬上弓，誰不聽話就抓起來，不論是皇親國戚還是名門望族，都到監獄裡去反省。監獄很快就滿了，可是監獄外的地主豪強還是要地不給、要命一條的態度。王莽直接挑戰了王朝的統治力量。

建立國家銀行、貨幣改革的政策，也沒有實行下去。王莽的本意是杜絕民間高利貸現象，出發點是很好的。民間高利貸由於不受法律的保護，所以往往依靠暴力來運轉，許多借貸人的生命受到威脅，如果能透過國家銀行合法地借貸，對借貸人的確是有利的，這將是社會的進步。但是，國家銀行最寶貴的基礎是國家信用，必須維護貨幣的穩定，必須用法律來界定和保護借貸雙方的權益。

莽撞的王莽一味胡來，在很短的時間裡五次改革貨幣制度，另外造了二十八種貨幣，甚至連烏龜殼、貝殼和布也都成了貨幣。

貨幣制度如此混亂，何談銀行體系的信用呢？每改革一次貨幣制度，發行新貨幣，老百姓的財富就縮水許多。為老百姓服務的政策，就這樣把老百姓推向了赤貧的深淵。

地主豪強站到了王莽的對立面，下層百姓因為民不聊生也站到他的對立面，昔日的「大眾情人」一下子變成全民公敵。各地豪強紛紛率眾起兵，反抗王莽的新政。有人統計，在起兵反對王莽的義軍首領中，普通百姓出身的占二十九％，而豪強地主出身的就占七十一％。

蒼天也沒有因為王莽的眼淚而心生憐憫。西元二三年，王莽被攻入長安城的起義軍殺死。他想要建立一個人人富足的理想社會，可惜到頭來只是一個空中樓閣。

經濟學家王安石的兩大創新

王莽其實是被古書害死的，他死抱著古書描述的虛幻美景不放，殊不知古書的許多話用來指導現實的經濟生活，等於爬到樹上去抓魚。王莽死後一千年，另一位雄心勃勃的改革家站到歷史舞臺上，他將對農業進行一次大手術。他叫王安石。

西元一〇六七年，北宋的宋神宗趙頊即位了，這位皇帝還是太子的時候，就聽自己的老師、王安石的哥們兒韓維說起王安石的一些觀點，覺得很有道理。二十多歲的趙頊一登上皇位，便意氣風發，想扭轉北宋總被北方契丹壓制的屈辱局勢，提拔王安石為宰相，開始變法圖強。

王安石不是王莽，不迷信古書，而是提倡創新，因此，論能力還是有兩把刷子的。他最令後世學者們欽佩的創新，就是青苗法。

農民種地是有時節限制的，在收穫莊稼之前，基本上是往土地裡搭錢、搭力的，只有收穫了之後，才有收入補償自己一年的付出，也許還略有盈餘。農民手頭最緊的時候，是莊稼還處於青苗、沒長成的時候，此時如果沒有足夠的資金，可能就會影響一年的收成。

王安石感受到農民的困境，在擔任地方官的時候，就嘗試著由官府出面，允許農民以地裡的青苗作為抵押物，以低於私人的利率從官府那裡申請貸款，待莊稼收穫後歸還貸款。農民們很歡迎這一貸款創新，在青苗時節有資金保障，秋後的豐收就有保障了。

後世學者也對青苗法非常稱道，王安石此舉具有劃時代的意義，他第一次嘗試了由國家金融機構出馬，向面朝黃土背朝天的農民們提供小額貸款，促進糧食生產。面對農民和農業，王安石沒有像迂腐的儒生那樣空談孔孟之道，而是從金融的角度切入，解決經濟中的實際問題。

王安石當了宰相後，就開始在全國推行自己的青苗法。他規定，每年收穫之前，農民可以到當地官府借錢或借糧，以補助耕作。貸款的農民要貧富搭配，十戶人互相擔保，互相監督；貸款數額要根據借貸人的資產狀況而定，一等農戶可以借十五貫，末等農戶只能借一貫。當年借款要在收穫後償還，每期貸款要收二分的利息。這二分不是現在的二分錢，而是本金的二十%。比起現代銀行每年百分之幾的貸款利率，王安石的貸款利率還是挺高的，不過，對於急需用錢的一些農民，這也不失為融資的一個管道，還是很有經濟價值的。

一開始，青苗法在河北、京東、淮南三路推行，然後又推向全國。讓王安石沒有料到的是，青苗法本意是在青黃不接時給農民提供一個保障，但在執行的時候，地方官員卻挖了變法的牆腳。出於賺錢或者邀功的私利，他們強迫農民向官府借貸，而且還隨意提高利息。如此一來，青苗法就完全變味，成了官府強迫農民接受的高利貸。

屋漏偏逢連夜雨，青苗法推廣不久，全國各地連續數年遭遇了旱澇和蝗蟲災害，受災面積很大。此時，應該積極救災才對，但各地官員卻為了完成青苗法定下的貸款任務和利息收益，逼迫受災的農民足額交還本金和利息。許多農民立刻傾家蕩產，甚至賣兒賣女，或者選擇逃亡。

王安石的另一個經濟創新——均輸法，也遭遇了和青苗法類似的命運。

在古代中國，中央政府需要由全國各地輸送財物，以滿足國家養活官員、運轉政府和建設、救災等的需要。但是同一個地方，有時年景好，有時年景差；同一種物品，有的地方賣得貴，有的地方賣得賤。如果不考慮各地的具體差異，統一徵收財物，國家可能就會買了很貴的物品，花了許多冤枉錢。此外，古代交通不便，從距離京城很遠的地方徵收來的物品，運輸成本很高，勞民傷財。

為了不讓中央政府當冤大頭，王安石參考過去的做法，提出了自己的均輸法。具體的措施是，由朝廷任命一些被稱為「發運使」的採購員，統管中央政府的採購事項，全國各地哪裡的東西便宜，就去哪裡購買。價格相同時，則就近購買，節省運輸成本。中央政府用不完的物資，由發運使賣到物價高的地區去，這樣一來，政府不僅節省了辦公經費，有時甚至還能利用差價賺錢，國家財政又多了一項收入。

均輸法有現代集中採購的影子，可以降低政府的辦公費用。王安石的初衷是非常美好的。再次令王安石沒想到的是，地方官員又一次挖了變法的牆腳。王安石給發運使的任務是採購一些滯銷、價廉的物品，等到物價上升後再賣掉獲利。但在實際運作中，發運使利用官府特權，專門到地方上去搶購緊俏物資，轉賣到需要的地方，牟取巨額利潤，在上繳了上司下達的利潤後，剩下的錢都中飽私囊。

於是，發運使衙門就變成了一家國有公司，而且還是壟斷企業，市場上什麼生意賺錢，發運使就壟斷這個生意，排擠民間商人進入該生意。許多民間商人被擠壓得無法經營，商業變得蕭條起來。結果，官府的辦公經費的確有所下降，但更多的錢都落入了發運使私人腰包，而民間商人和百姓卻備受盤剝，市場變得越來越蕭條。王安石在皇帝面前所說的「民不加賦而國用饒」的美好理念，眨眼就破滅了。

宋神宗一歸天，王安石失去了大靠山，很快就被新皇帝從宰相的位置上給拿下了，取代他的是他曾經的好友司馬光。司馬光不僅會砸水缸救小朋友，也會砸爛王安石的所有變法措施。王安石變法得罪了一大批元老，也包括曾經欣賞自己才學的司馬光、韓維等人。北宋最後幾十年的政壇風雲，就在改革派和保守派互相拆臺中度過，至於國民經濟和農民的幸福，沒人真正在乎了。

牧童皇帝的羨慕嫉妒恨

說到真正在乎農民日子過得好不好的皇帝，就不能不提明太祖朱元璋了。

朱元璋也許是中國古代出身最差的君主了。父母早早死於瘟疫，小朱元璋成了孤兒，為了生存，他放過牛，進寺廟當過和尚，受盡了生活的苦難。好在元朝末年天下大亂，給了這個牧童天大的機遇，他從卑微的草寇開始，一步步打拚下來，竟然成為大明王朝的開創者！

朱元璋的所作所為，如果我們能站在牧童的角度上看，就很容易理解了。

朱元璋對貪官汙吏深惡痛絕，截然不同於寬大為懷、不殺士大夫的宋朝，他頒布了空前嚴厲的反貪法令，任何官員貪汙六十兩銀子以上者，殺無赦！這不僅僅是表達了一種決心，他還讓縣衙一級的官府機構設置了一個土地祠。千萬別以為土地祠是供奉和祭祀土地爺的，那裡是用來剝人皮的！該殺的貪官汙吏會在土地祠內被極刑伺候，皮被剝下來，塞上稻草，做成恐怖的稻草人，並掛在座位旁邊，供眾人欣賞。見到人皮稻草人的人，都感到不寒而慄。

朱元璋是痛恨貪官汙吏侵吞老百姓的財產，也侵吞了他朱家的財產嗎？不只是這個原因，這牧童在年少時親眼看到父母餓死，而本該發給自己父母的賑災糧食卻被官吏貪汙了，於是一旦皇權在握，他就要建立一個乾乾淨淨的朝廷，官員必須人人清廉，這不僅是他的夢想，也是在告慰父母的在天之靈。

發動人民群眾打擊貪官汙吏，這是朱元璋的另一大發明。他規定，如果有地方官吏魚肉鄉里，老百姓可以奮起擒獲他們，然後送到京城來治罪，而且路上各關卡必須放行，如果有人敢官官相護地阻攔民眾，不但要處死，還要株連九族。明朝真的就發生過老百姓抓住貪官後送到京城的案例，這些倒楣貪官的下場，不用說諸位也猜得到。

商人是朱元璋痛恨的另外一種人。雖然這牧童天資很好，卻沒讀過書，他對世界的經濟規律是這樣理解的：只有生產糧食和棉花的工作，才是這個世界上最高尚的職業，那些商人不僅自己不創造社會財富，還剝削農民的勞動成果，這是一群壞人。朱元璋曾經推出一個讓人啼笑皆非的規定，農民可以穿綢、紗、絹、布四種衣料的服裝，而商人只能穿絹、布兩種低等料子的衣服。

江南巨富沈萬三在朱元璋打天下之時，曾經全力資助朱元璋，據說定都南京時，沈萬三提供了建城資金的三分之一。朱元璋一開始對沈萬三還算客氣，給沈萬三的兒子封了官。但當了皇帝之後，朱元璋翻臉不認人，不僅抄了沈萬三的家，還把沈萬三發配雲南，到死都沒讓他回江南。

牧童恨地主，這很好理解，地主是農村的強勢階層，農民和地主起爭執的時候，吃虧的往往是農民這一弱勢群體，這牧童小時候肯定沒少受過地主的欺負。朱元璋目睹了元朝土地兼併帶來的大量農民流離失所的淒慘景象，在掌握權力後，刻意地打擊地主階層。舊王朝的權貴肯定要連根拔起，而那些與自己一同打下江山的開國功臣，朱元璋竟然也不放過。

新的權貴階層隨著新王朝的建立而出現，他們同樣也會兼併土地，於是朱元璋揮動屠刀，將追隨自己的開國元勳們一一殺掉，沒收他們的土地，重新分配給農民。朱元璋殺功臣，一方面當然是狡兔盡，走狗烹，為了維護自己的寶座安全，另一方面也與他對地主的痛恨有關係。

對於讀書人，這牧童是羨慕嫉妒恨。有大臣曾經想讓朱元璋與北宋大儒朱熹攀上親戚，以抬高他在天下人心目中的地位。但不要說別人信不信了，就是朱元璋自己都覺得攀這門親戚底氣不足，於是朱元璋老老實實地拒絕了大臣的攀親提議。

如何對待讀書人，是朱元璋比較頭疼的問題。一方面，治理國家不是攻城掠地，需要借助讀書人的才學和智慧才行。但另一方面，這幫讀書人一樣會腐化墮落，變成牧童痛恨的貪官汙吏、地主富商，必須要警惕。最終，朱元璋選擇了廢除宰相制度，六部直接向皇上彙報工作，此舉加強了皇權，削弱了官僚階層對朝政的干預，自然也減少了他們腐化墮落的機會。

在把可能威脅到農村建設的各方力量都打壓下去之後，這牧童開始對農村進行改造，面對農民朋友，他變得慈眉善目起來。他以村為單位，推行里甲制度，說白了就是實現農村的自治。農村的幹部是由村民推舉出來的德高望重的長者，村子裡發生的各種雞零狗碎的糾紛，都由長者來裁決；朝廷的法令也由長者來傳達給農民。

皇帝要求，全國每個村莊都要置鼓一面。一到農忙時節，要指定專門人員在清晨五更時分擂鼓，讓人們早早起床，下田幹活。睡懶覺不下田的人，要由長者督責。如果長者沒有盡到責任，導致懶人生活困窘從而鋌而走險幹壞事，一旦被官府抓到了，長者也有連帶責任，要受懲罰。

每年正月和十月，農村要舉行全村大會，表彰道德高尚的村民，號召大家都向先進分子學習。對於那些行為不端的村民，村幹部要進行訓責，如果這些人還頑固不化，村幹部就會向朝廷報告，把這些人送去充軍。

基層幹部選舉制和全民會議制，是牧童皇帝奉獻給父老鄉親們的兩個創新制度，他希望用這些樸實無華的制度，締造出幸福和諧的新農村。

朱元璋甚至還指揮官員們給全國人民蓋房子。洪武七年（一三七四年），他給南京的官員下旨，要求他們找塊空地，蓋兩百六十間大瓦房，給南京城裡沒有住房的人居住。一個月後，他又給附近的華亭縣（今上海）下旨，要求他們把宋朝留下來的舊房子翻修一下，給沒有房子住的人居住。

南京和上海的事很快就辦好了，這牧童龍顏大悅，覺得全國也能這麼做，於是命令天下所有的郡縣，對轄區內沒飯吃的人，官府要提供食物；對轄區內沒房子住的人，官府要提供住房。皇帝要徹底解決全體子民的吃住問題。

地方官一想，京城及其附近財大氣粗好辦事，但我們這些窮鄉僻壤的地方，要做這一套還真有點難辦。他們剛一開口向朱元璋彙報工作，這牧童就不高興了，說你們在我手下當官，就得體會我的心思，我可不想讓天下的百姓沒有飯吃、沒有房住。

試圖利用國家力量給全國的窮人蓋房子，朱元璋可能是第一個這麼想的。至於國家財力是否能完成此重任，那是地方官應該考慮的事情，皇上好像不管。

這牧童的確在有生之年，締造出新農村的雛形。戰亂之後的和平時期，大明王朝的農民得到喘息之機，開始休養生息。昔日的地主倒臺了，新的地主也被打壓，農村中的土地兼併被阻止，更多的人擁有耕地，能夠養活自己。

然而，牧童建立的新農村，除了生產糧食和棉花，讓農民有飯吃、有衣穿之外，還能有更高的財富追求和精神追求嗎？

一個社會要發展，就必然要誕生一些以農業為基礎，但是高於小農經濟的行業，如果談工業革命對明朝的新農村要求太高了，但即使是精美的日用品，牧童的新農村也難以提供，因為即使一件普通的瓷器，也需要許多設備和工序，需要許多工匠的通力合作。一百個牧童聚在一起，可以放牧更多的牛，卻不能製造出一件雕花的瓷瓶。

實際上，朱元璋在開經濟發展的倒車，企圖讓經濟退回到最基本的小農經濟層次上，取消商業和服務業，讓所有人都僅僅以吃飽穿暖作為生活的理想。可是人們享受生活的欲望是與生俱來的，即使是一個牧童，給他兩塊餅，一塊上面有芝麻，另一塊上面沒芝麻，他也會喜歡吃那塊有芝麻的，要是那餅上抹了油，就更受歡迎了。

重農抑商的觀點在古代屢見不鮮，朱元璋不是第一個持這種觀點的人，也絕不是最後一個。直到資訊時代的今天，許多中國人的頭腦中依然會覺得商人是奸詐的，讀書人是脫離實際的，而農民是樸實的，這算是重農抑商觀念的殘餘吧。

與人的基本欲望和經濟發展的趨勢作對，注定不會有好果子吃。

朱元璋在位期間遍地清官，他死後，明朝的貪官層出不窮，可謂野火燒不盡，春風吹又生。朱元璋打壓了所有的勢力，包括開國元勳、官僚階層、商人階層、地主階層，於是他只能依靠自己的宗族管理國家，把自己的兒子分封出去，各自帶兵，燕王在北京，晉王在山西，秦王在西安，寧王在大寧……希望京城一旦出事，他們各自帶上三千鐵甲靖難，就可以擺平所有問題了。但就在他死後，燕王帶頭造反，趕走了朱元璋指定的繼承人。人對權力的強烈欲望和對芝麻餅的欲望，那是一樣的，想靠簡單的鄉里親情來治理好國家，太幼稚了。

也正是這些朱氏宗族子孫，成為明朝中後期土地兼併的主力軍，他們的貪婪徹底破壞了朱元璋親手締造的新農村，打碎了牧童田園牧歌似的理想社會，農民再次成為弱勢群體。

為什麼受傷的總是農民

從王莽、王安石到朱元璋，都試圖利用手中的權力，給農民開闢出一片樂土，結果一個身敗名裂、一個宦海沉淪、一個死後洪水滔天，所有的改革都重新歸零，甚至有時農民的生活還不升反降，結果為負值。

古人也曾經觀察到這個現象。明末清初的思想家黃宗羲對農民之難有一番論述，大意是之前的各朝各代都曾經進行稅賦改革，可是每改革一次，農民頭上的稅就加重一次，而且一次比一次重；農民種糧食，卻要等生產的產品賣了之後，用貨幣繳稅，中間還受到商人的一層剝削；許多朝代不分土地好壞，都統一徵稅，因此手上只有中下等土地的農民的日子就苦不堪言。這個論述被後人稱為「黃宗羲定律」。

為什麼受傷的總是農民？古代中國是一個農業國家，稅收收入絕大部分來自農民上繳的錢糧，而稅收支出卻往往很少用於農民身上，統治者利用手中權力對底層農民進行盤剝，有些改革根本就是以盤剝百姓為實質的，這是黃宗羲定律出現的重要原因。

但除此之外，從經濟學的角度來說，古代中國的農民天生就處於弱勢地位，他們生產出來的基本產品——糧食，是一種彈性很小的產品。這裡說的彈性，不是米鬆軟不鬆軟，也不是麵條有沒有彈性，而是指當糧食價格變化時，市場上對這種商品的需求量變化大不大。

糧食的價格彈性小，意思就是糧食價格變化時，人們對糧食的需求量卻變化很小。當糧食價格下降時，人們也許會適當地增加一些糧食需求量，但是增加得很有限，因為人的胃口基本上就那麼大，不可能一下子擴大太多。反之，當糧食價格上漲時，人們對糧食的需求量也不會有大幅的下降，畢竟人們總要填飽自己的肚子。

如果我們排除農民上繳的皇糧數量，只看農民種糧食所獲得的收益，就會發現，即使在大豐收的年景，農民們競相賣出自己生產的糧食，而需求量卻上升很少，那麼糧食的出售價格就會下跌。甚至在有的時候，大豐收後農民的收益反而會下降，這就是所謂的穀賤傷農。

雖然糧食是社會的基礎物資，但有時候種糧食難有好的收益，這的確是很無奈的事實，但也是我們必須接受的經濟學現實。朱元璋就不願意接受這個現實，或是他不懂得什麼是糧食的彈性，他希望透過讓人們安心務農、生產糧食和棉花這樣的初級產品，獲得幸福的生活。這個想法很好，可惜違背了人性規律和經濟規律。

如果一家農戶擁有大量的土地，變成了農場主，大規模生產糧食，提高生產效率，的確有發家致富的可能。但是偏偏古代中國又是個農民人口偏多而耕地偏少的國度，人均耕地很少，兼併土地並提高農業生產效率，就會製造出大量的無業遊民。而且當時缺乏吸納大量剩餘勞動力的行業，大量的無業遊民一旦出現，就會威脅王朝的統治。

為了維護王朝的穩定，統治者就只能抑制土地兼併，讓每個農民都能有一塊地，不論這塊地多麼小，但好歹能養活人。本章介紹的三位改革家都是這麼想的，也都是這麼做的，但古代中國人口與耕地的國情，決定了他們改革的迴旋餘地並不大。能夠吸納大量剩餘勞動力的工業革命和資訊革命的時代，距離他們還太遙遠。

這真的很無奈。面對人口與土地的矛盾陷阱，古代的人們真的就一點辦法都沒有嗎？

〖第12章〗

海上絲路：駛向星辰與大海

今天的中國有一萬八千多公里的大陸海岸線，從東北的鴨綠江口蜿蜒輾轉向西南，直至北侖河口。漫長的海岸，加上可以從海洋駕船駛入的一些大河的河岸，比如長江、黃河、錢塘江、珠江、閩江等河岸，是中國文明史上不可忽視的存在。

站在漫長的海岸線上往海的另一邊遙望，太平洋島鏈距離中國大陸並非遙不可及，只要風向與洋流配合，借助風力帆船前往日本列島、琉球群島、呂宋島，是可以實現的航程，雖然也會遭遇風暴。勇敢的古代航海家甚至可以揚帆向南，跨越南海，前往印尼和馬來西亞諸島，只要時間和安全允許，他們還可以駛向更遠的星辰與大海，去追求財富之夢。

自古以來，海洋文明以其財富誘惑著大陸文明的海濱，但如何把海岸、海島、海民融合到立足於大陸的王朝體系中，用海洋貿易的財富來充實王朝的國庫和百姓的家底，實在是一件大費腦筋的事情。

「黑石號」揚起大唐貿易風帆

海洋對於古代人生活的重要意義，一個是漁業，另一個是商業。在冷凍技術幾乎為零的古代社會，出海捕魚只對沿海居民有生存意義，對廣大內陸地區沒有太多影響，因為魚肉很快就會腐爛，而且古代漁民的捕魚量也有限。真正能夠給廣闊的沿海區域乃至內陸的人們帶來較大影響的，其實是海洋貿易。

海洋文明的核心是海洋貿易，中國古代海洋文明的卷軸是以海上絲綢之路為主題展開的。海上絲綢之路是古代人們借助季風與洋流等自然條件，利用傳統的航海技術跨越大洋，展開貿易和文化交流的海路網絡。

早在西元前，不論是古代中國的鄰海，還是東南亞、南亞、西亞、東非、南歐的鄰海，都已經出現了一定規模的海洋貿易。如果從中國特產絲綢貿易的角度來看，最早值得一書的事件，莫過於《後漢書》記載的一次貿易活動。

西元一六六年漢桓帝時期，「大秦王安敦遣使自日南徼外獻象牙、犀角、玳瑁，始乃一通焉。其所表貢，並無珍異，疑傳者過焉。」大秦指的是羅馬帝國，日南指的是現今中南半島越南中部一帶。漢朝官員顯然發現，這些號稱羅馬帝國使者的傢伙可能是冒牌貨，因為他們帶來的貢品只是中南半島的特產，沒什麼奇異之物。不過，漢朝還是對冒牌使者的到來感到很高興，還讓他們從交趾郡那裡裝走了一大船的絲綢，交趾郡即現今越南紅河流域，當時在東漢的版圖之內。

此後，東吳、晉朝都曾接待一些冒充羅馬使團的商團。再往後，羅馬帝國和漢朝兩大強國都分崩離析，細若遊絲的遠距離海洋貿易也就完全中斷了，代之而起的是相對近距離的海洋貿易，比如南亞、東南亞國家與中國之間的貿易交流。但是，一方面海洋貿易還處於起步階段，貿易量很少；另一方面，中國自漢末開始的幾百年大動盪，令大江南北民不聊生，也阻礙了海洋貿易的進一步發展。海上絲綢之路真正形成氣候，並開始對中華文明的進程產生潛移默化的影響，是在唐朝時期。

一九九八年，一家德國打撈公司在印尼勿里洞島海域一塊黑色大礁岩附近，發現了一艘古代沉船。這艘被命名為「黑石號」的沉船堪稱中西合璧，船上的貨物來自中國唐朝，而這艘船本身的結構為阿拉伯商船。船上發現的「乾寧五年」刻款的銘文磚清楚地證實，「黑石號」是唐朝在九世紀航行於東南亞海上的一艘貿易船，銘文上書寫的「該年」即西元八九八年。

人們從「黑石號」上打撈出六萬多件唐代瓷器，其中絕大多數來自名不見經傳的窯口——長沙窯，還有少量來自名氣很大的越窯、邢窯等。這些瓷器上有很多裝飾了釉下彩繪，圖案有飛鳥、花葉、摩羯魚紋等，還有連珠紋、葡萄紋、獅子紋、阿拉伯文字紋等西亞風格的紋飾，與唐代中國傳統的瓷器紋飾並不一樣，這顯然是為了迎合當時的國際市場需求而繪製的。

這艘沉船包含了許多值得揣摩的古代資訊。一艘運載大量唐朝瓷器的阿拉伯帆船，說明了跨洋長距離貿易路線已經形成，而且一艘沉船的背後意味著曾經有更多船隻來往於這條貿易路線之上，也就意味著有許多經驗豐富的海商和海員參與海洋貿易，唐朝的手工業生產者和西亞阿拉伯消費者之間建立了密切的聯繫。

為什麼海上絲綢之路會在唐朝步入繁榮？

從唐朝的角度來講，安史之亂前，唐朝曾經打通了去往西域的道路，雖然更多的目的是爭霸亞洲，壓制北方的突厥和西南方的吐蕃，但客觀上也促進了陸上絲綢之路的發展。但是，安史之亂後，唐朝迅速萎縮到農耕文明圈內，西域的民間商路雖然還存在，但是在複雜的「政治形勢」下受到很大的衝擊。不過，也正是在唐朝後期，南方地區逐漸得到開發，長江流域後來者居上，從經濟上實現了對黃河流域的逆襲。南方地區河網密布，面對大洋，當地又有著很強的手工業生產能力，特別是古代中國的傳統產品——陶瓷的生產在唐朝大為興盛，具有巨大的出口潛力。

從西亞的角度來講，阿拉伯帝國興起後，西亞、北非、中亞乃至東非都處於阿拉伯文明的控制之下。阿拉伯人原本就是非常依賴商業貿易的族群，在南征北戰打下大片江山後，對商業依然非常重視和支持，自身的造船技術也很發達，而且廣袤國土中的民眾對於東方的陶瓷有著巨大的消費需求，客觀上促使阿拉伯商人向東航行，開拓跨洋貿易的航線。

於是，處於亞洲大陸兩端的人們一拍即合，跨越茫茫的大海，用唐朝的瓷器交換阿拉伯的羊毛製品，以及阿拉伯商人從沿途找到的金銀、香料等貨物，海上絲綢之路已成氣候，以至於唐朝後期，大量阿拉伯商人因貿易而來到東方，當時有多達十萬以上的西亞人在廣州常年生活和做生意。

「黑石號」的打撈，讓長沙窯從歷史的迷霧中顯山露水了。不同於唐朝幾大名窯，關於長沙窯的文獻記載很少，但它卻成為對外陶瓷貿易的主力窯口，說明當時的長沙窯應該是民間窯口，而且其陶瓷生產很大一部分就是針對輸出。在長沙窯窯址出土的一件陶瓷殘件上，有一幅精美的繪畫，上面是一位金色卷髮的異國少女，其額部髮際處綴有三顆鑲金綠寶石，頸上飾有珍珠項鍊，肩負一杆形鳥羽，面如滿月，濃眉、大眼、高鼻，表情似驚似喜；在另一件瓷盤殘片底心，繪有域外的一男一女形象，兩人依偎在一起。這些瓷器彩繪內容和「黑石號」上的瓷器頗為相似，印證了長沙窯對外貿易的窯口性質。

考古學家推測，長沙窯的瓷器燒製完成後，會在湘江旁邊的港口裝載上船，順著湘江北走，過洞庭湖水域進入長江，再順流而下到達揚州。外國商人會來此地選購貨物，然後裝船啟航出海，銷往世界各地。

長沙窯的瓷器外銷清楚地告訴後人，海上絲綢之路的繁榮是民間貿易的結果，是民間手工業者和各國商人共同澆灌出來的海洋文明之花。

可惜的是，就在「黑石號」沉入海底後不久，黃巢起義爆發，農民武裝席捲了唐朝大部分地區，險些推翻了大唐王朝。當時的外國商人在貿易口岸的動亂中失去了貨源甚至生命，唐朝的海外貿易遭受重創，也波及了以外銷為主的長沙窯。西元八七九年，黃巢的大軍攻入廣州城後，海上絲綢之路貿易遭受重創。此事被當時的阿拉伯商人所記錄。此後，黃巢揮師北上，攻陷長沙，可以想見，長沙窯也遭受致命一擊，從此衰微不振。

黃巢圍攻廣州的時候，派人與朝廷聯絡，要求朝廷封自己為節度使，唐僖宗諮詢大臣的意見，僕射于琮認為「南海以寶產富天下，如與賊，國藏竭矣」，於是黃巢求招安的企圖被拒絕了。這也從側面證明了當時的南方沿海地區已經成為衰落的唐朝的重要財源，不可給予他人。

在唐朝，海上絲綢之路不僅帶來了各種異域商品，也促進了中國南方地區的進一步繁榮。中華文明圈中增添了海洋文明的綺麗色彩。自唐朝之後，曾經的夢幻古都——長安，逐漸淡出了歷史的中心地位，城市萎縮、人口減少，再也沒有了漢唐時期傲視四方的氣度，長安城的暗淡是不是也有商路變革的影響呢？

海上絲綢之路作為一條水路，在風力和洋流的配合下，運載能力比陸路強大很多，運輸成本大大降低，而南方地區生產能力的崛起，使得海上絲綢之路在商人追逐利潤方面完勝陸上絲綢之路，因此作為陸上絲綢之路東端的長安，商業貿易價值下降，趨於衰落，而南方臨江靠海的揚州等城市卻蒸蒸日上，也就是水到渠成的結果了。

面向海洋的兩宋

經過唐末五代的重挫之後，海上絲綢之路在宋朝終於又迎來了繁華時光。在中國南方的海洋裡，考古學家發現了多艘宋朝從事海上貿易的沉船，最著名的莫過於「南海一號」沉船，這是一艘由福建工匠打造的商船，滿載了中國瓷器和鐵器。此外，在印尼海域也發現了多艘同一時期的沉船，上面也裝載了中國瓷器，但船型都是阿拉伯帆船。從沉船船型分布來猜測，宋朝時期的中國海商可能負責把貨物運送到東南亞的港口，在那裡賣給阿拉伯海商，然後由阿拉伯海商再運往印度洋周邊銷售。

從唐朝開始，朝廷就逐漸介入海上絲綢之路的貿易，在廣州設立了「市舶司」，借助於這種類似現代海關的機構，向前來做貿易的商船收稅，並採購朝廷所需的珍寶。

到了北宋時期，海上絲綢之路更加繁榮，朝廷也在很多沿海港口城市都設立了市舶司，比如廣州、杭州、明州（今寧波）、泉州等地。

西元九七一年，北宋在奪取了由南漢控制的廣州後，當年六月就設置了廣州市舶司，逐利之心如此急迫，可見海外貿易早已是深入人心的賺錢門道了。而南漢君臣在廣州城被攻破之前，焚毀了積攢的海外珍寶，有點天真地希望北宋撈不到珍寶，會覺得廣州沒什麼價值而撤回北方。

宋朝規定，商船出海前，必須呈報市舶司以領取出海貿易的公憑；外國商船抵港時，也需要先報告市舶司，由市舶司派專人上船檢查，徵收所載貨物價值的十分之一，作為進口稅收，也就是「抽分」，可以是實物稅，也可以是貨幣稅。抽分收入從宋仁宗時期的五十多萬貫不斷增加，到南宋初期宋高宗時，達到了每年二百萬貫。此外，市舶司還直接購買進口舶貨，即所謂的「博買」，其中，官府壓低價格並挑最好的貨之類的貓膩是免不了的。

北宋官府一開始試圖完全壟斷海外貿易的收入，命令市舶司購買犀角、象牙、珠璣、香藥等海外珍寶送往京師，市舶司的這種「官司」活動之後，如果海商還有餘貨，才可以賣給老百姓。到了宋太宗時期，甚至規定透過廣州進口的商品一律要由市舶司購買，全部進入朝廷的官府倉庫中。

嚴格的專賣制度並沒有持續多久，因為北宋官員很快就發現，官府壓低收購價格的結果是，海商為了保本或者微利，只能以次充好，最終讓官府收不到什麼好的貨物，也就沒什麼收益可言了。現實迫使北宋調整了自己的貿易政策，除了少量奢侈品繼續專賣外，其他進口商品全部解禁，市舶司按照一定比例收購非專賣品中的好貨物，其餘的貨物任由商人出售。

貿易政策的調整取得了意想不到的好結果，北宋官府的舶貨收入不降反增，看似市舶司壟斷的貨物減少，但是整個海外貿易被啟動了，民間貿易規模擴大很多，市舶司能夠收取的稅錢也增多了。

南宋被金朝打到了淮河以南，偏安於杭州後，對於海外貿易的收入更加依賴。南宋市舶司稅收在朝廷財政收入中的比例，不同學者有不同的結論，但大體上在十%左右，這對於以農耕為基石的王朝來說，已經是很重要的財源了。而且這部分稅收只是朝廷賺到的錢，海上絲綢之路的主力軍是民間海商，民間從海外貿易中獲得的財富也是巨大的。國富民強的南宋能夠硬扛強敵金朝和蒙古達一百五十多年，海外貿易收入功不可沒。

南宋時期，進口的最主要商品是各種「香料」和藥物，這個時期的「香料」不僅包括胡椒一類的調味品，還包括用於焚燒產生香氣的物品，比如乳香、檀香、龍涎香等。此外，印度地區出產的棉紡織品、鋼和劍在南宋也很受歡迎；來自非洲的象牙、犀牛角，也都被商人不遠萬里帶到南宋。當時，南宋的主要出口商品是絲綢和瓷器，以及鐵製品，考古學家在東南亞、南亞、阿拉伯半島、東非海岸都發現了南宋時期的出口商品。

有一種說法認為，宋朝時期海上絲綢之路的繁榮，是由於陸上絲綢之路因政局而被切斷所導致的。北宋時期西夏崛起於現今的寧夏、甘肅一帶，恰好是陸上絲綢之路河西走廊的位置。而南宋建立後，遠離了陸上絲綢之路，在不得已的情況下，選擇了面向海洋發展貿易。

如果我們觀察宋朝前後的海上，會發現這個說法是值得推敲的。海上絲綢之路在唐朝後期就已經很繁榮了，而那時陸上絲綢之路的西域段雖然已經不在唐朝的控制中，但是貿易仍然是可以進行的。即使是北宋時期，崛起於西北的西夏與北宋時戰時和，西夏仍然非常需要透過絲路貿易來增強國力，與周圍強大的國家相抗衡，西夏的策略是對陸上貿易路線上的商人收取過路費來充實國庫，而不是粗魯地阻斷貿易。

更為有趣的是，由於北宋、西夏和遼在北方形成了三足鼎立的態勢，當北宋因為戰爭與西夏或遼中任意一方的貿易中斷時，置身事外的另一方就會不失時機地利用戰爭形勢來賺錢。比如，北宋與西夏交戰時，西夏市場上的絲綢因為斷貨而價格暴漲，達到了北宋市場價格的幾十倍，於是契丹商人立即大舉出動，從北宋購買絲綢，轉賣到西夏市場上牟取誘人的利潤。反之，當北宋與遼作戰時，西夏商人也不會只看熱鬧。

所以，海上絲綢之路的繁榮，並不是陸上絲綢之路衰落導致的，兩條貿易路線都在發展，只要有利潤，商人們就會行走在前往遠方集市的陸路或海路上。不同的是，海上貿易相對於陸上貿易有很大的遠途運輸優勢，這是海上絲綢之路能夠占據上風的重要原因。

歷史學家把歐、亞、非三洲稱為「舊世界」，唐宋時期，舊世界各個地區的貿易往來明顯加強了，特別是經由陸上絲綢之路和海上絲綢之路，正在形成經濟上的整體，某一處的經濟變化就會波及周邊很廣大的地區。

舊世界逐漸邁向整體的進程，隨著蒙古帝國征討四方的馬蹄而終於加速，包括古代中國在內的舊世界迎來了一次波瀾壯闊的「全球化」。

元朝的實用經濟政策

「泉州為世界最大港之一，實可云唯一之最大港，余見是港有大海船百艘，小者無數。」「中國船舶共分三等……大船一隻可載一千人，內有水手六百人，兵士四百人，另有小艇三隻附屬之……每船皆有四層……水手在船上植花、草、薑於木桶中……」

摩洛哥旅行家伊本·巴圖塔（Ibn Battuta）來到元朝時期的中國，在遊記中記錄了當時中國的港口與船隻。實際上，早在南宋時期，泉州即當時的刺桐港，已經成為世界上很大的國際貿易港口。到了元朝，以商業作為立國根本之一的蒙古人，更加看重刺桐港的商業價值，在元朝的七大市舶司，即泉州、上海、澉浦、溫州、廣州、杭州和慶元（今寧波）中，泉州首屈一指。馬可·波羅在自己的遊記中，也盛讚刺桐港的繁華，並觀察到，在這個港口有大量裝載了胡椒的船隻，其中只有微乎其微的胡椒會遠途運輸到地中海的亞歷山大港。

在元朝中掌管經濟事務的是西域商人組成的斡脫商團（註：斡脫是與蒙古帝國合作的商人和放債人的稱呼），剌桐港作為海上絲綢之路的東方大港，可以經由海路聯絡到印度洋沿岸，而那裡的阿拉伯世界是斡脫商團早已熟悉的市場，於是剌桐港成為斡脫商團和元朝統治者獲取財富的金色大門。

一二八一年，元朝設立了泉府司，「掌領御位下及皇太子、皇太后、諸王出納金銀事」，說白了，這個機構的功能就是透過海外貿易，給元朝統治階層賺錢，獲取各種寶物。在最鼎盛的時候，泉府司竟然擁有海船一萬五千艘，發展成為擁有自己武裝的海外貿易集團。從性質上說，泉府司算是由元朝上層出資、斡脫商團承辦的「外貿公司」。而元朝之前的宋朝，也只是滿足於透過市舶司來抽取財物稅收，官方並不直接參與貿易經營，元朝有著濃厚的商業氛圍，因此其上層甚至直接操刀海外貿易，這是一種更深層次的重視海洋的商業思維。

更能體現元朝重商思維的事件，莫過於它的幾次海外用兵。比如，一二九二年，元朝曾經跨海遠征東南亞的爪哇。後世往往認為，這是蒙古人四處征戰與擴張的延續。然而，仔細觀察這次遠征的前因後果，它更像是一次因海外貿易引發的衝突。

爪哇拒絕元朝商團的貿易請求，於是斡脫商團為了打開商路，借助於元朝賦予自己的權力，調動武裝部隊前往爪哇，介入了爪哇的國內紛爭，並深入內陸作戰，無果而返。忽必烈為此大怒，但憤怒的原因不是沒有征服爪哇，他根本就沒有想過要征服爪哇；他憤怒的是，斡脫商團在完成占據爪哇沿海、確保商路之後，竟然還深入當地，引起不必要的衝突。

面對南方的大海，忽必烈要的不是武力征服或者萬邦來朝，而是能夠帶來財富的商路。在忽必烈時代，元朝向東南亞各個主要港口城市都派遣了負責貿易的官員，甚至建立了與南亞僧伽羅（今斯里蘭卡）和印度西海岸的商業聯絡。後來，包括擊退蒙古「侵略」的爪哇在內，最終都入朝覲見忽必烈，表面上締結了從屬關係，實際上是締結了海上貿易關係。

再向西的阿拉伯海沿岸，已經處於蒙古的伊兒汗國的勢力範圍，伊兒汗國的建立者旭烈兀，正是忽必烈的親兄弟，在忽必烈與阿里不哥爭奪蒙古汗國大汗之位時支持忽必烈。馬可．波羅在遊記中也記述，自己曾經護送元朝公主去伊兒汗國成親。因此，伊兒汗國與元朝有著密切關係，雙方之間的通商毫無障礙。

西洋方面海路已開，東洋方面海路也不斷。忽必烈曾經在一二七四年和一二八一年，兩次派兵試圖跨海征討日本，這是眾所周知的史實。但即使是元朝與日本處於戰爭狀態的時候，海上貿易依然得到了允許。

比如，在忽必烈第一次征討日本失敗後的隔年，日本商人帶著黃金來到元朝，希望交換銅錢時，元朝立即同意了其貿易請求。至元十六年（一二七九年）即第二次征討日本的準備期，一個由四艘商船、兩千名水手組成的日本商隊抵達慶元，要求通商，元朝查驗發現確實沒問題後，便讓他們順利交易貨物後返航了。

日本學者研究發現，元朝的幾十年，幾乎算是日本各個時代中商船開往中國最興盛的時期，當時的鎌倉幕府派遣船隻入元朝收購「唐物」，幕府將軍金澤貞顯看到買回來的中國貨物時，激動不已地說：「一覲唐物，喜不自禁，然家傳之寶中無此物，知其不易。」日本與元朝之間的私人商船來往也極其頻繁。

對於忽必烈和他的元朝來說，戰爭是戰爭，生意是生意，既然打仗也是為了做生意，那麼商人來了自然要歡迎。這樣的重商思維在儒家思想濃厚的王朝中，幾乎可以算是絕無僅有了。但對於蒙古人來說，從鐵木真遠征花剌子模的時候開始，戰爭就與保障商路暢通緊密地掛鉤了。

在忽必烈時代，從西太平洋到印度洋的廣闊大洋，元朝建立起一個浩瀚的海上貿易網絡，海上絲綢之路在元朝時期達到高峰。借助這個巨大的網絡，元朝獲取了巨額的商業財富。元朝中期一個掌管海外貿易的官員，可以讓我們更加瞭解當時濃厚的商業氛圍。

沙不丁是元朝江浙行省掌管海外貿易的重要官員，在至元二十六年（一二八九年），他一次向朝廷上繳了「珠四百斤，金三千三百兩」的市舶歲貢，如此巨額的財富讓忽必烈都大為驚歎。在沙不丁的靠山倒臺後，沙不丁也被牽連入獄，忽必烈愛惜他的經商才能，準備赦免他。此時，忽必烈的貼身臣僚董士選很憤慨，進言忽必烈要在「得財貨」和「失民心」之間權衡利害。忽必烈聽了十分感動，卻拒絕他的建議，當即給董士選賞錢升官，而沙不丁還是被赦免了。此後，沙不丁仍然長期活躍在元朝的海外貿易事務中。

在沙不丁的事例中，元朝大汗「重利輕義」的思維再次顯現。很多王朝在面對海洋時，往往會採用「朝貢制度」來處理海外事務，也就是追求海外各國形式上的臣服，敬獻一些土特產，王朝的皇帝再回賜豐厚的財物，以示皇恩浩蕩，追求政治上的意義而不是經濟上的盈利。但元朝卻不同，並不存在其他王朝那種形式的「朝貢制度」。史書記載的元朝，對於各國「來朝」、「來貢」的回賜數量非常少，和其他王朝相比，顯得很寒酸。而海外來「呈獻寶貨」的人，主要是元朝派出去的官員或商人，元朝在意的是寶貨本身，而不是誰來呈獻。

對元朝統治者來說，虛榮的面子不重要，實際的財富才重要。從海上絲綢之路的角度來看，元朝哪裡是什麼軍事帝國，那就是一家全球「淘寶店」。

遺憾的是，元朝末年，面向大海的東南沿海一帶經歷了一場持續十年之久的叛亂。一三五七年，手中握有軍隊的西域後裔賽甫丁與阿迷里丁占據泉州，反叛朝廷，並進兵占據福州等地。直到五年後，泉州市舶官阿巫那帶領市舶軍馬，消滅了這支叛軍，然後他竟然也擁兵反叛元朝，直到一三六六年被擒獲，這場叛亂才算平息。然而，不到兩年，明軍攻占了福建。

所以，整個元朝末年，以泉州為中心的海外貿易因叛亂而陷入危機，不僅無法給朝廷提供財富，還要消耗大量財富來平息叛亂。前文談到元朝因為大運河的阻斷而缺糧，同時它還因為泉州叛亂而缺錢，這也是元朝滅亡的重要原因。

元朝令人惋惜地崩塌了，古代中國在走向興盛海洋文化的征途上，升起了未卜的迷霧。

海陸融合憾成夢

明朝的建立，從王朝的角度來說，是驅除了來自草原的入侵者，讓華夏地區又重新歸屬漢人管理。面對隨時可能反撲的蒙古勢力，明太祖朱元璋首先考慮的是政權的安危，而不是通商和發財。

朱元璋御口一開，「廢市舶」、「寸板不許下海」，海禁令被寫入了《大明律》，嚴禁民間從事任何海外貿易，明朝與海外的交往只能有一種形式，那就是官方的朝貢活動，周邊國家定期向明朝朝貢，透過回賜得到明朝的一些物品。

於是，明朝初期就在整個東南海岸線建立起嚴密的海防體系，包括建立各種衛所和巡檢司，派駐軍隊防備內外，斷絕民間海上貿易交流。

從朱元璋開始的海禁政策，其產生確實有客觀原因。首先，相較於囊括各種文明形態的元朝，明朝基本上縮小到了以農耕為主的區域，儒家「重農抑商」的思維大行其道。其次，元朝留下的海外貿易體系與明朝並不「相容」，民間海商與海外有著千絲萬縷的關聯，忠誠度值得懷疑；海外各國也都曾經處於元朝的海洋貿易體系之中，並不熟悉明朝的套路。

實際上，朝貢制度與海禁政策構成了明朝面對海洋的完整政策體系，兩者一個對外，另一個對內，二位一體。如果我們認為明朝皇帝完全不愛錢，對海外貿易沒興趣，也是有所誤解。他們的思路其實是試圖建立官方的朝貢貿易體系，剷除民間的海外貿易活動，這樣一來，所有貿易利潤就全部歸於朝廷了。

鄭和下西洋的航海壯舉正是在這樣的政策背景下展開的，因此鄭和的任務也分成兩部分。

任務之一：對海外各國恩威並施，將它們納入明朝的朝貢體系之中。

任務之二：將那些把基地建在東南亞、以走私為生的民間海商全力剿滅，剷除與官方朝貢貿易競爭的民間貿易。

這就是為什麼鄭和要率領二萬七千多人的龐大艦隊去遠航了，這絕對不是一支單純的商隊，鄭和船隊要重新建立一個屬於明朝自己的海洋體系，消除元朝在海洋上的殘存影響力。

跟隨鄭和出海的馬歡所著的《瀛涯勝覽》記載，在鄭和船隊的人員中，軍人就占據了二萬六千多人。在官員的配置中，武官占了大多數，其他還有一些醫務人員、執掌朝貢外事的人員、觀星導航人員和翻譯人員。整個船隊的人員編制，是圍繞著確保航行安全和生活消耗等，各項活動的正常運轉而配備的。如此龐大的海軍力量，也足以消滅阻礙明朝建立朝貢體系的勢力。在鄭和下西洋的過程中，也的確有幾次動用武力的軍事行動，比如在爪哇和錫蘭山。

鄭和也順帶著做一些海外貿易。比如，鄭和船隊從東南亞和印度海岸帶回了大量的胡椒，金屬貨幣短缺的明朝，甚至把一部分胡椒拿來發給官員，折抵俸祿。有趣的是，由於鄭和船隊有著巨大的裝載能力，他們帶回的胡椒給中國市場很大的衝擊，原本作為貴重貨物的胡椒變成了人們普遍使用的調味料，這當然讓那些拿到「胡椒薪水」的官員很不高興。鄭和的大採購也刺激了東南亞地區廣泛種植胡椒，他們大量生產以滿足中國市場的強大需求。

如果透過鄭和的努力，明朝真的能夠讓海外萬邦來朝，擴大朝貢貿易的交易量，這未嘗不是一種陸地文明與海洋文明的結合方式。但是明朝並不是元朝，元朝從大汗到百姓都對經商賺錢有著濃厚的興趣，元朝也有斡脫這種有商業頭腦的商團，但明朝卻沒有這些商業基因。而且，一個安土重遷、穩重內斂的農耕王朝，與怒海揚帆、激流勇進的海洋文化是「八字不合」的，朝廷上站立著大批反對鄭和的官員，尤其是鄭和還影響了他們的薪水。

鄭和船隊透過前三次下西洋，就大致控制了海上絲綢之路的重要關卡，比如麻六甲、錫蘭，並且在印度謀求到合適的停駐港口和交易港口。明朝已經把自己對海洋的影響力，從近海拓展到遙遠的印度洋周邊，甚至遠達阿拉伯半島和東非沿岸。從國際關係角度來說，鄭和船隊是成功的，萬邦來朝的目標算是實現了。

但是從朝貢貿易的角度來說，鄭和船隊是失敗的。有學者對明朝財政構成進行了研究，發現在一五七〇年到一五九〇年，明朝的國際貿易稅收只有七萬兩白銀左右，僅占明朝雜色收入的一．八六％；如果把田賦、鹽稅的收入考慮進來，國際貿易稅收僅僅占全部稅收的〇．二二％，完全微不足道。而為了維護朝貢體系，明朝的支出卻很大，即使不算鄭和下西洋這種不惜血本的大船隊遠洋航行，就是朝貢接待費用、聯絡費用和回賜費用，都比那一點貿易稅收要高。

明朝試圖打造的官方朝貢貿易體系，從經濟角度來看是入不敷出、毫無意義的。更加可怕的是，明朝為了維繫朝貢貿易體系，對民間海外貿易進行打擊，不僅讓朝廷耗費巨大，而且讓沿海居民生計艱難，不得不冒死犯禁，屢屢釀成民間海商的反抗事件。

明朝嘉靖年間，是海盜或者倭寇最為猖獗的時期。這個時期在中國東南沿海竟然有數十萬計的海盜大軍，他們以沿海島嶼為基地，向繁榮的江南即東南沿海重鎮發動頻繁的襲擊，明朝沿海戍軍節節敗退，蘇州、杭州、泉州、上海都曾經被海盜入侵，明朝的舊都南京也一度被海盜圍困攻擊。在「嘉靖倭患」中，東南沿海生靈塗炭，人口銳減，許多原本繁華的海港城市淪為廢墟，不要說本來就被禁止的海外貿易，就是當地的基本經濟也遭受重創。

明朝官府把這些海盜稱為倭寇，也就是日本海盜。但事實上，除了明朝前期有些日本落魄武士曾經組成團夥，化身海盜搶劫東南沿海外，此後絕大多數海盜都是明朝自己人，主要來自沿海那些因海禁令而破產的生產商和貿易商，以及陷入貧苦的手工業者和農民，並且海盜集團的首領幾乎都是海商出身。這些海盜攻擊的目的，也是掠奪包括絲織品在內的，能夠進行海外貿易的特產。這些商品被轉運往日本出售，或者運送到澳門、麻六甲，甚至更遠的地方。

因此，嘉靖倭患產生的真正原因，是明朝頑固不化的海禁政策，破壞了宋元時期甚至更早的唐朝時就萌發並繁榮的海洋經濟、海洋文明，從而釀成官逼民反的惡果。

以明朝時期的著名港口——月港為例。月港位於福建漳州平原九龍江下游入海口處，因為「**一水中塹，環繞如偃月**」而得名。在明朝海禁令的籠罩下，月港一直有人從事著海上走私貿易，而經營貿易的主角，就是沿海地區強大的鄉紳階層。他們可以用錢買通明朝的當地官府，與當地官員勾結在一起，以名義上的海禁令打擊其他想從事海上貿易的中下層人士，自己獨享海外貿易的巨額利潤。在明朝成化、弘治年間，走私貿易十分繁榮，大量的海商雲集月港，人們甚至把月港比喻為「小蘇杭」。

恰逢朝廷執行海禁令，關閉了沿海的市舶司，於是，以葡萄牙為代表的西洋海商和許多東南亞海商的船隻，大多來往於月港這個走私港口，購買所需的中國貨。看到此景，當時的兩廣巡撫林富曾感嘆：「諸國素恭順，與中國通者，朝貢貿易盡阻絕之，則是因噎而廢食也。況市舶官吏公設於廣東者，反不如漳州。私通之無禁，則國家成憲果安在哉……」林富認為，海外貿易是國家財政的重要補充，海禁勞民傷財，不如開放貿易。

直到釀成大禍之後，明朝才開始修正自己的海洋政策。嘉靖四十年（一五六一年），一些被官府打擊的底層走私商人和貧苦百姓揭竿而起，迅速占領了月港和周圍的城鎮，這次叛亂歷時四年，才被明朝強壓下去。剛好叛亂平息那年，頑固的嘉靖皇帝也死了，明穆宗即位，年號為隆慶。隆慶元年（一五六七年），明朝政府終於「順應民意」，正式開放月港，作為民間海外貿易的港口，允許民間貿易商人往來東西二洋，但嚴禁出航日本。同時也對私人貿易徵稅，以增加官府收入。自明初開始墨守成規兩百年左右的海禁政策，終於被打破了。應該說，海禁令的廢止，是沿海民眾和底層海商長期抗爭及反抗的結果。

既然民間海外貿易合法化，海商也就不必鋌而走險了，於是那些「海盜」紛紛棄盜從商。當時的福建巡撫曾經有一句精闢的言論：「市通則寇轉而為商，市禁則商轉而為寇。」自「隆慶開海」開始到明朝末年，東南沿海再也沒有所謂的大規模「倭亂」發生。

開海後，萎靡了兩百年的海上絲綢之路迅速恢復，絲織品大量出口，帶動了明朝國內的生產，來自日本和西洋（從美洲販運）的白銀大量流入中國，促進了明朝後期商品經濟的繁榮發展。

遺憾的是，明朝後期到清朝初期，是中國古代海商馳騁在海上絲綢之路的最後一段輝煌歲月。明清交替之時，鄭成功家族率領的海商集團高舉反清復明大旗，在海上與清廷對抗了幾十年，陸地文明與海洋文明再次陷入了衝突與對抗的局面。即使在清朝平定臺灣後，清政府面對海洋的態度也是封閉大於開放。清朝時期，官方甚至連鄭和下西洋這樣主動出擊的海洋行動也沒有，基本上沿襲了明朝的朝貢制度思路，追求萬邦來朝的政治效果，官方對貿易利潤並不熱衷。

對於中國的東南沿海來說，確實存在大陸文明與海洋文明在利益上相互抵觸的情況。比如，明朝的漳州地區，由於海外貿易興盛，海商及其資本十分活躍，當地農民也被捲入海洋經濟體系之中，以種植能夠賺錢的經濟作物為業，比如當地的甘蔗、菸草、水果，以及茶葉、烏桕等的種植非常普遍。沿海地區的手工業生產也十分興旺，除了古代中國的主力產品——絲綢和瓷器外，沿海工匠還能夠對海外輸入的象牙、犀角等原材料進行精巧加工，此外，麻織業、製糖業、造紙業也頗為發達。山林砍伐和製材、造船業等，也隨著海外貿易的強烈需求而生機勃勃。

但是，大陸文明最為看重的糧食生產，在當時的漳州地區卻被削弱了。經濟作物種植面積的擴大，加劇了當地糧食的短缺，災年缺糧的情況就更加顯著。海商的頭腦都很靈活，他們會從外省甚至海外運輸糧食過來，高價出售給災民，當地糧食市場也被捲入海洋經濟體系之中。一些能夠進行海外貿易甚至是海外走私貿易的海商、生產商，獲取了巨額財富，成為富裕階層；但也有一些農民在商品經濟中失去財產和土地，流離失所甚至淪為盜賊。不論是巨富的海商還是山林的盜賊，對於王朝來說都是嚴重的威脅。因此，王朝以海禁令來限制海外貿易，有穩固自身統治的客觀原因。

可是，海洋文明與大陸文明並非不能共存及融合，兩種文明的相容，取決於採用合理的海洋政策。至少在宋元時期，海上絲綢之路的發展達到了古代歷史上的高峰，給王朝和百姓帶來可觀的財富。但明清時期，由於政局動盪或觀念局限，海洋文明與大陸文明的融合斷斷續續，始終不能更進一步，難以駛向更遠處的星辰與大海，終於在十九世紀被歐洲列強的堅船利炮占據了海洋。

在世界跨入海洋文明的新紀元之時，中國的東南沿海卻被邊緣化了。這是古代中國文明融合中的一大憾事。

〔第13章〕

鄭和下西洋的祕密任務

燕王的人馬已經到達南京金川門，建文帝打算出迎，左右人等都散去了，只有幾個貼身侍從在旁邊。建文帝嘆息說：「我沒臉相見啊！」於是在宮裡放火自焚了。燕王高風亮節，捐棄前嫌，派遣太監前往救援，可惜來不及了，只從大火中把建文帝的屍首搶了出來。燕王哭著說：「你果然如此傻啊！我來是為了幫助你做好皇帝，你竟渾然不覺而走上絕路！」

中國古代有一本書叫《春秋》，有一個歷史時期叫「春秋時期」，另外還有一種編寫歷史的方法叫作「春秋筆法」。上面這段文字是燕王朱棣幹掉自己的侄子建文帝，篡奪帝位後，史官運用春秋筆法描寫建文帝之死的「傑出」作品。當我們查閱中國的史書時，最痛苦的事情莫過於遭遇春秋筆法了，那些毫無出處和佐證的史書根本沒有參考價值，更可怕的是，許多史官可能會在皇權的威懾下胡言亂語、胡編亂造，誤導我們這些後世的閱讀者。

建文帝之死就是一宗無頭案。當時宮中大火也許是真的，但那些給朱棣臉上貼金的描寫，卻未必全是真的。

建文帝也許的確活不見人、死不見屍了，這讓他的叔叔朱棣十分煩惱。如果這個侄子還活著，可以逼迫其「退位」給自己；如果這個侄子的屍首找到了，舊帝死了，自己可以順理成章地繼承大統，成為新皇帝。找不到建文帝，朱棣只能編一套瞎話，說這個侄子想不開，放火燒死了自己，龍椅自然也就該由叔叔來坐了。

朱棣當上皇帝，按說這宗無頭案也就過去了。然而，朱棣在位期間，命令手下一位太監率領龐大的艦隊和士兵，劈波斬浪，耗資無數，多次下西洋，讓人不禁疑惑朱棣做這件事的動機，是不是為了尋找那個人間蒸發了的建文帝？

找個逃跑的廢帝，用得著七下西洋？

那個太監就是大名鼎鼎的鄭和。其實他本名不叫鄭和，鄭和的祖先原本是中亞貴族，在元朝初年遷到中國，後來定居於雲南，取了一個漢姓「馬」。鄭和的本名叫馬三寶，十二歲時，飛來橫禍，明軍打到雲南，他被抓進軍營，並被閹割後做了太監。不幸中的萬幸是，他跟對了主子，進入燕王府做事，而這位燕王就是後來的明成祖朱棣了。

朱棣對這個馬三寶非常賞識，在發動叛亂後，馬三寶還為朱棣立下了戰功，看來這個太監絕非常人。打下江山之後，朱棣論功行賞，賜馬三寶「鄭」姓，改名鄭和，授予四品官職。皇帝賜姓對於臣子來說，是至高無上的榮耀，許多一品大員也沒有這樣的待遇，可見鄭和多麼受朱棣的器重。

永樂三年（一四〇五年），鄭和奉皇帝的命令，率領二萬七千多人、四十多艘船，從蘇州劉家河出發，開始了第一次下西洋的壯舉。到宣德五年（一四三〇年）鄭和最後一次下西洋為止，鄭和帶隊總共七次下西洋，每次的人員、船隻規模，基本上都和第一次沒有什麼差別。按照永樂皇帝朱棣的詔書，下西洋的目的是揚中國威，讓四方歸服。不過《明史·鄭和傳》透露，「成祖疑惠帝亡海外，欲蹤跡之」，也就是說，朱棣懷疑建文帝跑到了海外，所以派鄭和去尋找其下落。

這的確是一個貌似合理的下西洋理由。在儒家思想的灌輸下，古代中國人非常熱衷於維護「正統」，朱棣雖然是朱元璋的第四個兒子，但按照正統的說法，朱元璋的位子是要傳給大兒子的，大兒子早死，所以才傳給了大兒子的大兒子，也就是後來的建文帝，皇位根本沒有朱棣的分。朱棣奪位之後，當時的天下第一大儒方孝孺拒絕為他服務，披麻戴孝在朝堂之上寫下「燕賊篡位」，憤怒的朱棣滅了方孝孺的九族後還不解恨，連帶著將方孝孺的弟子、朋友一併殺戮，這就是所謂的滅十族。

這種維護正統的觀念在古代異常強大，所以，朱棣一天不能確定建文帝已經死了，就一天不能安心。這樣看來，讓自己的心腹鄭和興師動眾地去海外尋找建文帝的下落，並不算是鋪張浪費，事關皇帝的寶座，花多少錢都是值得的。

但是，這個理由無法解釋朱棣為什麼讓鄭和前後六次下西洋（第七次下西洋時朱棣已經死了），從永樂三年一直找到永樂十九年（一四二一年）。第一次下西洋時，鄭和的船隊就已經到了印度西海岸一帶的古里（註：現今的科澤科德），並在那裡立碑留念，碑上刻字「去中國十萬餘里，民物咸若，熙皞同風，刻石於茲，永昭萬世」。如果倉皇出逃的建文帝能跑到比古里還遠的地方，那得在海上以賽車一般的速度飛奔了。尋找一個生死不明的人，根本用不著下西洋這麼多次。

所以，尋找建文帝最多只能算是個附帶任務。那麼「揚中國威」是不是主要任務呢？

明朝的確有這樣的傳統。朱元璋開國之初，就派人奔赴日本國和東南亞各王國，宣布現在中土是明朝了，各位要積極前來朝貢，還把許多東南亞王國列為「不征之國」，意思就是天朝不會派兵攻打你們，你們不用害怕，我天朝過去不稱霸，現在雖然強大了，還是不打算稱霸，只是你們一定得來朝貢，表明態度啊！

明朝建立的事情，經過朱元璋這麼大肆宣傳，早就被東南亞各國所知曉了，本來不需要再去宣傳。不過，朱棣篡位之後，為了展示自己的「正統」形象，還是很有必要再次對外宣傳，讓國際友人都知道自己是如假包換的明朝皇帝。

鄭和下西洋在外交上的確下足了功夫，每到一國，就和國王搞好關係，撒下大把財物，力邀國王派出使節回訪天朝，甚至有些國王還親自動身回訪天朝。當年那些東南亞國家的君主，雖然貴為國家元首，其實比部落聯盟酋長強不到哪裡去，隨便帶一些土特產去明朝，就能獲得豐厚的回報，順便旅遊一下，還不用自己掏路費，何樂而不為呢？有些小國國君甚至在旅遊期間，病死在明朝境內，真是此間樂，不思蜀啊！

但話分兩頭說，如果鄭和下西洋真的是為了揚中國威，建立睦鄰友好關係，明朝似乎也太不值得了。論實力，當時鄭和接觸的這些東南亞、南亞國家，不論人口、面積還是經濟，和明朝至少相差二十倍。

千萬別低估朱棣與鄭和的智力，這一君一臣完全可以位列最精明的一批中國人之列，千萬不要以為他們只是腦子發熱，才做出這種賠本賺吆喝的事情。不會，絕對不會！這君臣之間一定還有什麼不可告人的祕密，鄭和多次下西洋，其實是為了執行祕密任務。

除了缺錢，還是缺錢

下西洋行動的總策畫是朱棣，因此，我們得站在朱棣的角度來想問題。作為一個泱泱大國的皇帝，朱棣要處理的重大問題無非是兩件事，一件是國防，要時刻警惕元朝的後裔——北元蒙古人捲土重來。朱棣雄才大略，把都城從南京遷到北京，直接面對北方的挑戰，並數次御駕親征，大大削弱了蒙古各部的實力，使蒙古鐵騎幾十年間不敢越雷池一步。鄭和下西洋顯然和國防扯不上關係。

另一件就是內政了，朱棣面對著朱元璋留下的一個難題：缺錢。

其實我們在前面就已經談到，中國境內金礦和銀礦十分稀少，因此，在金屬作為貨幣的古代，一旦王朝的經濟有所發展，經濟總量和貨幣總量的矛盾就會日益突出。朱元璋一開始試圖沿用元朝印製紙幣的老辦法，發行大明寶鈔來增加貨幣供應量，與日益增長的經濟總量相適應，結果由於無法控制紙幣的貶值問題，大明寶鈔也失敗了，民間依舊用銅錢作為貨幣。

但是銅錢本身是賤金屬，一枚銅錢的價值很小。在小額交易中，銅錢還是很方便的，比如買顆白菜、打瓶醬油什麼的，但是經濟越發展，就會出現越來越多大額交易，這時用銅錢的麻煩就來了。大額交易對銅錢的需求量非常大，可是古代銅的開採量受到技術落後和銅礦難尋等各方面因素的限制，不能在短時間內提升。同時從鑄造的角度來看，鑄造一批銅錢和鑄造一批銀幣所費的工時基本上是一樣的，但是平攤到每枚錢幣上，銅錢的鑄造成本與它本身的價值相比，就非常可觀了，相反的，銀幣由於本身價值高，所以鑄造成本相對來說比較低。

更糟糕的是，雖然銅錢不足，但同時由於經濟發展而製造出大量的產品，兩相比較就會使得一枚銅錢的購買力大大增加，或者說叫作通貨緊縮。這正是我們在前面關於漢朝的章節中提到的經濟原理。原來一個銅錢能買一斤糧，現在用一個銅錢就能買兩斤糧，對於自耕農來說，他們賣糧獲得的銅錢變少了，這可不是好消息。貨幣數量過少，又不開印紙幣，人們就不得不採取煩瑣的以物易物的方式做生意，經濟發展受到了阻礙。

朱棣也許不會有這麼現代的金融觀念，但他迫切需要找到一條發財致富的捷徑，來維護明朝的統治。北方遊牧民族與明朝長期對抗，蒙古高原那邊不可能有什麼發財的機會。那麼南方的海上有沒有機會呢？假如能夠在海上找到黃金、白銀等貴金屬的產地，以武力搶奪或是和平貿易，都會給明朝帶來足夠多的貨幣，國內經濟的缺錢窘境也將一舉解決。

作為一個王朝的管理者，一個腦袋足夠好的皇帝，朱棣這樣考慮問題是很自然的事情。看看鄭和七下西洋的壯觀場面，我們可以繼續揣測聖意，這一方面是為了尋找海外貨幣來源，另一方面是為了向海外宣告，明朝擁有強大的實力，信用評級是最高級，用你們的金銀來購買我們的陶瓷、絲綢，做生意會得到強而有力的保障。

這就是鄭和下西洋的一個祕密任務：找錢。確切地說是尋找發財致富的機會，如果能夠找到貴金屬貨幣，比如黃金和白銀，就可以有效緩解國內的貨幣危機。

不過，這個任務是不可示人的。明朝是一個道德至上的王朝，你可以悶聲發大財，但是絕對不能宣揚你喜歡錢。如果你說了，就會被儒生的口水淹死。朱棣殺了天下第一大儒，名聲已經夠糟糕了，如果再明目張膽地說我派鄭和去找錢花，簡直不敢想像後世的儒生會用多麼惡毒的語言咒罵這個永樂皇帝朱棣。

既然這幫掌握話語權的文人喜歡道德，那我朱棣就高舉道德的大旗好了，公開宣布我派鄭和出海是為了揚中國威，讓四方歸化天朝。從儒家的正統觀念來看，這個理由太合適了，於是反對之聲寥寥。背地裡，朱棣與鄭和卻在務實地尋找發財致富的良機。

看一個人也好，看歷史也好，都不能只看人們公開說的那套東西，而要看人們具體在幹什麼。

那麼，鄭和完成找錢的任務了嗎？

嗨，聽說非洲有金子

正所謂「在家千般好，出門萬事難」，鄭和要挑戰的，是當時世界貿易的固有秩序。

明朝前期，世界貿易是以西亞為中心的。當時的阿拉伯人充分利用了位於歐洲、亞洲、非洲三洲交界的地理優勢，玩了一個三角貿易。具體的經營模式是，從中國進口絲綢和瓷器，轉賣到歐洲，換回歐洲的玻璃等工業製品，然後把歐洲貨轉賣到非洲，交換黃金和象牙，最後再用黃金和象牙購買中國的絲綢與瓷器。這麼一圈貿易做下來，阿拉伯人的腰包就鼓了起來。而和阿拉伯人做貿易的歐洲人、亞洲人甚至非洲人，都非常眼紅這筆巨額利潤，琢磨著如何能夠一腳踢開阿拉伯人，直接和遠方的商人做生意，賺大錢。

鄭和是航海界的業內人士，對阿拉伯人的貿易自然是有所瞭解的，他的目標直指非洲的黃金和象牙，這估計也是朱棣的心思。於是，鄭和第一次下西洋，掃清了從南海到印度洋的一些阻撓勢力，最遠抵達印度西海岸的古里；第二次下西洋，鞏固了與沿途東南亞、南亞各國的關係；到第三次下西洋，鄭和的船隊不僅抵達阿拉伯人所在的阿拉伯半島，直接接觸了當時世界貿易的中心地區，而且還派出一支船隊遠赴非洲東海岸，和非洲人接上頭。

這支船隊的遠航目的，應該不是鄭和心血來潮，隨便探險玩玩，而是鄭和深思熟慮後的行動。鄭和應該已經知道大量黃金的產地在非洲，也許他下西洋之前就知道，或是此前的某次下西洋時得到消息，不管怎樣，這支船隊幾乎可以肯定是為了非洲的黃金而去的。

很遺憾，東非地區曾經出產黃金，比如古埃及的黃金就來自東非的蘇丹境內。但是到了明朝的時候，東非的黃金已經開採光了。阿拉伯人獲得的黃金都來自西非的內陸地區，必須穿越撒哈拉沙漠才能獲得。

沒有駱駝隊，任何人休想把大量的黃金運送出來。鄭和要想獲得黃金，也只能透過煩瑣的方式，從阿拉伯人那裡間接獲得。雖然鄭和可以自如地與阿拉伯人交流，可是要讓他去和西非的酋長打交道，建立一條貿易路線，難度就太大了，這不是一代人、兩代人能完成的。而明朝本質上還是個農業國家，雖然出了朱棣這個另類皇帝以及鄭和這個大航海家，卻後繼無人，古代中國沒有動力，也沒有能力與如此遙遠的地區建立貿易關係。

尋找黃金的行動就這樣以失敗告終了。要想找錢，得另謀出路了。

結局令人唏噓

永樂皇帝在位期間（一四〇二—一四二四年），一共建造了大約一千八百艘海船，其中有一千七百多艘都是在前六年完成的。據估計，造一艘大海船要消耗一千石（六、七十噸）的米。用米作為成本計量單位，在古代中國是很方便的，我們千萬不要忘記大明王朝的前期是非常缺錢的，用錢來計量成本有時候並不準確。當時每年全國的糧食收入有三千萬石的米，如果按照六年製造一千七百艘海船計算，平均每年耗費二十八萬多石的米，不到全國糧食收入的一%，還是可以承受的。

但是永樂皇帝執政中後期，對蒙古多次用兵，國家財政拿不出錢支援航海事業，只能勉力維持下西洋的船隊規模。自明朝把都城從南京遷到北京後，政治中心北移，距離便於遠洋貿易的南方越來越遠，雖然鄭和有皇帝的信任與支持，但在朝中卻是四面楚歌。特別是鄭和從西洋採購了大量的蘇木和胡椒，被缺錢的永樂皇帝用來折抵官員的一部分俸祿發給群臣，群臣拿到的這些東南亞特產的市場價值，比起折抵的薪俸銀兩少很多，於是朝野上下對鄭和下西洋一肚子怨氣。

一四二二年，鄭和第六次下西洋返回兩年後，永樂皇帝駕崩，新皇帝登基，鄭和的皇家艦隊出海項目立刻被裁掉，鄭和空有雄偉的抱負，也只能賦閒在家了。而大明王朝的海上外交關係和貿易網，全靠鄭和一手打造，鄭和及其船隊不出現在海洋上，西洋各個小國就沒有了「搭便車」朝貢的機會，紛紛和明朝中斷了聯繫。

眼看著航海事業就此終結，沒想到歷史峰迴路轉了一把。一四三〇年，皇帝已經換成了朱棣的孫子。這位明宣宗即位不久，就平定了漢王朱高煦的叛亂，感覺很有必要讓海外知道一下，天朝現在的皇帝是誰，於是找到鄭和，讓他重新集結海上力量，再下一回西洋。

第七次下西洋對於大明王朝並沒有什麼實際意義，鄭和的船隊只是沿著當年的路線又巡遊一番，和各個國家的老友閒聊敘舊而已。但對於鄭和來說，第七次下西洋卻具有非凡的意義。一四三三年返航途中，鄭和在印度的古里病逝，他的遺體也被埋葬在古里。我們不知道鄭和在彌留之際有何想法，但作為一名偉大的航海家，沒有清閒地老死家中，而是死於自己摯愛的航海途中，這應該是上天賜予他的一種榮耀吧！

鄭和走了，大明王朝試圖打造的遠洋貿易網也就此終結，再無雄心揚帆遠航。但是，大明王朝缺錢的問題，在鄭和去世的時候依然沒有得到解決。

黃金、白銀，你們什麼時候能光臨天朝呢？別急，歷史真是讓人感到匪夷所思，沒過多久，缺錢的問題居然輕鬆解決了。如何解決的？下一章將揭曉答案。

一四三三年，即鄭和客死他鄉的同一年，葡萄牙國王約翰一世（João I）也去世了。這位國王在位期間，建立了向海洋進軍的國家政策，而且親自上陣，帶兵攻下非洲西北角的重要港口休達，並開辦航海學校，支持航海事業。大西洋上的馬德拉群島和亞速群島，相繼被葡萄牙航海者發現。這位國王死後，他的兒子繼承了其航海事業，葡萄牙正在步入海權時代。對比大明王朝，朱棣與鄭和死後，航海事業基本上也終止了，後繼無人，這多少令後人唏噓不已。

一五二四年，繞過好望角抵達印度的葡萄牙航海家瓦斯科・達伽馬（Vasco da Gama）在印度柯欽（Cochin，今名為科契〔Kochi〕）病逝，此地離鄭和病逝的古里不遠，東方和西方的航海家以如此另類的方式在異鄉相逢了。沉舟側畔千帆過，當世界進入千帆競渡的大航海時代時，鄭和及其船隊已經逐漸被人淡忘了。

〔第14章〕

白銀讓明朝不明不白地死去

青花瓷是令古玩收藏家們「趨之若鶩」的珍品，如果有一船的青花瓷出現在大眾面前，恐怕所有人都會為之瘋狂。二〇〇七年，在廣東汕頭南澳地區，發現了後來被命名為「南澳一號」的明代沉船，上面裝載了大量的青花瓷盤、碗、缽、杯及釉陶罐。二〇一〇年，水下考古挖掘工作啟動，很快就打撈上來數以千計的物品，其中有許多品質上乘的瓷器。

但令人最意外的，並不是沉船上的青花瓷，而是發現了銅炮、銅銃等武器，以及銅錢和銅板等錢幣。遠洋船隻上配備武器，這並不奇怪，海外華商也好，鄭氏家族也罷，為了維護自己的貿易安全，必然會加強防務。但那些銅錢、銅板是做什麼用的呢？

一枚銅錢引發的走私大案

這不是一艘普通的商船，而是一艘明朝的走私船，那些銅錢是私自出口國外的錢幣！走私銅錢？聽說過走私金銀珠寶、珍禽異獸，這艘船怎麼會走私不起眼的銅錢呢？從經濟學的角度來看，銅錢走私出口，一方面是因為明朝政府禁止銅錢出口，才會有人走私犯禁；另一方面是因為銅錢在海外各國的購買力要高於明朝，否則走私出去也會無利可圖。

那麼，明朝為何要禁止銅錢出口呢？

其實說到「禁銅令」，從宋朝就已經開始了，當時規定禁止把銅料運送到國外。這主要是因為中國鑄造錢幣的需要。中國古代黃金、白銀奇缺，又少有金銀礦，所以用於鑄造貨幣的金屬主要是銅，有時候甚至拿容易鏽蝕的鐵來充數。

隨著經濟的發展，社會需要更多的貨幣參與流通，否則就會造成經濟學裡所說的通貨緊縮，交易受到限制，經濟規模就難以擴大。所以，中國古代各朝都非常重視銅錢的鑄造，並不時向市場上投放新鑄造的銅錢，以滿足經濟發展的需要。鑄造銅錢就需要銅料，與宋朝以來繁榮的經濟相比，中國境內的銅礦顯然不算充裕，於是各朝各代都很珍視銅料，按照現代的話來說，銅料關係到古代中國的金融穩定。所以，從宋朝開始一直到明清，各朝政府多次頒布禁銅令，為的就是鑄幣需求。

然而，這就出現了一個問題：既然古代中國很需要銅料，此需求可以帶來高額利益，走私船隊應該從海外各國採購銅料運輸到中國，滿足這種需求，以此牟利，才符合經濟規律。怎麼走私船隊反而向海外走私銅料和銅錢呢？

答案是：海外各國更需要中國的銅料和銅錢！

大航海家鄭和手下的翻譯寫過一本《瀛涯勝覽》，裡面談道：「爪哇國通用中國歷代銅錢，舊港國亦使用中國銅錢，錫蘭國尤喜中國銅錢，每將珠寶換易。」其中爪哇國、舊港國位於現今的東南亞，錫蘭國就是現今南亞的斯里蘭卡，即鄭和船隊與錫蘭國之間爆發錫蘭山之役的島嶼。這段記載說明，當時中國的銅錢在海外許多國家大量流通。

在當時的東南亞和南亞地區有許多大大小小的國家，它們在展開國內和國際貿易的時候，迫切需要一種具有信用的貨幣，以便能夠順利與別國做貿易。假如自己鑄幣，需要掌控銅礦，或者至少有穩定的銅料來源；同時還需要有足夠好的鑄造技術。這些技術對於許多小國家來說，要求太高了。此外，鑄幣時還不能以劣質材料冒充好材料，破壞貨幣的信用。

打鐵錘要硬，煉鋼火要猛；沒有金剛鑽，別攬瓷器活。這些小國自己沒能力鑄幣，那麼如何解決貨幣問題呢？當然是「拿來主義」了，從信用好的國家直接進口貨幣！

來自大明王朝的銅錢滿足了這些海外諸國的貨幣需求。明朝鑄造的銅錢品質上乘，而且明朝長期強盛，貨幣的信用有保障，對於海外的一些小國家來說，自己鑄幣還不如直接從明朝輸入銅錢，作為本國流通貨幣來得容易。而對於一些大的國家，比如當時東亞的日本和東南亞的越南，它們一方面輸入了許多明朝銅錢，另一方面本國技術和銅料也有保障，所以曾經大批仿鑄明朝的銅錢，和明朝的銅錢一道在市面上流通，供本國商貿人士使用。

國外考古也證實了當時明朝銅錢作為世界貨幣的地位。比如，日本考古學家曾經對日本四十八處挖掘出銅錢的遺址進行分析，被發現的五十五萬枚銅錢，幾乎都來自中國。環中國南海和環印度洋周邊的一些國家和地區，比如泰國、馬來西亞、斯里蘭卡、印度，到阿曼、伊朗、肯亞、坦尚尼亞，都曾經出土過明朝的永樂通寶銅錢。

明朝前期，國內貨幣量遠遠跟不上經濟發展的腳步，需要獲得大量的銅錢乃至黃金、白銀，但海外諸國對明朝銅錢的需求更加迫切，這從銅錢與白銀的比價上就可以看出來。比如明朝中期，在中國境內，一兩白銀可換七百至八百文銅錢，而當時日本一兩白銀只能換約二百五十文銅錢，銅錢的購買力顯然比明朝強。數倍的利潤足以驅使一些人走私銅錢和銅料，到國外把銅錢留下，採購一批貨物回到明朝賣掉，換成銅錢再出海。甚至更簡單一些，拿著銅錢到國外去，兌換成白銀，然後拿著白銀回國，兌換回更多的銅錢，再帶著這批銅錢出國……

這種手法與現今世界上的炒匯非常類似。比如，當投機家發現人民幣相對於美元被低估的時候，他們就會把手中的美元大量兌換成人民幣，等到人民幣升值，回歸它應該具有的價值時，然後再換回美元，手中的美元就增加了。

明朝猖獗的走私炒匯活動會有什麼後果呢？明朝境內的銅錢大量減少，大量小額交易難以進行，而明朝自耕農的經濟活動基本上都是小額交易，他們要用生產的糧食換銅錢，然後再用銅錢換其他生活用品。物以稀為貴，作為貨幣的銅錢少了，銅錢相對於其他商品包括糧食的價值就提高了，所以自耕農用相同數量的糧食換來的銅錢就變少了。這就叫作通貨緊縮。

對於經常處於溫飽邊緣的自耕農來說，收入減少就意味著家庭要陷入困境。這是自耕農不能承受的，也是大明王朝的統治者不願看到，更不能容忍的。

銅錢缺，白銀也缺。中國的鄰國中，日本出產白銀，明朝的瓷器等許多商品還深受當時日本人的喜愛。如果明朝能夠和日本互利互惠，拿瓷器換白銀，還是可以解決錢荒問題的。可惜明朝時期，中日關係非常糟糕，前有日本武士組成的海盜武裝襲擾中國海岸，引發了明朝的抗倭戰爭；後有抗日援朝，明朝出兵幫助朝鮮抵擋日本豐臣秀吉的入侵軍。區區一點走私流入明朝的白銀，根本就是杯水車薪，解決不了問題。

美洲白銀砸中大明的頭

就在明朝為了錢而焦頭爛額的時候，海岸線突然出現了一些金髮碧眼的洋人，他們的手裡居然拿著白花花的銀子！這真是大明王朝的福音啊！

這幫洋人是葡萄牙人和西班牙人，他們手中的白銀也不是自己的國土上出產的。那麼，他們從哪裡拿到了令大明王朝垂涎的白銀呢？

新大陸！自從一四九二年哥倫布發現美洲大陸起，西班牙人和葡萄牙人逐漸征服了美洲的印第安人，並開始掠奪那裡的財富，他們的首要目標是金子。

這裡我們要交代一下，當時在歐洲通行的貨幣，與大明王朝境內的貨幣略有不同。歐洲的大額交易使用金幣，而小額交易使用銀幣，這是因為許多歐洲國家都依託漫長的海岸線展開國際大宗貿易活動，所以歐洲對黃金的需求很大，對白銀的需求則沒有那麼迫切；在當時的歐洲，自耕農在人口中所占的比例，不如大明王朝自耕農的比例大，因此用白銀做交易的活動也少了許多。

哥倫布如此執著地向西航行，正是希望能找到歐洲人嚮往的一塊黃金產地，只是他發現的一些中美洲島嶼上並不出產黃金，因此，哥倫布受到了資助其航行的西班牙王室的冷落，鬱鬱而終。不過，當西班牙人、葡萄牙人深入美洲大陸後，終於發現並控制了大量的金礦。這兩個國家立刻富甲歐洲，甚至連當時歐洲的羅馬教廷都受到兩國的操控。

好事還在後面。當西班牙人和葡萄牙人航行到東亞時，他們驚訝地發現，東方的大明王朝對白銀有著巨大的需求，而那裡出產的精美陶瓷、絲綢，都是歐洲人的最愛。這下子，美洲的銀礦也派上用場，一條跨越幾個大洋的國際貿易航線出現了，那就是歐洲人從美洲開採並冶煉出白銀，然後帶著白銀跨越大西洋、印度洋和太平洋，到東亞購買大明王朝的陶瓷和絲綢。

大明王朝境內莫名其妙地湧現大量的白銀，真是久旱逢甘霖。在美洲白銀的刺激下，明朝的經濟迅速繁榮起來，尤其是陶瓷製造業和絲綢紡織業，因為這兩個行業不僅滿足了本國人的需要，還大量出口海外，直接換回白花花的銀子。

明朝中後期，中國南方湧現許多繁榮的大城市，比如現今的南京、蘇州、松江、寧波、漳州、廣州等，在白銀的強烈刺激下，當地的手工業者賺了大錢，然後又改進技術、提高專業水準、擴大生產規模，生產更優質的陶瓷和絲綢以供出口，換回更多的白銀。

不期而至的繁榮讓北京城裡的皇帝龍顏大悅，也讓明朝的稅務人員鬆了一口氣。永樂年間，由於北方連年主動禦敵，南方鄭和連下西洋，財政壓力很大，基本上民間能繳什麼，官府就收什麼，銅錢、白銀和糧食一概全收。不過，當時鬧錢荒，所以能收上來的往往就是糧食。糧食雖然是天字第一號戰略物資，但畢竟儲存、調運十分不便，損耗也多，因此明朝當時的財政往往捉襟見肘。

等到美洲白銀滾滾而來，大明王朝的財政終於有了振作的機遇。

明萬曆九年（一五八一年），在首輔張居正的主持下，施行新政「一條鞭法」，把各州縣的田賦、徭役以及其他雜徵總為一條，合併徵收銀兩，按畝折算繳納。即民眾每年只繳一次稅，而且只上繳貨幣就可以了，貨幣當然主要是白銀。

新的稅收政策手續簡單，而且也很經濟，當然前提是，老百姓手中得有白銀上繳，或者有能兌換足夠白銀的物品。美洲白銀進入明朝的市場，白銀增多了，就變得不值錢，因此，同樣一兩白銀能兌換的其他商品就減少了，這其實是一種溫和的通貨膨脹。對於大量生產糧食的自耕農來說，他們的糧食能兌換的白銀增加了，這是一個好消息。

明朝後期，政府體系的運轉已經離不開美洲白銀的大量輸入了。流入中國市場的白銀透過官府的稅收，轉化為財政收入，官府再透過財政支出，以及皇室和百官的消費，把白銀又送回市場上，拉動了國內的生產力和商業發展。外國經濟學家曾經描述說，一四〇〇年至一八〇〇年「全球市場的輪子是用白銀的世界性流動來潤滑的」。其實對於明朝後期來說，美洲白銀是明朝政權運轉的潤滑劑，甚至還是它經濟體系中不可缺少的血液。

看白銀潮來，看白銀潮去

大明王朝從皇帝到官員，從商人到農民，都過了一段幸福的日子。只可惜，幸福的時光總是那麼短暫。

一五七〇年，金髮碧眼的西班牙人攻入了呂宋島，也就是現今的菲律賓境內。菲律賓逐漸淪為西班牙人的殖民地。最開始，西班牙與大明王朝的關係還不錯，因為他們有共同的敵人，也就是盤踞在呂宋島上的福建海盜。福建巡撫曾經聯手西班牙人，共同圍剿了那批海盜，大明王朝的回報是允許西班牙人與明朝人做生意，當然，西班牙人手裡白花花的銀子，本來就是明朝所需要的。

一五七一年，西班牙商船在東南亞海域營救了一艘中國遇險商船，獲救的明朝商人在回到福建漳州後，把西班牙迫切希望展開亞洲貿易的願望傳播開來，激起了明朝沿海民眾的發財夢想。從一五七二年開始，運載香料、絲綢、瓷器以及水果等貨物的中國商船，便逐漸前往馬尼拉，西班牙方面也積極反應。一五七三年春，兩艘西班牙大帆船滿載著來自美洲的白銀，以便用於購買中國絲綢、瓷器及東南亞香料，在菲律賓馬尼拉港靠岸，這一事件標誌著東方的明朝與歐洲的西班牙的貿易路線連接起來，古老的中國正式加入了大航海時代的貿易網中。當年年底，兩艘大帆船裝滿了中國商品，包括七百一十二件絲綢品、二萬二千三十件瓷器，順利返回墨西哥的阿卡普爾科（Acapulco）。短短幾年之內，橫跨半個地球的「中國漳州—呂宋島馬尼拉—阿卡普爾科」帆船貿易路線完全確立了。

一五七〇年代，每年駛往馬尼拉的中國商船約有十幾艘，到了一五八〇年代，每年約有二十艘，一五九〇年代增加到每年三十艘，在十七世紀初更是達到了每年四、五十艘，最多達六十艘。中國商人把能夠想到的商品都運到馬尼拉，包括生絲、棉布、麻織品、瓷器、鐵、銅、錫、鉛、糖、麵粉，東南亞其他島嶼出產的胡椒、肉桂、丁香，甚至牛、馬、騾、驢、雞、鴨、鵝，也都跨海運了過去。這些商品除了供當地人消費外，西班牙人還把大量的中國絲綢、陶瓷裝上大帆船，橫跨太平洋，運送到美洲的墨西哥出售。穿梭在太平洋上的西班牙大帆船噸位超過了七百噸。到了十八世紀中期，墨西哥進口商品總值中的六十%以上，都來自中國的絲綢與瓷器。

這就是當時世界貿易中赫赫有名的「大帆船貿易」。經由這條海路，中國人獲得美洲白銀，而西班牙殖民者獲得中國商品，各取所需。

沒想到，此後兩國的外交關係急轉直下。西班牙人曾派了一批傳教士到達福州，提出通商和傳教的要求。對於明朝的地方官來說，通商睜一隻眼、閉一隻眼還勉強可以，傳教？那是什麼？

天朝上國毫不客氣地拒絕了「佛郎機」的古怪要求。「佛郎機」這個稱呼原本是阿拉伯人對歐洲基督徒的叫法（註：從「法蘭克人」的原文Frank音譯而來），後來葡萄牙人抵達東方後，古代中國人也照方抓藥，以此稱呼葡萄牙人。後來西班牙人也來了，中國人根本分不清葡萄牙和西班牙到底有什麼區別，往往都用「佛郎機」這個名字指稱他們，其實西班牙人和葡萄牙人為了搶奪貿易權經常大打出手，根本就不是一路的。

兩國關係開始出現裂痕。由於大量的中國商人前往呂宋島做生意，人數遠遠超過了西班牙殖民者，這進一步引發了西班牙人的擔憂。

一六〇三年，呂宋島上突然出現了三名明朝官員，按照官方說法，他們是來尋找被中國海盜藏匿的財寶充公的，順便也勘探一下呂宋島上是否有傳說中的金山和銀山。在明朝皇帝看來，這是很正常的調查活動，但是在西班牙殖民者看來，卻是危險來臨的信號。

「這三個人莫非是聯絡當地華人裡應外合的先遣隊，隨後明朝大軍就會殺過來？」

那一年的十月初，西班牙殖民者決定先下手為強，在當地人和一批日本雇傭軍的支援下，對當地華人展開大屠殺。這次事件嚴重影響了大帆船貿易，對於明朝來說，意味著白銀的輸入減少了。

此後，雖然貿易又有所恢復，但一六三九年，旅居馬尼拉的中國商人為了反抗重稅而與西班牙殖民者再起衝突，結果再次遭到大屠殺。就在同一時期，從阿卡普爾科駛來的大帆船竟然連續三年都遭遇了海難，真是屋漏偏逢連夜雨。

白銀輸入一度中斷了。

百萬兩銀子逼死崇禎帝

錢荒再次降臨到大明王朝的頭上，比起明初的錢荒，這一次更加致命。一方面是因為當時明朝正在與東北崛起的後金殊死搏殺，急需大量的軍費；另一方面是稅收依然沿襲了萬曆年間施行的「一條鞭法」，讓民眾用貨幣納稅。可是原本白銀滾滾而來的溫和通貨膨脹局面已經改變了，現在是白銀輸入大幅減少，明朝出現嚴重通貨緊縮的局面，再施行「一條鞭法」就釀成了大禍。

前面已經談到，明朝的自耕農生產的是糧食，他們往往把糧食兌換為銅錢，用銅錢來納稅，官府則把銅錢折算為相應數目的白銀。在呂宋島的白銀供應銳減後，明朝境內的銅錢對白銀的比率也劇烈波動起來。一六三〇年，一貫銅錢可以兌換〇．五七兩白銀，到了一六四〇年，一貫銅錢就只能換〇．二八兩白銀。

而且，銅銀比率在全國各地也不一樣。在白銀直接輸入的沿海地區，白銀量大，一兩白銀兌換的銅錢數量相對較少。但是，對於大明王朝的西北地方，白銀要流通到那裡，得跋涉千山萬水，那裡的一兩白銀能兌換的銅錢相對較多。當白銀輸入銳減後，全國普遍缺少白銀，而西北地方尤其嚴重，農民手中相同量的糧食兌換銅錢後，再折合出的白銀量下降很快，而官府還是按照過去的納稅額來催繳稅費，甚至還因戰事需要而提高民眾的納稅額，民眾立刻苦不堪言。

一個叫李自成的米脂當地農民點燃了西北火藥桶，農民起義的熊熊大火燒毀了大明王朝這間在風雨中飄搖的房子。看看李自成鬧革命前後的一些遭遇，我們就能更清楚地理解，白銀銳減帶來多麼嚴重的後果。

李自成早年是驛站的一名驛卒，一六二八年，崇禎皇帝為了削減政府開支，裁減了全國三分之一的驛站，很不幸，李自成在這次減員增效行動中下崗了，這可算是朝廷缺銀子惹的禍。李自成是個有為青年，不能就這麼閒待著，於是離家從軍，很快就嶄露頭角當上了把總（註：末級武官的職稱）。沒想到，軍隊裡居然也會欠餉，他和許多士兵長期領不到生活費，還是缺銀子所造成的。為了生計，李自成率眾殺了軍官，發動兵變，並投靠另一支農民軍。

當時明朝尚有餘力對付這些農民軍，在多次圍剿之下，李自成的武裝幾經沉浮，數次瀕臨絕境。但民間大量的自耕農已經破產了，他們不僅沒有銅錢和白銀繳給官府，甚至有些地區發生災害，民眾生存都成了問題。這些破產的農民成了李自成無限的兵源和強大的後盾，李自成的殘部逃入河南後，竟然東山再起，在短時間內集結了百萬部卒。後面的局勢就眾所周知了，自稱闖王的李自成一路闖關，最後攻進北京城，崇禎皇帝在煤山自縊而亡，大明王朝就這樣結束了。

明朝亡了，關於白銀的事卻還是不明不白的。一些當時的人記載說，李自成從崇禎皇帝的小金庫也就是內庫中搜出了三千七百多萬兩白銀，另有說法是這麼多的白銀單位不是兩，而是錠，每錠五十兩。關於這筆白銀最大數目的說法是每錠五百兩，這簡直是一筆天文數字！這些記載成為後人批評崇禎皇帝的證據，說他整天向大臣們哭窮，讓大臣們搜刮民脂民膏，而自己卻積攢了大量的財富一毛不拔。甚至在李自成就要打到北京，崇禎準備調山海關的吳三桂部隊救駕，需要一百萬兩軍費時，也不肯自掏腰包，而是希望大臣們集資，結果沒有籌集到軍費，致使北京城防空虛。果真如此的話，崇禎的確死不足惜，不值得同情。

但這些野史的記述並不足為信，基本上都是道聽塗說，有些是根據李自成撤離北京時運送的大批金銀的數量來推斷的。實際上，這些金銀是李自成縱容部下從明朝官員家中搜刮來的，並非崇禎的私房錢。而且崇禎並不是傻瓜，他固然犯下了殺死明末棟梁袁崇煥的錯事，但那也算事出有因。

在兵臨城下的關頭，只要手頭還有銀子，任何一個有基本常識的人做皇帝，都會拿出來犒勞三軍，鼓舞士氣以禦敵。崇禎也不會例外，他是真的沒錢了。在明朝壽終正寢的那一年，拖欠的軍餉累積起來，已經高達幾百萬兩銀子，而當時能從南方運來的稅款，只有區區幾萬兩。崇禎執政期間勵精圖治，連生病了都不敢隨便休假。可惜，他管得了大明王朝境內的事情，卻管不了世界經濟局勢。美洲白銀無法輸入明朝，他也沒有辦法，只能望洋興嘆，坐看東南經濟發達地區因通貨緊縮和產品滯銷而衰落，西北地方因繳不起稅款而暴動，而東北地區後金鐵騎秣馬厲兵、頻頻叩關。

崇禎臨死前，痛心疾首地說自己是個好皇帝，但手下的大臣卻不是好大臣。其實，他還應該怪罪西班牙人，怪罪白銀。

〖第15章〗

大海有多寬廣，鄭氏海商就有多犀利

隨著大明皇帝一聲令下，三寶太監的船隊永遠從煙波浩渺的印度洋裡消失了。對於明朝來說，此舉應該算是悲劇還是喜劇呢？

木頭要了寶船的命

「屁股決定腦袋」這句俗語，在某種程度上可以和政治學上那句「經濟基礎決定上層建築」相提並論。如果我們一屁股坐在大明王朝的寶座上，廢止下西洋的決策，顯然是一個巨大的悲劇。

那時，世界正在進入大航海時代，歐洲列強以西班牙、葡萄牙為先鋒，荷蘭做接應，英國和法國做中軍，德國、俄國殿後，紛紛撐起桅杆，在占地球表面積七十一％的海洋上縱橫捭闔，四處占地殖民。而擁有著當時世界上最大規模艦隊、最先進遠洋航行技術的大明王朝，卻在這個歷史的節骨眼上突然自斷經脈，片甲不許出海，把遼闊的大海留給金髮碧眼的歐洲人。幾百年後，在海洋中做大的歐洲人把堅船利炮擺在東亞的海灘外時，古老的王朝終於為自己對海洋的忽視而受到懲罰。

坐在吹著冷氣的房間，喝著歐洲人的咖啡，我們轉動地球儀，可以隨意地指責大明王朝的愚蠢，明朝禁海令讓中國在幾百年間陷入了被動挨打的窘境，其罪真是罄竹難書！可是即使沒有了禁海令，鄭和寶船就真的能繼續縱橫四海，中國就會先於西歐各國在貿易上稱雄海洋嗎？

我們也許太想當然了。要了鄭和寶船性命的，除了明朝皇帝外，還有當時造船的主要材料：木材。

小孩子都知道，船是靠水的浮力停泊在水面的；小孩子還會告訴我們，古希臘曾有一個叫阿基米德的大叔，他知道浮力等於物體排開液體的重力。因此，從理論上講，造船的材料不一定非要用木材，用鐵皮也可以，只要有足夠的排水量就行了。但回到明朝的鄭和時代，當時中國的造船技術固然發達，卻也沒有踏入工業革命和科學革命的門檻，還不會用鐵板、鐵皮來取代木材造船。西方那時自然也沒這本事。

情況很明朗了，明朝人造船，就必須砍伐樹木。建造的船隻體積越大，就越需要參天古樹的樹幹。糟糕的是，明朝後期，建造船隻所用的木材已經開始短缺了。因為在古代，木材除了造船之外，更大的用途是建築房屋、燒火取暖。

從事海上對外貿易的城市若要建造大船，首先會就近砍伐樹木，於是海邊的優良樹種先被伐光。後來，人們又開始沿河砍樹，這樣可以順流而下，把好木材經由水路運送到海邊的造船廠。再後來，河邊的木材也被砍光了，要尋找好的木材，只能去遠離水系的深山老林。

如此一來，造船廠獲得木材的成本就大大增加了，這個成本包括尋找木材的時間成本，也包括木材的運輸成本，還包括好木材因短缺而節節攀升的價格成本。經濟學的基本規律教導我們，只有收益大於成本的時候，我們才可以考慮去做。如果成本大於收益，本著「無利不起早」的原則，人們寧可躺在家裡睡大覺。就在木材成本不斷上升的時候，明朝官方投資鄭和寶船所獲得的收益卻沒有增加。

大船適合遠洋航行，中小船隻適合近海航行。鄭和寶船是當時海洋上的巨無霸，本可以用於遠洋貿易，賺取暴利。如果明朝真的把鄭和寶船開到歐洲去，這一票買賣可就做大了。由於阿拉伯人在西亞興起，切斷了東南亞對歐洲的香料出口，而香料可是歐洲人加工食物的重要調味料，所以他們才拚了命地派艦隊去東方尋找印度。以鄭和寶船幾千噸的排水量，運一批胡椒、肉桂和丁香到歐洲……那會賺得一塌糊塗。

可惜明朝官員不是現代人，沒有這麼敏銳的商業嗅覺。他們沒能發現歐洲市場對香料等產品的狂熱需求，所以寶船最終並沒有用來做大規模的遠洋貿易，更多的是用來彰顯國威，讓四周小國承認中國是天朝上國，然後小國定期或不定期地拿一些珍禽異寶朝貢。所以，寶船對於貿易並無實質的貢獻，不僅沒有增加國家的財富，反而消耗了大量財富。

成本既然大於收益，那麼從長遠來看，鄭和下西洋就不是個好的商業模式。雖然明朝永樂皇帝出於各種考慮，支持鄭和的航海活動，但長此以往，國庫難免捉襟見肘，停止下西洋的活動只是時間早晚的問題罷了。

後鄭和時代的「海商王」

既然我們能穿越回明朝，接下來不妨再穿越空間，換個座位，坐在東南亞海外華商的椅子上。鄭和下西洋，其實給那些海外華商的貿易網絡造成了極大的破壞。所以明朝停止了下西洋的活動，對海外華商來說，真是天降喜訊啊！

按照一般人的想法，在鄭和時代之後，中國的船隻徹底退出了東亞諸海和印度洋，給歐洲人展開跨洋貿易留下巨大的市場空間。其實，如果我們穿越回鄭和時代之後的東海、南海，觀察海面之上來來往往的船隻，就會發現，大部分船隻的主人依然是華人，華人是當時亞洲東部海域當之無愧的「海商王」。

確切地說，那些船隻並不是明朝官方的寶船，而是海外華商大大小小的貿易船隻。現在問題來了，明朝官方由於木材短缺，不得不放棄了航海事業，這些非官方的海外華商從哪裡弄到了造船的木材，並且開工造船的呢？

這些海外華商畢竟出過國，見過世面，不會眼睛只盯著天朝的一畝三分地。在當時東南亞的許多島嶼、半島上，還生長著茂盛的森林，許多樹木可以用來建造船隻。於是，這些海外華商就把造船的任務委託給東南亞地區的造船廠，船隻建造好後，再開到中國沿海，供自己跨國貿易之用。利用造船外包的方式，華商成功解決了鄭和時代明朝的造船難題。

為什麼大明王朝沒有借鑑海外華商的造船模式，發展自己的官方船隊呢？

一個是面子問題，另一個是商業模式問題。天朝乃上國，怎麼能屈尊為了幾塊木料向周圍的那些蕞爾小國開口，做平等互利的生意呢？談錢，太傷感情和面子了！最有喜感的場面應該是，天朝聖上還沒開口，海外各國已經把木料運到京城，作為祝賀聖上第二十一個妃子生日的禮物。然後聖上龍顏大悅，再順手賞給這些進貢國一批上等絲綢和茶葉。

這就是明朝試圖建立的一種「商業」模式：朝貢制度。周邊小國承認天朝的宗主國地位，定期不定期地向大明皇帝進貢，然後從大明皇帝那裡獲得遠遠超過進貢物品價值的賞賜品。做這樣的虧本買賣，明朝並不是為了獲得商業利益，而是為了獲得周邊小國的臣服，至少是表面上的臣服。

反觀周邊小國，放著這種一本萬利的買賣不做，就是傻瓜！進貢就進貢吧，面子是小事，發財是大事。但是怎麼做，還是得盤算一下。明朝缺好木材，但這些小國卻不會拿大量的木材當貢品，萬一明朝用這些木材再建立一支航海艦隊，耀武揚威，這些小國就麻煩了。所以我們看這些國家的貢品中，有象牙、香料、犀角、玉石、珍貴皮毛，甚至還有美女！許多貢品對於天朝宮廷來說，都屬於難得的高級奢侈品。但是關係到海上貿易和海軍前途的優良造船木材，貢品的清單上卻幾乎看不到。

還是讓我們回到海外華商那裡。雖然手握木材，不過，華商們畢竟是商人，並沒有製造像鄭和寶船那樣的大船，而是建造了數量眾多的中小船隻，這其實是當時華商的精明之處。

鄭和寶船雖然運載量大，但建造成本高昂，速度緩慢，而且需要配備足夠的武裝護衛力量，否則只能是官府或海盜口中的一塊肥肉。此外，連接太平洋和印度洋之間的麻六甲海峽，是進行跨洋貿易的重要通道，但那裡的熱帶季風卻很強烈，每年會改變一次風向。季風的這個特點讓商人很頭疼，在蒸汽機動力還沒有亮相於海洋的時代，船員只能依靠風力和人力遠航，頂著風穿過麻六甲海峽做遠洋貿易，這是難以實現的。所以，如果這些海外華商一定要建造大船，做遠洋貿易，一年就只能來回穿梭麻六甲海峽一次，這對於講求經濟效益的商人來說，時間成本也太高昂了。

華商選擇了建造中小船隻，其經營之道是把中國的絲綢、陶瓷運往麻六甲地區的中轉站，在那裡賣掉貨物，然後購買中國所需的印度棉、靛藍染料，裝船返航，運回中國販賣。這樣做的好處是資金流轉很快，每年可以往返中國和麻六甲地區數次，不必等很長的時間才得到收益。商人要追求的是最大的利潤，中小船隻就可以滿足他們的需要，當然沒必要建造巨大的鄭和寶船。至於那些賣掉的絲綢和陶瓷如何輾轉運送到歐洲這個消費地，那是南亞商人和歐洲商人的事情了。

鄭氏家族趕跑蔗糖救臺灣

明朝的禁海令斷絕了官方遠洋貿易之路，但民間的海外貿易仍然在蓬勃發展，因為海外華商站在市場經濟而不是天朝威儀的角度做貿易，他們的經營方式更符合經濟規律，即使屢屢遭到大明王朝的打擊，他們仍然能把數量大到超出人們想像的商品走私出去。

沒有正規途徑，那就走私吧。海外對中國的瓷器、絲綢有強烈的需求，而國內又能大量供給這些商品，明朝想憑藉國家力量蠻橫地禁止人們做跨海生意，只會讓需求更加強烈，走私生意的利潤率更高，於是走私就成為十分有利可圖的行當。這些海外華商一方面依靠走私賺取利潤，另一方面用錢買通明朝海防大員們，讓他們對自己的走私睜一隻眼，閉一隻眼。

前面在介紹朱元璋的事蹟時已經說過，明朝嚴厲打擊貪贓枉法的官員，不惜用剝皮的酷刑恐嚇他們。看看明朝官員們的工資單，都是廉潔清貧的高風亮節者，但其實許多人的日子過得很優渥，其中貪汙受賄是跑不了的。那些海外華商想搞定海防大員，並不困難。

在明朝海域的走私船隊中，我們要介紹一支最有實力的隊伍，他們既當江洋大盜，也做走私貿易，還裝模作樣地接受招安，幫官府剿滅其他海盜，這支隊伍的帶頭大哥都姓鄭，不過他們並不是鄭和的後人，而是明朝末年叱吒風雲的英雄鄭成功的家族成員。

鄭成功的父親鄭芝龍是明朝末年最具實力的海盜之王，後來主動接受明朝招安，搖身一變，當了個福建總兵，從此壟斷了北至江蘇吳淞口，南到廣東的海上貿易。

有了官府做後盾，鄭芝龍大規模組織船隊做遠洋貿易，從中國的綢緞、瓷器、藥品，到南洋等地的紅木、胡椒、犀角、象牙，無所不做。東亞的日本人、東南亞的馬來人，以及從遙遠的西方跑過來的葡萄牙人、荷蘭人、西班牙人、英國人，都是他的生意夥伴。當時正值明朝末年，軍隊各部軍餉短缺，只有福建地區兵強餉足，這都是鄭芝龍的功勞。

鄭氏家族依靠海外貿易的豐厚利潤，來支撐軍費支出，再用強大的海上武裝力量，牢牢控制中國沿海乃至東南亞海域的貿易霸權，自中華文明開始以來，這種經營模式算是第一次出現。

中國封建社會的各個王朝，基本上都是透過向農民徵稅的方式獲得收入，維持軍事開支，保護自己的領土，本質上走的是土地—農業經濟路線。而鄭氏家族走的卻是海洋—商業經濟路線，當時世界正跨入大航海時代，鄭氏家族的經營方式與歐洲列強是完全相同的，也更加符合當時的經濟潮流。

一六四四年清軍入關，明朝滅亡，鄭氏家族的黃金歲月也戛然而止了。鄭芝龍當慣了「紅頂海盜」，所以還想如法炮製，到大清王朝那裡去謀個差事，他的心理期望值甚至比他在大明王朝擔任的官職還要高一些。沒想到，從白山黑水發家、靠騎射打天下的大清皇帝腦子裡，根本沒有海洋的概念，也還沒有領教過鄭氏家族的囂張，竟然扣留了鄭芝龍，讓其勸降自己的兒子鄭成功投靠新主子。

這還不算，清兵還幹了一件更加糟糕的事情，在打到福建後，逼死了田川松，也就是鄭成功的母親。具體過程如何，如今已經很難考證，估計當時兵荒馬亂，清軍並沒有覺得這個女人有多麼重要。但對於出生於日本，小時候和母親一同在日本生活的鄭成功來說，這個女人無比重要。順便說一句，鄭芝龍有五個老婆，但鄭成功只有一個母親。

囚父殺母，深仇大恨的梁子已經結下了，鄭成功出任鄭氏家族的新頭領，先是鼎力支持南明小王朝的反清抗爭，並獲得了南明皇帝賜國姓「朱」，從此「國姓爺」的名號不脛而走。南明滅亡後，鄭成功又獨自扛起了反清的大旗，誓與清廷不共戴天。一六五〇年代，鄭成功利用自己在海上的艦船優勢，頻頻攻打沿海各大城市，甚至逆流而上，從長江口進入內陸地區，打擊清朝的勢力。可以說，大清王朝與海洋文明的第一次交手，並不是近兩百年後的鴉片戰爭，而是與鄭氏船隊的較量。

雖然鄭成功也曾一度占據某些城市，卻始終無法在陸地上真正擊敗清軍，道理很簡單，他的隊伍是「海軍」，在陸地上和擅長弓馬的清軍較量，還是會落下風。實力所限，他占領的農村地區太少，因此糧食始終不足。戰爭打的一個是錢，另一個就是糧，只有錢沒有糧，鄭成功打下了城池也守不住，很快就被清朝收復。

鄭成功和清朝就像鯊魚與猛虎一樣，一個在海上稱雄，另一個在陸地上稱霸，一時之間誰也拿不下誰。

多年僵持之後，鄭成功真切地意識到，自己必須要建立一個可靠的糧食基地。大陸地區基本上都被清朝拿下了，鄭成功於是把目光投向臺灣，那裡的氣候非常適宜種植稻米。於是在一六六一年，鄭成功率領自己龐大的海上艦隊進攻臺灣，他這次面對的其實是個老對手：荷蘭殖民者。

荷蘭人也的確不經打，短短幾個月，就被鄭成功打得落花流水，跑回歐洲老家。與荷蘭人一起被鄭成功趕跑的，還有一種重要的經濟作物：甘蔗。

甘蔗和臺灣有什麼關係呢？這個說來就話長了。

喜歡甜的食物，這是人類的天性。在原始時期，人類就冒著被蜇傷的危險竊取野生蜂的蜂蜜；進入文明社會後，人們開始養蜂，生產蜂蜜，以滿足對甜味的嗜好。但蜂蜜的產量始終相當低，無法滿足人們的口舌之欲，直到人們發現了一種能大量提煉糖的植物，它就是甘蔗。

從一五〇〇年前後開始，人們四處尋找適合種植甘蔗的地方，以大量生產蔗糖。甘蔗這種植物需要種植在日照足夠強烈，降雨量又大的地方，而最符合這些要求的地點是熱帶、亞熱帶的一些島嶼。

於是，一座又一座熱帶島嶼被當時的歐洲列強攻占，他們砍掉島嶼上的森林，開闢出遼闊的甘蔗園，並強迫當地人或者從非洲運來的人做苦力，種植甘蔗，提煉蔗糖。

隨著甘蔗林如雨後春筍般在海洋中一座座島嶼上湧現，人們對甜食的嗜好得到滿足，可是那些島嶼卻遭了殃。甘蔗對於保持水土毫無能力，只種植甘蔗的後果是島嶼自然環境被破壞，島嶼上的經濟嚴重依賴蔗糖這種單一產品。即使島民們趕跑了歐洲殖民者，做了主人，島嶼經濟也無法轉型，只能繼續種甘蔗。這樣的情形出現在牙買加、海地、古巴、爪哇、菲律賓等國，這些島嶼國家並沒有因為蔗糖業致富，反而紛紛位列最貧窮的國家。人們稱呼甘蔗林帶來的災難為「甘蔗林魔咒」。

原本十七世紀荷蘭殖民者占據了臺灣後，發現這裡的環境非常適合種植甘蔗，而且蔗糖在當時的歐洲和亞洲都可以賣出高價。自古就有經濟頭腦的荷蘭殖民者順理成章地把甘蔗引進臺灣，並計畫砍伐森林，建設甘蔗園。如果臺灣也踏上甘蔗種植的這條道路，那麼它的未來命運也許就和前面提到的那些熱帶島嶼一樣了。

就在這時，鄭成功來到臺灣，趕跑了荷蘭人，鄭成功對利用蔗糖發家致富不感興趣，他又不缺錢，缺的是糧食，種莊稼才是他心心念念的正經事。就這樣，荷蘭人的甘蔗園計畫由於鄭成功的到來而「流產」了。可惜鄭成功收復臺灣不久後就暴病身亡，並沒有實現自己擊敗清朝的夙願，但他卻不經意間把臺灣從「甘蔗林魔咒」的陰暗道路上拉回來，讓臺灣躲過了一劫。

正所謂「富不過三代」，鄭氏海上貿易集團在前兩屆頭領「離任」之後，繼任者缺乏魄力和能力把海洋—商業經濟路線發揚光大。而對手大清王朝不惜採取堅壁清野的遷海政策，強迫沿海居民向內陸遷居，並摧毀了沿海的房屋建築，目的就是打擊鄭氏家族的「錢袋子」——走私貿易。這一招很見成效，鄭氏家族無法獲得內陸的商品，經濟每況愈下，到後來甚至無力支付部隊的軍餉。一六八三年，清朝終於從鄭家手中接管臺灣，古代中國海上貿易文明的萌芽就這樣枯萎了。

戰爭結束，發展經濟的時期到來了。對於清朝來說，臺灣生產的蔗糖同樣甜美誘人，男女老少都喜歡，並能帶來大量的財富。那麼，清朝是否會重啟荷蘭人沒有實現的甘蔗園計畫呢？

沒有。鄭成功利用海上力量抗衡清朝，給清朝留下太深刻的教訓。因此，要治理臺灣，大清王朝首先想到的不是發展臺灣的經濟，而是考慮如何不讓那裡再次成為反清的據點。如果在臺灣大量種植甘蔗，臺灣就會在一定時期內累積起巨大的財富，臺灣經濟在整個大清王朝中的分量會舉足輕重。一旦當地人造反，清朝又將面臨另一個鄭成功的挑戰。

寧可貧窮，也不能冒著丟掉權力寶座的風險，這就是清朝治理臺灣經濟的基本原則。具體到經濟布局上，就是以種植稻米為主，限制甘蔗的種植面積。清朝最終還是允許當地少量種植甘蔗，畢竟糖的誘惑實在太大了。而且，臺灣居民不能摧毀太多的森林，因為清朝統治者的觀念是，把森林保護好，然後讓臺灣居民保持原有的生活方式，他們就不會有反叛的意圖和實力了。

就這樣，在整個清朝時期，甘蔗從未成為臺灣的主要經濟作物。

清朝末年，臺灣又被另一個侵略者——日本人占據了。日本人十分垂涎蔗糖種植業的高利潤，得到臺灣後，他們開始了新一輪的臺灣甘蔗園計畫。然而，很快的，日本國內由於人多地少，出現了稻米不足的情況，日本不得已讓臺灣延續了清朝時期的經濟布局，依舊以種植稻米為主，甘蔗次之，用生產出的糧食來補給日本國內的需要。甘蔗園計畫第三次「流產」了。

歷史上的陰差陽錯就是如此奇妙，臺灣與那些曾經種植甘蔗的熱帶島嶼迥然不同，環境優美，經濟繁榮；臺灣能有今天，鄭成功功不可沒。

雖然國姓爺鄭成功的海上政權消失了，但海外華商的勢力仍然在東南亞的大海上馳騁了很久。整個十八世紀，東南亞海洋上最強大的商船隊屬於華人。這是因為華人海商有著幾大優勢：他們繼承了海上絲綢之路開闢以來中國沿海居民的海外貿易傳統，並且對航海路線非常熟悉；明清銅錢在東南亞地區是「國際貨幣」，華人海商能夠弄到大量銅錢用於貿易，因此很受東南亞人的歡迎；華人把自己的造船技術帶到東南亞，可以建造廉價且耐用的海船。英國東印度公司的職員就曾經向倫敦總部彙報，加里曼丹島的華人造船廠只用了兩個月、四千多塊銀圓，就能建造一艘排水量五百八十噸的帆船。華人海商造船成本的優勢，以及他們在東南亞廣泛的人脈資源，曾經長期讓遠道而來的歐洲海商難以競爭。到一八二〇年前後，在東南亞海面上揚帆的華人海船接近三百艘，總運載量超過八萬噸！

然而，不久之後，歐洲工業革命一舉改變了世界造船業格局。以蒸汽機為動力的歐洲商船和戰船把海洋上的木船商隊迅速擊敗。全世界的大海上四處冒著蒸汽和黑煙，古代中國的海商時代永遠地結束了。

〔第16章〕

誰偷了康雍乾盛世的饅頭

大明朝走了，大清朝來了。白銀來了又走，走了又來。

康雍乾盛世的推進器

從十七世紀晚期到十八世紀末，中國迎來了古代最後一個盛世：康雍乾盛世，康熙、雍正、乾隆祖孫三代，不僅維護了萬里河山的穩定，還使國家出現了欣欣向榮的局面。

康雍乾盛世期間，人口增長極為迅速。康熙六十一年（一七二二年），全國人口突破了一億，恢復到宋朝時的人口高峰值；五十年後，人口總數竟然飆升到三億。我們在第一章已經談到，明末清初從美洲大陸引進的玉米、馬鈴薯、花生、辣椒，在中國得到廣泛的種植，這些高產量、耐旱的農作物大幅增加了農業種植面積，也養活更多的人口。這是出現康雍乾盛世的最重要原因。

曾經讓明朝既愛又恨的白銀，是康雍乾盛世的另一個推進器，在明末中斷的白銀輸入，於清初又重新開始了，康熙、雍正和乾隆趕上了一個世界貿易繁榮的好時代。其實清朝初年，這些靠騎馬和射箭起家的統治者，並不瞭解海洋的經濟意義，為了打擊盤踞在海洋上的鄭成功等明朝殘部，實行了海禁。不過，中國優質的絲綢、陶瓷，還是經由民間走私而暢銷海外。到了康熙二十三年（一六八四年），沿海戰事平息，海禁得以開放，朝廷准許沿海的民眾用五百石以上的船隻出洋貿易。

此時，昔日強橫的海洋霸主西班牙已經衰落，而新興的海洋強國英國還沒有累積起稱霸世界的實力，寬鬆的國際環境使得清朝的海外貿易出奇順利。比如，景德鎮出口的瓷器，不僅重新占領了明朝時期就據有的日本、東南亞市場，還遠銷美洲、非洲、大洋洲。清朝的瓷器在歐洲市場上也占據了相當大的比例，比如乾隆時期，僅荷蘭東印度公司一家每年運送到歐洲的中國瓷器就多達三百萬件。

整個十八世紀，洋人們將整船的銀圓運到廣州等東南沿海的通商口岸，購買品質上乘的綢緞、生絲、瓷器、茶葉等中國產品後，啟程返航，賺取暴利。廣州口岸各國商船連成一片，遮蔽了海面，貨物則堆積如山。

參照明朝與白銀的關係，我們就可以看出白銀對清初康雍乾盛世的貢獻。白銀的穩定流入，提供足夠的貨幣，滿足了經濟增長的需要。同時，白銀不斷地輕微貶值，自耕農手中的糧食就可以折算成更多的白銀，他們納稅的壓力就不會那麼大了。

白銀就像是潤滑劑一樣，讓大清王朝的經濟車輪平穩地滾滾向前，在外國對中國商品強烈需求的刺激下，清朝的製造業蓬勃發展。以景德鎮為例，不僅有官窯，還有大量的民窯，整個城鎮終年煙火連天，在這裡勞作的工匠數以萬計。

古老中國的能工巧匠用智慧和汗水，讓中國精美的瓷器風靡歐洲大陸，在十八世紀的歐洲掀起了狂熱的中國瓷器收藏熱。這股收藏熱的熱度有多高？問問奧古斯都二世（Augustus the Strong）就知道了。這個人是薩克森選帝侯，也就是有參選神聖羅馬帝國皇帝資格的人，而且兼任波蘭國王，地位顯赫。他極度癡迷中國的瓷器，擁有二十個房間的瓷器收藏品。根據一七二〇年的統計，他個人的收藏總量多達五萬七千件。

有一次，他得知普魯士國王腓特烈一世（Friedrich I）手中有不少高品質的中國瓷器時，竟然開出了一個驚人的價碼，用六百名全副武裝的薩克森龍騎兵，交換腓特烈一世手中的一百二十七件中國瓷器！

用騎兵換中國瓷器，連奧古斯都二世自己都覺得太瘋狂了。他曾經寫信給自己的首相，說自己陷入了「對中國瓷器的狂熱追求」中，「正毫無節制、不諳世事地購買和收藏」。

無獨有偶，當時許多歐洲顯貴都對中國瓷器趨之若鶩，其中還包括法國國王路易十四。由於飲茶和飲咖啡的風氣日益流行，歐洲的富人和中產階級更喜歡使用瓷器而不是木器，因此帶動了瓷器的大量進口。這股當年的中國瓷器熱說明了，當時中國瓷器的製造技術領先全球，中國瓷器在繪畫、器形方面精美絕倫，中國的陶瓷文化曾經征服歐洲。

從清初一直到十八世紀末期，中國製造業的生產總值遠遠超過了世界上的任何一個國家，即使是當時歐洲最強大的英國，製造業的產值也只相當於中國的八分之一。當時清朝的國民生產總值占了世界總和的將近三分之一。

然而，康雍乾盛世幾乎是毫無徵兆地停止了。一七九五年，乾隆皇帝把龍椅讓給了自己的兒子嘉慶坐。乾隆剛一歸西，嘉慶就一舉殲滅了和珅這個大貪汙團夥，沒收和珅的家產，折合白銀竟達十億兩之多，相當於當時清政府二十年的財政收入！有人戲稱乾隆當政期間之所以不拿下和珅這個大貪汙犯，就是為了給自己的兒子留一份厚禮。

按說嘉慶應該不缺錢花了。然而，國內形勢急轉直下，各地不斷爆發起義，嘉慶忙得焦頭爛額。嘉慶元年（一七九六年），白蓮教就在四川、湖北、陝西一帶起事，起義持續了九年，波及五省。嘉慶十八年（一八一三年），天理教起義更是驚心動魄，教眾一度攻入皇宮，在城樓上插了反旗，當時皇子們都不得不在養心殿戎裝迎戰。

嘉慶在位期間，基本上是在平息各地起義中度過的，且不說起義地區的經濟遭到了破壞，無法繳納稅款，單是軍費開支，就是天文數字，所以嘉慶縱然剛繼位的時候不窮，到後來也窮得叮噹響了。據統計，嘉慶元年國庫裡的存銀還有五千多萬兩，八年之後就銳減到不足二千萬兩，各地方政府也大量出現赤字。嘉慶不得已，大力提倡勤儉持家，嚴禁地方官進京時勞民傷財地進獻寶物，自己過生日的時候，也提前通知地方官員，送一些字畫就行了，珠寶玉器之類還是算了，採購那玩意兒太花錢。

盛世危局：從馬可．波羅到馬戛爾尼

為什麼盛世一到嘉慶皇帝手裡就變成一副破敗的景象？是嘉慶皇帝能力遠不及康熙、雍正和乾隆嗎？非也非也。嘉慶皇帝的遭遇有點類似於明朝的崇禎皇帝，王朝的衰落其實並不是從他們這裡開始的，在他們的前任那裡，國家已經積重難返、日薄西山了。

就在乾隆執政的時候，普通自耕農的生活水準已經大不如前了。清朝自己的官方報導當然不會自曝家醜，尤其乾隆還是個好大喜功、特別愛面子的皇帝。

幸好，當時英國派到清朝的特使馬戛爾尼（Macartney）在來訪期間，記錄了大清王朝民間的點滴生活，讓我們對所謂的康雍乾盛世有更深入的瞭解。

一踏上大清朝的土地，觸目驚心的遍地貧困，讓馬戛爾尼使團成員紛紛大跌眼鏡。在他們的心目中，中國應該是馬可．波羅筆下的那個國度，遍地金銀，普通人都穿著綾羅綢緞，有宏偉的城市和美麗的鄉村。眼前的一幕和心理期望值的反差實在太強烈了。

使團成員約翰．巴羅（John Barrow）記述說：「不管是從舟山還是溯白河而上去往京城的三天裡，沒有看到任何人民豐衣足食、農村富饒繁榮的證明……除了村莊周圍，難得有樹，且形狀醜陋。房屋通常都是泥牆平房，茅草蓋頂。偶爾有一幢獨立的小樓，但是絕無一幢像紳士的府第，或者稱得上舒適的農舍……不管是房屋還是河道，都不能跟雷德里夫和瓦平（英國泰晤士河邊的兩個城鎮）相提並論。事實上，觸目所及無非是貧困落後的景象。」

面對洋人，清朝的官員還是頗有禮數的，他們雇用了許多老百姓來到英國使團的船上，給英國人端茶倒水，掃地做飯。善於觀察的英國人又發現了問題，這些老百姓都太削瘦了，顯然是營養不良，在他們中間，「很難找到類似英國公民的啤酒大肚或英國農夫喜氣洋洋的臉」。每次英國人用餐完畢，把殘羹剩飯留給中國老百姓打掃時，他們都要千恩萬謝。英國人泡過的茶葉，也遭到這些老百姓的哄搶，搶到的人會繼續煮水泡這些剩茶葉來喝。不要說老百姓衣衫襤褸，就是軍隊的普通士兵也穿得破破爛爛。

中國不是一個盛產瓷器、絲綢和茶葉的國度嗎？為什麼身處商品產地的普通民眾卻沒有能力消費這些物品呢？

旁觀者清，被譽為經濟學之父的英國經濟學家亞當．斯密（Adam Smith）就觀察到一個現象，他在論著中寫道：

「中國歷來就是世界上一個非常富裕，也是一個最肥沃、耕耘最得法、最勤奮而人口最眾多的國家。可是，看來它長久以來已處在停滯狀態。馬可．波羅在五百多年前遊歷該國，盛稱其耕種、勤勞與人口眾多的情形，和今日旅行該國者所說幾乎一模一樣。可能遠在當日之前，這國家的法律與組織系統容許它聚集財富的最高程度業已到達。」

在斷言古代中國經濟發展已達極限後，亞當．斯密又發現，至少從他那個時代上溯六百年，中國的農具並沒有什麼革新，這的確是一個發人深思的現象，說明古代中國社會的知識和技術創新即使存在，也不能用於底層的自耕農。

結合清朝前期的徵稅制度，我們也許能揭開清朝普通民眾貧困的謎團。康熙早年政局動盪，他先是扳倒了權臣鼇拜，然後又西滅準噶爾，南平三藩叛亂，北拒沙皇俄國，東南收復臺灣，這一圈折騰下來，到了康熙五十一年（一七一二年），他才有空整頓全國的稅收制度。這一年，他把按照人頭徵收銀兩的數額固定下來，並宣布「滋生人丁，永不加賦」。

我們當然不能真的相信清朝統治者「永不加賦」的承諾，不過康熙的這個舉動，表明長久的和平已經降臨到大清王朝，到了該讓民眾安居樂業、依法納稅的時候了。我們可以很容易地推斷出來，康熙年間，清朝絕對不富裕，單是連年的征戰，就已經讓財政勉為其難了。所以，那個時期中國老百姓的日子也不會好到哪裡去。而且，地方官員也更傾向於瞞報人口，少報人數，這樣就可以截留許多稅收到地方官員的腰包，上繳稅款的壓力就減輕了。這是讓皇上很頭疼的一件事。

雍正年間，情況有所好轉。雍正皇帝一上臺，就改革稅收制度，把按照人頭徵稅的方式，變成按照田地徵收的方式。跑得了和尚跑不了廟，人口可以隱瞞，但田地固定擺在那裡，是不好糊弄過關的。這個稅收的變化讓百姓和地方官員都不必隱瞞人口數量，國家的稅收總量也容易控制了。

正是這個「攤丁入畝」的稅收制度，在美洲農作物的催生下，清初的人口數量開始急劇增加。想想看，反正朝廷是按照田地的面積徵收稅款的，那麼只要精耕細作，提高的畝產很大一部分就成為自耕農的收入增加值了，而家中勞動力多了，對田地的打理就更加精細。這樣一來，即使是過去的農業區，人口也在不斷增加，更不用說新開墾的耕地了。

然而，人口卻是「雙刃劍」，清朝雖然所轄地域廣闊，但人口數量的增加速度總歸比耕地面積的增加要快，到了康雍乾盛世的乾隆時期，耕地的增加已經十分有限，而人口卻還是不斷增加。因為要精耕有限的農田，於是需要更多的勞動力；吃飯的人多了，平均到家庭中每個人頭的口糧就變少了。自耕農的家庭經濟陷入惡性循環之中，越來越多的底層人口陷入了絕對貧困化。同時，由於人口不斷增加，經營規模更加細小，農戶承擔不起飼養耕牛的成本，結果清朝的時候，農業上牛耕的普及程度反而比過去退步了，在唐宋時期比較先進的農具「江東犁」，已經被簡陋的「鐵搭」所取代，農具的退步實際上是因為人力代替了畜力。

即使清朝的統治者都能遵守康熙定下的永不加賦的承諾，但占全國人口數量十分之九的廣大自耕農的生活品質還是不斷下滑。更何況清朝貴族經過清初的繁衍，已經形成一個龐大的階層，這個階層是享受朝廷俸祿而不需要勞作的，這個階層的人數越多，清朝的財政壓力就越大，底層民眾受到的盤剝也就越大。

一些民眾不堪窮苦和壓迫，開始鋌而走險，在湖北、四川、陝西交界的深山老林裡，出現了大量的無業遊民，他們聚集在白蓮教的大旗下，揭竿而起，敲響了康雍乾盛世的喪鐘。

有沒有什麼辦法，可以阻止這種糟糕局面的出現呢？亞當．斯密其實給出了一招，那就是科技進步。如果農具能得到改進，就會讓農民的生產效率大大提高，不僅能提高單位畝產量，還能讓他們有餘力做其他的生意。

然而，要有改進農具的動力，前提是出現擁有大量耕地的莊園主，為了高效地耕種自己的廣闊土地，他希望發明和使用更有效率的農具。可是清初的情況並非如此，當時每個自耕農擁有的土地面積都不大，而且在稅收制度的刺激下，家庭人丁不斷增加，於是不大的土地再次被分割成更小的面積，來養活更多的人口。

土地的面積越小，農民就越沒有動力去使用高效率的農具，因為那些農具的成本是單個小農所無法承受的。如果人人都只有一畝三分地，就沒人有動力去買大型聯合收割機幹活了。

另一個辦法是發展其他行業，吸納大量的農民轉行，緩解人口和耕地之間的惡性循環。康雍乾盛世時期，非農業的行業還頗有起勢的苗頭，江南地區在海外白銀的刺激下，一部分人口轉為工匠，生產及販賣絲綢、陶瓷、茶葉的工廠與商行日益興隆，使得江南雖然人口稠密，卻因此成為清朝最富庶的地區之一。

假如清朝統治者能夠順勢而為，扶持弱小的工商業立足江南，走向全國，乃至衝向世界，讓大量農民轉變為工人和商人，就像當時開始工業革命的英國那樣，康雍乾盛世未必不能長久。但是，古代中國固有的皇權與經濟的矛盾，再一次跳了出來。

清朝原本就是人數少的滿族人，統治人數眾多的漢族人和其他民族的朝代，若是讓大量的漢族人發展工商業，擁有強大的經濟實力，作為統治者的滿族人會立刻感受到嚴重的威脅。所以，清朝統治者必然對工商業進行嚴格的限制，只有官辦企業或與官方有著利益關係的民營企業，才有機會發展，其他民營企業基本上是隨時都可能被宰殺的羔羊。

達爾文家族砸了景德鎮的場子

即便如此，清朝前期的出口貿易依然如火如荼，縱然民眾很貧窮，但朝廷依靠出口貿易，應該還有油水可撈。然而，大清王朝和大明王朝相比，國際環境已經發生了根本性的變化。大明王朝在末年曾經與西班牙人、葡萄牙人和荷蘭人在海洋上有所接觸，那時的西洋人還只是從美洲挖出一堆黃金白銀的暴發戶，從政治和經濟上來說，他們並不比大明王朝先進。

但是，大清王朝面對的西洋人，是在國內開啟了工業革命、在國外廣建殖民地的大英帝國，這個新對手比過去的那幫西洋人更強悍、更狡猾，也更有智慧。就在康雍乾盛世的末期，乾隆皇帝還沉浸在下江南的風花雪月中時，英國人先從製造業上打響了對華戰爭的第一槍。

有沒有搞錯啊，第一槍不是在一八四〇年鴉片戰爭中打響的嗎？

您的記憶沒有錯，但這裡談的是經濟，而且經濟戰在殘酷性上一點都不輸於正式的戰爭。早在英國把鴉片販賣到清朝之前，經濟戰就已經打響了，這第一仗的戰場，正是古代中國的看家行業——陶瓷業。

歐洲人早就垂涎古代中國精湛的製瓷技術，但是由於地理的阻隔和技術保密，他們遲遲不得要領。十六世紀，義大利各地開始仿製中國軟質瓷器，一五七五年至一五八七年，佛羅倫斯的陶工生產出歐洲的第一批原始瓷器，但是胎質、釉質與中國瓷器相差很大。

直到法國耶穌會士殷弘緒（Père Francois Xavier d' Entrecolles）來到中國，才真正瞭解中國瓷器的重要奧祕。此人於十八世紀初在景德鎮傳教多年，並受法國科學院委託進行科技考察，特別是中國的製瓷技術。殷弘緒發現，歐洲人之前仿製中國瓷器之所以失敗，是因為只知道用瓷土而沒有添加高嶺土。高嶺土就像是瓷器的肋骨，與瓷土按照一定比例混合並燒製，才能生產出硬質瓷器。殷弘緒把這些資訊透過信件傳回歐洲，歐洲人才恍然大悟，開始在歐洲尋找高嶺土。

到了一七六〇年代，英國人才掌握了製造硬質陶瓷的基本方法，也才瞭解製造陶瓷需要的原料是什麼。當時英國消費的大量瓷器仍然需要從中國進口，但是已經被工業革命武裝起來的英國人奮起直追，很快就扭轉了這個局面。在這個過程中，一位名叫約書亞．威治伍德（Josiah Wedgwood）的人發揮了關鍵性作用。

此人出生在英國的一個陶瓷世家，很小的時候就在陶器廠當學徒，年輕時就與人合夥，開辦了陶器廠，當然那時他的產品還很粗糙，根本無法與漂洋過海而來的精美中國陶瓷相媲美。威治伍德為了改進陶瓷的品質，據說花費了數年的時間，進行一萬多次的試驗，其中甘苦非常人所能想像。最後，一種工藝簡單，但外觀新穎、質地堅實、色彩絢麗的陶瓷在他手中誕生了。據說他對產品品質有近乎苛刻的要求，在巡查自己的工廠時，如果看到不合標準的陶瓷，他會抬起手杖直接擊碎次級品。

與清朝瓷器作坊中燃燒木炭、以水碓研磨原料和手工製作瓷器的方式不同，威治伍德的工廠可以採用優質的煤炭作為燃料，也開始使用蒸汽機來研磨和攪拌原料。這些工業化的方式是東方的瓷器作坊所不具備的，從生產效率上來說，威治伍德已經超越了東方的那些手工同行。

威治伍德還是一位行銷高手，成功地將自己的新型瓷器推銷給英國王后，並逐漸占據了歐洲最上流社會的市場。後世稱其為英國瓷業大王，他的努力開創了英國乃至整個歐洲陶瓷製造業的新局面。

中國很少有人知道威治伍德，但他的一位外孫就廣為人知了，這個外孫繼承了殷實的家境，卻跑去環球旅行，回家後躲在大莊園裡研究科學，並寫出一部《物種起源》（*On the Origin of Species*），提出了進化論。是的，他就是查爾斯·達爾文。半開玩笑地說，正是英國的達爾文家族搶了中國的陶瓷生意，砸了景德鎮的場子。

威治伍德的陶瓷對於中國陶瓷業是一個沉重的打擊，從此以後，歐洲自己家門口就生產優質陶瓷，不再需要跨越大洋購買遙遠東方的陶瓷了。一七八三年，威治伍德陶瓷廠八十%的產品被賣到歐洲各國。一七九二年，也就是乾隆五十七年，英國東印度公司停止購買中國瓷器。

中國陶瓷的衰敗不可避免地來臨了，幸好衰敗的速度並不快，這主要是當時有一個新興國家開始取代歐洲各國，成為中國陶瓷的輸入大國，它就是美利堅合眾國。剛剛獨立的美國受到了英國的貿易封鎖，急需在經濟上找到突破口。

一七八四年，在美國政府的支持下，商船「中國皇后號」從紐約啟程，船上裝滿了美國人所能想到的有可能賣到中國的雜貨：人蔘、皮革、毛衣、胡椒、棉花、鉛等商品，哦，對了，還有銀圓。美國官員以為船員可能會和清朝的各級官員打交道，於是在給船員開具的美國政府的證書上，對方的稱謂從皇帝、國王，一直寫到了男爵、市長、議員。兩個彼此陌生的國度開始了第一次親密接觸。中國皇后號抵達廣州後，清朝人覺得這個國家的國旗過於花裡胡哨，一堆星星和線條，於是把這個國家叫作「花旗國」，把他們運來的人蔘稱為「花旗參」。

四個月後，中國皇后號的貨物全被賣掉，美國船員興高采烈地採辦了茶葉、瓷器、絲綢、象牙雕刻、漆器、桂皮、玉桂和繡金像等中國商品，返航回國。中國貨在美國大受歡迎，美國首任總統喬治·華盛頓（George Washington）還開出一張清單，上面列出了自己想從中國皇后號上購買的中國商品。有一把繪有中國飛龍圖案的茶壺，就被總統先生看中買去了，珍藏起來，這把茶壺現在成為美國國家博物館的珍藏品之一。

注意！總統是「買」茶壺，而不是讓商人「上貢」。

美國老百姓聽說中國人酷愛一種「芳香的草根」，於是懷揣發財的夢想，沿著哈德遜河兩岸，漫山遍野地挖人蔘，估計一邊挖，一邊還嘀咕，這草根有什麼好吃的，還不如牛肉有營養。一八〇四年至一八二九年，美國平均每年向中國輸出人蔘九十噸，而許多人蔘換成了陶瓷之類的中國商品。

可惜的是，從十八世紀末到十九世紀上半葉，美國的經濟實力還很弱小，購買力也十分有限，美國的陶瓷購買量無法彌補中國陶瓷在歐洲市場上敗退的巨大損失，即使康雍乾盛世末期除了陶瓷之外，清朝還可以憑藉茶葉、絲綢等產品出口海外，換回大量的白銀，但一個重要行業的淪陷還是對國家經濟造成了嚴重的影響。

為什麼原本技藝精湛、製作精良的中國瓷器會輸給英國瓷器？為什麼從康雍乾盛世之後的兩百年中，中國瓷器一直沒能重振雄風？

從表面上看，英國瓷器在技術上逐漸趕上了中國瓷器，甚至還有獨創的技術。比如在一七九四年，英國人率先發明了「骨瓷」，不但外觀看上去晶瑩剔透，而且抗溫度變化的性能以及材質硬度，都比當時市面上的瓷器好，當然也比中國瓷器要好。曾經有人做過實驗，四隻骨瓷咖啡杯竟然能托起一輛車。技術上的落後，讓中國瓷器再也無法重奪歐洲市場。

但是，如果我們只是看到技術上的此消彼長，就不會對大英帝國在製造業上的崛起有更深刻的認識。英國的瓷器技術能夠從無到有，最終把稱霸世界數百年的中國瓷器技術甩在身後的推手，是專利制度。

一六二三年，英國頒布了《壟斷權條例》，這是第一部現代意義上的專利法，對發明人的權益從法律的角度進行了保護。從此，英國民眾可以放心大膽地投入智力和財力用於技術創新，而不必擔心自己的發明會被別人「盜版」。我們看英國的崛起歷程，往往會看到無數的發明家及其發明，比如詹姆士·瓦特（James Watt）改良了蒸汽機，他們推動的工業革命給英國打下了雄厚的經濟和技術基礎。可是，如果瓦特改良的蒸汽機得不到專利保護，被他人肆意剽竊和模仿，瓦特投入研發的智力和財力血本無歸，他和其他發明人還會有動力去革新技術嗎？

如果沒有對發明和發明人的專利保護，就不會有工業革命，就不會有大英帝國。技術落後並不可怕，只要有激發創新的制度，民眾的才智就會萬涓成水，最終匯流成科技之海，托起一個技術強國。英國陶瓷業的崛起，毫無疑問也得益於當時英國對技術創新的專利保護。

反觀同時期的大清王朝，在制度上可謂毫無建樹，百姓有了一項發明，自然應該奉獻給皇上，以報答皇恩浩蕩，得感謝皇上給了自己展現才華的機會，談回報、談錢，太可恥了吧！技藝最高的工匠隨時可能會被官府調去，給皇上製作一件祝壽瓷器，而不是讓工匠把自己的聰明才智用在針對市場需求的創新上。這件作品亮相一次之後，就永遠擺在皇宮裡。也許幾百年後，精美的瓷器成了風靡世界的古董，但整個國家的技術卻無可奈何地停滯不前，然後被人超越。

要人命的蠶寶寶

當然，天朝地大物博，家大業大，陶瓷業衰落了，還有其他行業的支撐，似乎也無大礙，至少清朝還有另外兩個看家行業：茶業和絲綢業。遺憾的是，這兩個行業也步上陶瓷業的後塵，逐漸沒落了。關於茶業，我們將在下一章專門介紹，在這裡先來看看清朝絲綢業是如何由盛轉衰的，那是與陶瓷業不一樣的悲劇故事。

從古到今，絲綢都是中國古代重要的出口產品，絲綢貿易催生了中國通往歐洲的赫赫有名的「絲綢之路」。在西元二〇〇〇年前後，蠶絲技術傳入日本，從此日本人也開始養蠶，繅絲，加工成絲綢。

此後，中國的蠶絲技術又向西傳播到阿拉伯地區、地中海地區。不過，直到清朝的康雍乾盛世，中國的生絲、絲綢出口依然在世界上首屈一指。

轉眼到了清朝末年，日本的養蠶業異軍突起，搶占了中國蠶絲在世界市場上的大片地盤，甚至一躍成為世界第一蠶絲產地和出口國，國力也不斷增強；而中國依然在生產蠶絲，國力卻日漸衰落。

中日兩國當時都生產蠶絲，一個是前輩，另一個是後輩，為何後輩蓬勃發展，前輩卻日薄西山了呢？難道是中國的蠶絲技術不如人嗎？

當時，中國和日本的蠶絲技術相差無幾，真正的答案出人意料：中國人不殺蠶蛹，而日本人會殺蠶蛹。

從蠶繭中抽出蠶絲的工藝稱為繅絲，原始的繅絲方法是把蠶繭浸泡在熱湯盆中，手工抽取蠶絲，再捲繞到絲筐上。以這種方式抽出的絲粗細不均，斷頭又多。中國的蠶絲業到清朝末年，依然使用這種簡單的繅絲方法。那時，歐洲人已經利用機器繅絲，能夠把蠶繭加工成明亮均勻的絲線。但新式的繅絲工廠在中國一出現，就遭到朝廷官員和手工業行會的反對，因為工廠效率高，產量大，搶奪了舊式行會的飯碗，也使民間土法繅絲人的日子難以為繼。

而且，中國人遵從佛家和儒家的觀念，對蠶寶寶的生命異常看重，因此在繅絲的過程中，盡量不殺死蠶。此時，西方養蠶國家在繅絲時，會先把蠶蛹放入烘箱中，將蠶殺死，這樣繅製的絲品質更高。中國人保護蠶寶寶生命的做法，等於增加了自己加工蠶絲的成本，卻只生產出半成品的蠶絲。

當時，中國出口的半成品蠶絲運到國外之後，還要再次繅製一次，立刻能將價格提高三分之一以上。顯然，如果在中國就直接把蠶絲加工好，在國際市場上中國絲會更有競爭力。

可是這筆錢在清末的中國人看來，由於要以蠶寶寶的生命為代價，屬於「不義之財」。從當時中國的養蠶技術看，他們不是「不能」，而是「不為」。

與中國一衣帶水的日本那時也大力發展養蠶業。在日本維新後的六十年裡，其進口的產品都是靠出口絲來支付的，一九〇〇年，僅是絲這一項產品就占了日本出口額的四十%。可以毫不誇張地說，日本當時能夠向沙皇俄國以及大清王朝開戰並屢戰屢勝，其經濟基礎是建立在以絲為代表的發達產業上的。

日本養蠶業為何能迅猛發展呢？其中一個重要的因素是，雖然古代日本也是個佛教國家，但明治維新後，民眾觀念日益開放，並不把蠶寶寶的生命看得很重，所以烘箱、繅絲廠這樣的現代事物，在日本得到了迅速推廣，蠶寶寶在烘箱中被無情地殺死了，但日本絲的品質越來越高，很快就超越中國生產的絲，成為最受歡迎的亞洲細絲。

日本蠶不僅沒能壽終正寢，牠們連享受童年的權利也被剝奪了。

養蠶和種稻是當時中國、日本農業最基礎的兩項產業，兩者有一個共同的特點，那就是在一年中的某些時候，農家會格外忙碌。比如，插秧的時候最需要人手；對於養蠶來說，蠶快要成熟的時候，一天要餵八次，而且每天要清理數次飼料盤，養蠶人基本上要寸步不離蠶的左右。剛好對於日本和中國江南地區來說，養蠶和種稻最忙的時候都是在四月至六月，這使得農民必須為兩項產業分別配備人手，要麼只養蠶，要麼只種稻。

科學技術的進步解決了人手不足的麻煩。人們發現，可以透過控制蠶室的溫度，讓蠶提早孵化，提早成熟，這樣就和種稻錯開了需要人手的時間，農戶可以既養蠶，又種稻了。此外，如果給蠶施加一些化學藥物，牠們可以改在七月到九月孵化，農民們可以從容地完成兩項產業。

這些技術都在日本養蠶業得到應用，但在中國，依然受到了「道德高尚」人士的強烈阻撓。一八八〇年至一九三〇年，日本蠶絲的產量增長了將近九倍，蠶絲的出口為日本帶來了大量的外匯，使其可以購買西方的機器設備，提升自己的生產力。反觀這期間的中國，「道德人士」保護了蠶寶寶的「動物福利」，中國養蠶業卻有日薄西山之感。

生活在當時中國的蠶寶寶真是太幸福了，由於衛道者的大愛無疆，牠們得以長壽善終。可是在當時蠶絲業已經全球化的背景下，蠶寶寶的幸福就意味著中國蠶農的不幸福，至少在經濟上中國蠶農處於不利境地。市場經濟的車輪碾碎了道德中的脈脈溫情，最終既剝奪了中國蠶的幸福生活，也打碎了中國蠶農的飯碗。

〔第17章〕

鴉片戰爭背後的經濟博弈

「我每喝一次綠茶，就像喝了一次毒藥，肚子裡翻江倒海，痛苦萬分。更糟的是，我發現小姐們喝了茶以後，都衰老得非常快。主婦們忙著沏茶，連照看孩子都顧不上。不列顛男兒喝飽了茶，連舉劍的氣力都沒有了。」

「至於喝茶危害經濟，就更是不言而喻了，花那麼多白銀從荒唐的東方國家進口奢侈的茶葉，有百害而無一利。為什麼不用這些錢去修路、建農場和果園，把農民的茅舍變成宮殿呢！」

「喝茶是一種惡習，不僅危害個人身體、社會經濟，還有亡國的危險，想想當年的羅馬帝國，商人們用銀幣去換中國的絲綢，女人都穿起了華貴的絲袍，男人們一天洗五、六次澡，國庫空了，道德敗壞，軍事無能，野蠻人入侵，偌大的羅馬帝國瞬間分崩離析了！」

是誰如此痛恨茶葉？這段話好像在哪裡聽過。

這些是十八世紀英國一位著名的慈善家兼作家喬納斯．漢威（Jonas Hanway）的一本書中的幾個段落，此人對大英帝國拿白花花的銀子去買中國茶葉十分不滿，認為這是禍國殃民的蠢事。有趣的是，如果我們把這段話中的「茶」字換成「鴉片」，把「喝」改成「抽」，把「不列顛」換成「大清」，這段話活脫脫就是當年林則徐禁菸時對鴉片危害的控訴。

大英帝國和大清王朝，到底誰坑害了誰？如果我們想從經濟上追溯鴉片戰爭的起因，就得從茶葉談起。

大英帝國被茶葉攻陷了

十七世紀初，荷蘭的東印度公司最早把東方出產的茶葉帶到西歐各國，從此，西歐人就對這種「草藥汁液」著了魔，飲茶的風氣首先在上層社會中傳播，然後就開始蔓延到社會各個階層。

大英帝國也抵擋不住茶香的誘惑。一六九九年，英國東印度公司就從中國訂購了三百桶上等綠茶和八十桶武夷茶，因此，有學者認為，英文中指稱「茶葉」的「tea」就是源於閩南語中「茶」字的讀音。此後幾十年，英國的茶葉進口量就以火箭速度上躥。不過，在一七二〇年之前，英國每年的茶葉進口量還在一萬擔以下，而且當時茶葉主要作為藥品推銷給大眾，男性喝茶來提神醒腦，女性則用茶葉來緩解週期性偏頭痛、憂鬱症和焦慮症。

一七二〇年至一八〇〇年，英國的茶葉年平均進口量增加到二萬擔，茶葉的形象也搖身一變，成了一種社會時尚消費品，而且飲者以女性居多，社會上圍繞著喝茶甚至形成了一些獨特的禮儀。也就是在這個時期，圍繞著該不該喝茶，英國人展開了激烈的爭論。反對者如本章開頭談到的喬納斯·漢威，再如英國衛理公會的創始人約翰·衛斯理（John Wesley），他聲稱自己曾經突然出現某種半身不遂的可怕症狀，早餐後手就不停地顫抖。後來當他戒茶之後，所有的症狀都消失了，因此號召衛理公會的信眾一起戒茶。其實這位仁兄戒茶的情景，就和現在許多意志不堅定的人戒菸一樣，屢次反覆，戒茶期間無精打采，不久又重新開始喝茶。

衛理公會的創始人都戒不掉茶葉，普通人更是難以抗拒茶葉。一七五〇年前後，在英國中產階級奶油烤麵包的慣常早餐中，已經少不了茶。倫敦城裡的僕人們，其早餐已經基本上是奶油加麵包，配奶茶。儘管在一七五〇年前後反茶呼聲高漲，但茶在英國人生活中的地位已經不可撼動了。

一八〇〇年至一八三三年，茶葉進口量已經飆升到年均三萬五千擔，茶葉在英國甚至變成了一種食品。普通大眾喝的家庭濃茶中，往往添加了許多牛奶和糖，這樣的混合物熱量很高，普通英國人把它當作生活中的一種必需營養品，所有的英國人都變成了「茶鬼」。

什麼東西一旦成為人們生活的必需品，再想讓人們戒掉它，就比登天還難了。在十八至十九世紀，人們對國際貿易的理解還很初級，認為只要本國的金銀在增加，就是好的；如果本國的金銀在減少，經濟一定是糟糕的，這就是所謂的重商主義思路。其實金銀僅僅是貨幣，不能吃也不能穿，錢是用來花掉以滿足人們生活需要、改善人們生活品質的，而不是用來儲藏的。

重商主義的錯誤思路在今天也不乏擁護者，比如許多人以為只要出口比進口多，經濟就是好的，而出口比進口少，經濟就是糟糕的。

隨著白花花的銀子流出去，綠油油的茶葉流進來，大英帝國心裡開始發毛了。如果英國國民的一種生活必需品掌握在遙遠的東方國家手中，一旦沒有了金銀，這日子可怎麼過得下去？在這裡，我們可以看到一個經濟規律，在國際貿易中，雙方要拿出等價值量的商品互換，如果大英帝國要從中國進口更多的茶葉，它就必須對等地向中國出口更多的商品，或者直接用金銀這樣雙方認可的貨幣來交換。

英國在國際上拿得出手的商品，是把羊毛加工成毛織品的紡織業，還有就是高檔瓷器。這兩類商品在歐洲還有一定的競爭力，可是拿到東方的中國來賣，立刻碰得頭破血流。

古代中國人本來就崇尚「道法自然」，一聽說毛織品是機器生產的，總覺得有點彆扭，況且古代中國自己的絲綢業興旺發達，英國最好的毛織品來到中國，等於與上等的絲綢競爭，這怎麼會有優勢呢？毛織品是針對普通大眾，但清朝時期大量的民眾男耕女織，以家庭為單位用棉花生產土布，且不論普通民眾沒錢購買洋人的毛織品，就是有錢買，也會覺得土布價格便宜量又足，沒必要買洋貨。高檔瓷器就更不必說了，除了皇家瞧著新鮮買兩件擺著外，清朝的富人和窮人都不會考慮買西洋的瓷器。

如果找不到合適的商品出口中國，大量地進口中國貨將會徹底掏空大英帝國的銀庫。一旦銀庫空了，沒錢進口茶葉，英國政府就等著面對民眾憤怒的聲音吧！不得已，英國乃至全歐洲的商人四處尋找能讓中國人接受的商品。

他們發現，中國人對檀香木、燕窩、魚翅甚是喜好，特別是南亞、東南亞和太平洋島嶼上生長的檀香木，在中國市場上一直是上等的好木材，用於打造高檔的家具。於是，他們開始在大洋上四處尋找生長了檀香木的島嶼，每發現一處，就把島上的檀香木砍伐殆盡，裝船運送到中國，交換茶葉和瓷器，以此讓進出口平衡，使本國白銀不至於迅速流失。

許多島嶼上的樹木就這樣被砍光了，留下生態環境日益惡化的荒島。如果這種情況持續下去，歐洲商人會把太平洋上所有生長檀香木的島嶼都變成蠻荒之地。

就在這時，一種古怪的植物及時出手，拯救了風光旖旎、樹影婆娑的太平洋島嶼。

鴉片拯救了太平洋島嶼

一提起鴉片，中國人就火冒三丈，清朝與英國之間的兩次鴉片戰爭是中國近代屈辱歷史的開端，鴉片這個東西的罪惡，簡直是罄竹難書！

其實在十九世紀以前，鴉片的形象遠不像後來那麼面目猙獰。據考察，早在六千年前的新石器時代，歐洲就有人種植罌粟。既然會種植，那一定是罌粟對人有某方面的價值。現在猜測，最早種植罌粟的這批人很可能拿罌粟做鎮痛劑，因為當時沒什麼藥品，食用罌粟能緩解疼痛，這樣的好東西當然值得種上一壟。

到了距今三千年的時候，從罌粟中提煉出來的鴉片已經廣為世人所熟知，當時的人們用鴉片來消膿腫、止頭痛、治外傷。後來，歐洲的紡織女工白天辛苦工作，晚上為了不讓哭鬧的嬰兒打擾自己休息，就給小孩吃點鴉片，讓他們安靜一點。

直到十九世紀初，鴉片依然和毒品這個名詞沾不上邊。當時許多歐洲國家推出過禁酒令，卻沒有誰要求禁止鴉片。當時一些著名的作家，比如歌德（Goethe）、華特・史考特（Walter Scott）、珀西・比希・雪萊（Percy Bysshe Shelley）、喬治・戈登・拜倫（George Gordon Byron）等，都享受過鴉片給身體帶來的「奇妙」刺激。在許多國家的軍隊中，鴉片也是好東西，在槍林彈雨之中，鴉片可以有效地治療和預防流行性痢疾，也可以讓士兵麻醉自己的精神，緩解戰爭帶來的精神壓力。除了烈酒外，鴉片大概是當時最受士兵歡迎的補給品了。

為什麼在幾千年中，人們都對鴉片的危害視而不見呢？那是因為，鴉片長期以來並沒有太大的危害。在古代，雖然人們已經認識到鴉片的成分有麻醉神經的效果，但由於當時的加工和提煉技術很差，所以獲得的鴉片中，對神經有傷害作用的生物鹼含量不高，因此，古代人如果不過量食用的話，並不容易上癮。這就是為什麼直到十九世紀初，人們對烈酒危害性的評價比鴉片還高。

鴉片在中國的危害，也有一個從微弱到強烈的過程。明朝時東南亞各國向天朝進貢，其中就有鴉片。據說萬曆皇帝得到鴉片後，如獲至寶，三十年不上朝，躲在後宮裡吃鴉片和縱欲。鴉片在古代中國的銷售管道其實並不暢通，最開始只在藥鋪裡銷售，後來商人大肆宣揚鴉片具有壯陽的功效，才在中國打開了局面。

明末清初，很可能是荷蘭的東印度公司創造性地發明了把鴉片和菸草混合在一起，用煙槍吸食的方法，以擴大鴉片的銷量。鴉片從藥物和保健品，又變成了和菸草並列的消費品。其實從化學角度來看，鴉片和菸草混合吸食，在一定程度上降低了鴉片對人體的傷害，至少比單獨吸食鴉片在危害程度上要低得多。可是，由於菸草名聲不好，於是連帶著鴉片的名聲也不好了。

因為消費量逐漸增大，種植菸草有利可圖，所以許多自耕農放棄種植糧食，轉而大量種植菸草。

當時中國人對鴉片、罌粟還不是很熟悉，所以種植面積很有限，對耕地的占用也就很少。但是菸草種植卻占用了大量的耕地，這讓雍正皇帝很不悅。這位勤儉持國的皇帝和許多古代中國的皇帝一樣，對種糧食有著異乎尋常的偏好，他對菸草擠占農作物耕地的現象十分憂慮，於是親自下達了禁菸令。

許多人都說，雍正皇帝是中國歷史上第一個禁菸的皇帝，這裡的「菸」指的是鴉片菸。但其實，雍正五年（一七二七年）的時候，這位皇帝首先頒布的禁菸令是針對菸草的，而不是鴉片。到了雍正七年（一七二九年）的時候，才下達了針對鴉片的禁菸令，打擊販賣鴉片和私開鴉片菸館者。從這個打擊的順序，我們就可以明白，雍正考慮問題的角度並不是民眾的身心健康，而是國家的糧食安全是不是受到威脅。菸草對糧食生產的威脅最大，所以首當其衝地受到打擊，其次才是和菸草「一路貨色」的鴉片。

雍正的禁菸令區分了藥用鴉片和毒品鴉片菸，允許正當藥用鴉片的輸入，只要販賣者能夠按照藥材依法納稅，官府就允許進口。這個制度聽起來很好，但執行起來麻煩就大了。一些人打著「藥材之用」的幌子，名正言順地進口鴉片來轉賣。

更糟糕的是，禁菸令在一定程度上改變了社會上吸食鴉片的方式。菸草徹底被禁，國內不生產，而鴉片走私者大多選擇純度高的鴉片走私入境，反正也是違法，還不如選擇利潤高的商品。於是，人們吸食鴉片的方式從鴉片—菸草混合吸食，變成純粹吸食鴉片。這下子毒性可就大了，吸食者很快就上癮，身心受到的傷害也更大。此時，鴉片已經變成毒品，清朝開始出現大量的鴉片上癮者，非鴉片不能解救他們的痛苦。

清政府禁菸、禁鴉片，主要還是從保障糧食的角度考慮的。到了乾隆和嘉慶年間，禁菸令多次頒布，可是鴉片走私活動卻愈演愈烈了。嘉慶皇帝明確禁止從外洋輸入鴉片和在國內種植罌粟，可是卻鬱悶地發現，大清國的海關竟然有人私徵鴉片稅銀，中飽私囊，讓鴉片暢通無阻。

清朝前期，鴉片每年的輸入量不到二百箱；到了一八二一年，鴉片輸入量已達到五千九百五十九箱；十二年後的一八三三年，輸入量飆升到了二萬四百八十六箱；在鴉片戰爭前的幾年，每年輸入的鴉片已達四萬箱左右。大清國的無數子民都變成了吞雲吐霧的「菸鬼」，他們吸食鴉片上癮後，鴉片也就成為他們的日常必需品，就像茶葉在英國子民生活中的地位一樣。

輸往中國的鴉片，基本上都來自英國的東印度公司，英國人在印度等地廣種罌粟，提煉成鴉片後輸出到中國，從中牟利。鴉片的出現，讓那些太平洋島嶼上的檀香木開始變得無人問津，這主要是成本和收益造成的。

史料記載，一八一七年一箱印度鴉片的生產成本僅有兩、三百盧比，而在中國的賣價可以高達二千六百盧比，鴉片貿易可謂暴利。相比之下，從遙遠的太平洋島嶼上砍伐檀香木並運送到中國市場，雖然利潤也可以翻倍，但和鴉片利潤翻十倍的收益一比，卻是小巫見大巫了。太平洋海島上亂砍濫伐的木材生意就這樣戛然而止，海島的自然風光得以保全，這多少算是罪惡的鴉片給世界帶來的一點小貢獻。

鴉片對於中英貿易的影響卻是巨大的。鴉片貿易量不斷增加，讓大英帝國終於有銀子購買更多的中國茶葉了。兩國之間的貿易額高速增長，到鴉片戰爭前夕，清朝已經由一個白銀淨輸入國，變成了白銀淨輸出國，國內的白銀總量不斷減少。

清朝統治者終於坐不住了。

白銀大量外流，的確動搖了清朝的根基。我們已經知道，在古代中國這樣一個以自耕農和農業為主的國家，白銀不斷地輸入對國家的經濟是有利的，而白銀短缺會立刻給國家帶來通貨緊縮的災難，明朝的滅亡很大程度上就是因為白銀短缺。由於鴉片貿易，清朝現在也開始面臨明朝末年的窘境。

其實，清朝統治者最憤怒的是每年中英貿易額那麼大，但許多鴉片都是走私入境，官方根本就撈不到什麼好處，如此一來，國庫日漸空虛，當然管理國家的費用也捉襟見肘。

大清國「菸鬼」與大英帝國「茶鬼」之間的關係劍拔弩張，事情已經到了非解決不可的地步。憤怒的「菸鬼」要採取行動了。他們會怎麼做呢？

清政府覺得被侮辱了

鴉片戰爭前夕，大英帝國「茶鬼」用印度鴉片換中國茶葉，日子過得很不錯，並沒有意識到「菸鬼」已經十分憤怒了。不過，英國國民中一些道德感很強的人，還是對鴉片貿易予以譴責。就連在第一次鴉片戰爭前夕出任英國駐華商務監督的義律（Charles Elliot），也覺得販賣鴉片這種毒品是一種罪行，是大英帝國的恥辱。

在英國國內一些人士的壓力下，英國東印度公司也曾有所收斂，在一八二〇年之前，他們很小心地把輸往中國的鴉片量控制在五千箱以內，並透過中間商來銷售鴉片，以避免各國人士的批評。但是，一八三三年，英國議會做出一項決議，取消了東印度公司獨占對華貿易的特權，允許其他公司也介入對華貿易。這下子可捅了大婁子，鴉片貿易最賺錢，許多公司開始瘋狂地向中國傾銷鴉片，根本不顧各方人士的反對。

貿易逆差越來越大，大清王朝終於下決心要禁菸了，一八三八年十二月，林則徐被道光皇帝任命為欽差大臣，到廣州展開官方禁菸運動。

臨行之前，朝廷曾經就禁菸的方式進行討論，到底是應該從禁止鴉片進口入手，還是禁止民眾吸食鴉片入手呢？林則徐當時傾向於讓民眾不再吸食鴉片，這樣就無人購買鴉片，也就不會再有人販賣鴉片了，可謂從根本上解決了鴉片問題。道光皇帝很認同這個看法。

不知何故，林則徐到達廣州後，卻決定收繳洋人的鴉片，採用禁止鴉片進口的手段解決問題。想想倒也合情合理，畢竟從民眾的角度來禁菸，並非一朝一夕就能見效，而且槍口對準自己人，會給自己在朝廷和民間樹立許多敵人，不論是對林則徐的禁菸行動，還是對他的官帽，都會有相當不利的影響。而槍口對準洋人，效果立竿見影，而且人們普遍有排外的心理，如果林則徐真和洋人挑戰，甚至還會得到許多人的支持。

大清王朝打出了林則徐這枚棋子，而英國方面則是義律這枚棋子。前面已經提到了，義律並不喜歡鴉片貿易，但是人在江湖身不由己，吃官家俸祿，只能給官家辦事。在林則徐扣押商館中的洋人，並強迫他們交出所有鴉片的時候，義律親自去商館試圖與清朝官員交涉，結果也被扣留了。

事情到了這一步，已經釀成一個外交事故。義律相當於英國派來的使臣，古語云「兩國交兵，不斬來使」，在英國方面看來，這是對他們的嚴重挑釁。不過，我們站在林則徐和大清王朝的角度來看，這件事似乎沒什麼嚴重的。因為在那個時候，清朝依舊以天朝自居，把包括英國在內的所有外國一律視為番邦小國，在外交上本來就不是對等的，因此扣押義律只是威懾一下這些小邦，讓他們知道天朝的威嚴而已。

義律此時決定息事寧人，對林則徐收繳鴉片的命令還相當配合。他命令英國商人把手中的所有存貨交出來，並自作主張，代表英國女王答應這些商人，國家會賠償他們的損失。結果，二萬多箱鴉片擺在林則徐的面前，這個數目令林則徐都吃了一驚，因為他原來期望這次收繳行動能收上來「六、七千箱就足矣」。沒想到啊沒想到，這幫洋人居然藏著這麼多貨！

林則徐這下子滿意了，而萬里之外的「茶鬼」們卻炸了鍋。英國朝野一片譁然，不過，議員憤怒的焦點卻不是清朝的挑釁，而是這些毒品販子的損失為什麼要國家來賠償呢？

義律單方面答應鴉片商人說政府會給賠償，實際上卻沒有徵得議會的同意，這是一種欺騙行為，議會自然是不答應的。事已至此，那些被收繳了鴉片的英國商人只能自認倒楣，而大英帝國這個「茶鬼」對待大清王朝這個「菸鬼」的態度，還算面子上過得去，並沒有過於激烈的態度。

首戰告捷的林則徐再接再厲，要求這幫洋商簽署保證書，保證他們不再向中國販賣鴉片。這本來也無可厚非，類似於行業自律準則性質的東西。問題的關鍵在於，保證書裡有這麼一條，如果違背了保證書上的條款，「人即正法」。

站在林則徐和清朝的角度，這一條是順理成章的，因為清朝基本上是長官說了算的，既然林則徐全面負責廣東地區的禁菸工作，就同時也是這個片區的警員、居委會管理員兼人民法官，所以他在推出洋商自律保證書的時候，直接把法律懲罰條款列上了，這也是他的職責所在。

但林則徐的對象卻是已經進入法治社會的大英帝國，義律再糊塗，也不敢答應林則徐可以對英國商人「人即正法」。

義律不敢答應林則徐的要求，雙方就此事陷入僵局。僵局就僵局，事情似乎也沒到不可收拾的地步。但歷史就是這麼怪誕，一八三九年七月七日，一夥英國水手划船到九龍尖沙咀的小酒館喝酒，醉酒後鬧事，打死了一位當地村民。林則徐按照清朝「殺人償命」的慣例，要求交出一個兇手來抵命。義律抓了幾名犯罪嫌疑人，然後拉開架勢說自己要親自審理，只要確定了兇手，一定處死。

這夥水手本來就是被斷了鴉片生意的商船上的人，這些英國商人因為上繳鴉片損失頗多，已經對義律很不滿。義律在承受了很大壓力的情況下，對嫌犯從輕處罰，並沒有拉出一個人來抵命，而且義律也根本不敢把一個英國公民送上清朝的刑場。

這樣的判決直接挑戰了大清王朝的尊嚴，也挑戰了林則徐的權威。憤怒的林則徐開始把外商驅逐出廣州、澳門，並派出水師攻擊停泊在大海上的英國商船，因為他確信那些船上還有鴉片。

但林則徐的做法，同樣激怒了另一個傲慢的傢伙——大英帝國。英國國內並不十分清楚英國水手殺人案，輿論的焦點集中在林則徐的做法上，認為他沒有走正常的外交程序，就強行驅逐在廣東的全部英國臣民，這是對大英帝國的極大侮辱。鴉片貿易其實是小事，不讓賣鴉片這種毒品，就不賣好了，大英帝國為了鴉片販子打仗，不值得。但是，破壞了兩國的自由貿易可是大事，一部分英國人覺得，是該用大英帝國的炮艦教訓一下東方「菸鬼」了。其實，英國之所以這麼看重「自由貿易」，恐怕還是因為怕自己的國民喝不到中國茶吧！

打仗也需要錢，大英帝國打仗，必須要得到議會的批准，並給這場戰爭撥款。議員在對戰爭撥款法案投票時，二百七十一票贊同，二百六十二票反對，贊同票僅以九票的微弱優勢勝出。就是這微不足道的九票，決定了歷史將上演第一次鴉片戰爭，決定了一個古老的東方國家被迫打開國門。

假如當時的清朝能夠派出一個申辯團，把英國水手殺人案在英國議會那裡陳述清楚，或者清朝皇帝寫一封措辭和緩的信，告知對方本國一向熱愛和平，願意為世界和平貢獻自己的力量，給自己拉幾票，這場戰爭未必就不能避免。可惜大清王朝只是一味地按照自己的規矩出牌，不可能按照大英帝國認同的常理出牌。這是戰爭爆發的深層次原因。

鴉片戰爭的具體細節，我們就不囉唆了，在前面曾經談到，當皇家海軍的炮艦攻陷鎮江，掐死大運河漕運後，「菸鬼」終於低下了自己高昂的頭顱，全部接受了「茶鬼」提出的各項要求：雙方停戰，締結和平、對等的外交關係；中國開放五處港口通商；中國把香港島割讓給英國管理；中國賠償英國的戰爭軍費和商人損失；雙方各自釋放對方軍民；英軍撤出南京等地的江面和沿海。

條約中除了提到要補償商人被燒的鴉片貨物的損失外，再也沒有任何涉及鴉片貿易的內容。販賣鴉片到底合法不合法，也沒有個明確的說法，而大清王朝的白銀也依舊奔流出海不復回。

這件事還沒完呢。

種植園裡的菸茶暗戰

十幾年之後，鴉片貿易變成了合法生意，這一方面是鴉片走私貿易繼續猖獗，清政府依然只能看著白銀在自己眼皮子底下滾來滾去，就是不滾進自己的荷包，感到有必要截留一些白銀給自己；另一方面，清政府更缺錢了，因為太平天國起義席捲中國的南方，北伐的太平軍甚至還劍指北京城，鎮壓這場起義需要大把的銀子。

一八五八年，清政府與英國人簽署條約，允許鴉片作為「洋藥」進口，每百斤納稅銀三十兩。英國「茶鬼」歡欣鼓舞，這下既可以堂而皇之地用鴉片換茶葉，又不用負擔道義上的責任了，這買賣現在合法了。

「茶鬼」高興得太早了，槍炮要是能擺平所有問題，各國政府都讓軍人管理算了。就在清政府簽署了鴉片貿易條約後的第二年，皇帝詔曰，雲南省要對所產土藥收稅、抽釐，稅金上繳國庫，釐金（註：一種地方商業稅）充作本省「剿匪」經費。

什麼是土藥？土藥是與洋藥相對的，洋藥是進口的鴉片，土藥則是本土的鴉片。其實早在鴉片戰爭前，由於市場需求不斷擴大，種植罌粟成為相當有利可圖的營生，於是在雲南這種與印度氣候類似的熱帶地區，人們已經開始嘗試種植鴉片。鴉片戰爭之後，內陸各省也紛紛引進這種堪稱暴利的作物，罌粟開始在全國遍地開花。既然對進口的洋藥開始收稅，那麼對本地的土藥一視同仁地收稅，補充國庫，也就順理成章了。

既然土藥也得繳稅，那自然種植罌粟也就合法化了。中國農民自古勤勞，人數又多，土藥合法的口子一開，大家紛紛種植，國產鴉片立刻衝擊了進口鴉片的市場。進口鴉片量在一八七九年的時候達到高峰，年進口八萬三千擔，此後卻逐年遞減，到中日甲午戰爭時，進口鴉片已經減少到五萬擔，到了大清王朝的最後一年，已經減少到二萬七千擔。進口鴉片在國產鴉片的緊逼之下節節敗退（註：鴉片的計量單位一擔約為五十公斤，而箱則因為鴉片產地不同而重量不一，基本上一箱鴉片比一擔鴉片要略重一些）。

清朝末年，每年從土藥、洋藥收上來的稅金、釐金加起來，超過了二千萬兩。大清王朝能夠經歷兩次鴉片戰爭和太平天國起義的摧殘卻衰而不倒，在很大程度上是依靠了鴉片菸的稅收收入，甚至後來各地訓練新軍的銀子，也大都來自鴉片稅收。

「菸鬼」開始自產自銷鴉片菸，不用從「茶鬼」那裡進口大量的鴉片了。而「茶鬼」其實也沒閒著，大英帝國作為海上貿易的霸主，自然也不願意每天喝的茶葉壟斷在手下敗將——清朝的手中。

早在一七九三年馬戛爾尼訪華時，英國人就從中國帶走了一些茶樹和種子，希望能夠引種到大英帝國去。在那個地理阻隔很嚴重的時代，英國人對茶樹可謂一知半解，他們長期以為，綠茶是從綠茶樹上長出來的，紅茶是從紅茶樹上長出來的。甚至到了一七七八年的時候，一位植物學家向東印度公司提交種植茶樹的報告時，還言之鑿鑿地說紅茶適宜種植在北緯二十六度到三十度之間，綠茶的種植範圍在北緯三十度到三十五度之間。

就在那位植物學家提交報告的時期，一位名叫羅伯特．福鈞（Robert Fortune）的英國植物學家歷盡艱辛地在中國考察，把採集到的茶樹種子放入可攜式玻璃製保溫箱中，偷偷地帶上了開往印度的輪船，那裡是大英帝國的殖民地。很快的，這珍貴的茶樹種子在印度繁衍出十萬株以上的茶樹苗，一片片翠綠的茶園在印度的山嶺上蔓延開來，大英帝國終於看到了打破清朝茶葉壟斷的希望。

十九世紀初，英國駐尼泊爾的領事發現，東南亞地區的阿薩姆人有飲茶的習慣，倍感奇怪，這幫窮鄉僻壤裡的人難道也從中國進口茶葉？後來才知道，原來阿薩姆人生活的地區臨近中國雲南，本來就生長著茶樹，這就是所謂的印度茶樹。此後，經過與緬甸的戰爭，英國最終併吞了長著茶樹的那片地區。英國人在印度同時種植印度茶樹和中國茶樹，還從中國招募有經驗的採茶工人到印度茶園勞作。此外，英國人還把茶樹引種到斯里蘭卡，也就是當年鄭和下西洋的經停之處：錫蘭。斯里蘭卡如今是世界上數一數二的茶葉出口國。

十九世紀後期，另一個茶葉消費大國沙皇俄國也開始積極發展本土茶葉種植，從中國引進了茶苗，在高加索地區開闢出茶園。直到今天，高加索地區仍然是歐洲的重要產茶地。

世界茶葉格局正在發生深刻的變化，可是大清王朝卻無力做出應對。其實被鴉片戰爭砸開國門之後，中國茶業一時之間竟然被大獎砸中了，歐美列強垂涎茶葉貿易的高利潤，紛紛在幾個開放口岸設立據點，大量收購中國茶葉，茶葉出口量幾乎年年破紀錄。到一八八六年，茶葉出口量達到了二百六十八萬擔，折算一下有十三萬四千噸。考慮到一百多年前世界人口比現在少許多，消費力有限，中國茶葉當時真是風光無限。

清末茶業的繁榮不過是迴光返照而已。當時的世界，蘇伊士運河已經通航，分處大洋兩邊的國家已經被海底電纜緊密地連接起來，倫敦的商人可以隨時瞭解中國、印度、斯里蘭卡甚至非洲的茶葉行情，茶葉運輸也更加快捷。在這樣一個風風火火的世界茶業領域中，與各種膚色的商人競爭，需要具備現代經營的理念和智慧，那些拖著辮子的中國商人雖然聰明睿智，但還沒有學會站在世界市場的角度去經營。

鴉片戰爭後茶業出口量大增，激發了中國人廣闢茶園的熱情。就在英國人緊鑼密鼓地在印度、斯里蘭卡擴大茶葉種植面積的時候，中國人也擴大了自己的茶葉種植面積。茶葉市場的過剩迅速降臨，大家開始打品質戰、成本戰和價格戰。

論品質，沒有經過工業革命洗禮的中國茶葉無力與印度紅茶抗衡；論成本和價格，印度、斯里蘭卡的茶園不僅規模大，生產效率高，而且用工都是當地苦力，勤勞程度絲毫不遜色於江南茶農。在一八八六年達到頂峰後，此後的十幾年，清朝的茶葉出口量迅速減少了約四十％。繼陶瓷業率先敗退後，茶業也攜手絲綢業一起從頂峰墜落到谷底。

古代中國三大出口賺取外匯的行業全軍覆沒，大清王朝依靠國產鴉片苟延殘喘，這終究不是長久之計。

在當鋪裡徹底沉淪

讓大清王朝後期由富轉窮的事件之一是太平天國起義。即使是打輸了第一次鴉片戰爭，當時清政府的國庫也並非空空如也，在一八五〇年的時候，國庫存銀八百多萬兩，雖然比起雍正皇帝的時候差了不少，但好歹也還有積蓄。即使從一八五三年到一八六三年，在太平天國起義攪得天下大亂期間，國庫中的存銀平均下來，每年還能增加近二十萬兩。

不過，表面上的盈餘不代表國家經濟的健康。大清王朝在太平天國起義期間，應對危機的辦法是

「狂印鈔票」。當然，那時候市面上流通的貨幣不是紙幣，而是銅錢和白銀。

金屬貨幣也是貨幣，它一樣也會貶值的。從一八五三年開始，清朝開始鑄造大量重量輕而面值大的銅鐵大錢。當時面值一千文、五百文的銅錢，其實原料加上鑄造的總成本，分別只有一百一十四文、九十文，這樣的貨幣流通出來，相當於清政府只需要花一百一十四文錢，就可以從民間獲得一千文的毛利。

一八五三年至一八六一年，清政府總共鑄造了相當於面值八百二十六萬兩白銀的銅鐵大錢，同時還發行了大量的寶鈔，也就是紙幣。通貨膨脹的結果就是物價飛漲。短短十年間，大清王朝的茶葉價格上漲了五倍，豬肉上漲了六倍，香油上漲了三倍多，煤上漲了四倍。百姓的財富大幅度縮水，民怨沸騰。

清政府看到西洋人的政府經常發國債，自己也依樣畫葫蘆，太平天國起義爆發時，清政府也嘗試發行國債。一八五三年，國債發行試點在山西、陝西、廣東展開，美其名曰「勸借」，其實就是向殷實之家「暫時挪借，以助國用」。借到錢後，發給出資人憑票，約定分年歸還。甚至還規定，對於出資數額較大的民眾，不僅要把本金返還，當地官府還要予以嘉獎，建坊給匾，這算是一種榮譽。

平定了太平天國起義後，按理說官府該還錢了。結果各省紛紛藉口財政沒錢，只願意給出資人一些虛的名聲，或者給個官府閒職當當。借款變成了捐款，這些民眾被大清王朝結結實實地愚弄了。

靠通貨膨脹和賴帳獲得的財政盈餘，根本不具有可持續性，國庫中的銀子只代表過去收上來的錢，並不代表未來的經濟運轉可以帶來財富。在茶葉出口和國產鴉片稅收的助力下，清政府又過了一段好日子。一八九四年甲午戰爭爆發，清政府立刻陷入財政赤字的泥潭之中。一八九六年，政府赤字高達一千二百九十二萬兩白銀。接下來，又發生義和團運動與八國聯軍侵華戰爭，戰後的賠款讓財政赤字再上新臺階，一九〇三年，財政赤字達到了三千萬兩！

要不要再試試通貨膨脹和借款呢？在三大出口行業接連倒下後，即使亂發鈔票，從陷入貧困的民眾那裡也已經搜刮不到什麼錢財了。清政府不是沒有做過借款的方案，一八九八年推出了「昭信股票」，針對國內發行一億兩銀子的債券，利息為五％，以解燃眉之急。但是中國有句老話，有借有還，再借不難，太平天國起義的時候，清政府已經愚弄了民眾，把借款變成捐款，此時再推出昭信股票，當民眾是傻瓜嗎？

清政府的人品已經敗光、透支了，昭信股票幾乎無人問津，只銷售一千萬兩銀子就草草停止。有人指責清政府不懂金融，只知道搜刮了銀子放在國庫裡，不知道以這些錢和未來的國家稅收作為本金，去積極借款發展經濟和軍事，從而導致清朝最後垮掉了。同時期，大英帝國的國債占國家年收入的七十％，人家越借錢越強大，而守財奴清朝卻越攢錢越衰落。

這種指責只是看到了問題的表象，清政府在末年其實很有金融意識。清政府陷入赤字泥潭，本質上是誠信問題。一個沒有國會限制其權力的皇帝和朝廷，難免會被權力沖昏了頭腦，拿誠信問題不當一回事，肆意掠奪、強占民眾的財富，最後弄得信用透支，再想從民眾那裡舉債，門兒都沒有。

清朝末年，清政府唯一能做的就是出賣國家的主權，把國家的礦產、土地和其他資源作為抵押物，從洋人那裡換來貸款，維持自己的一口氣。它就像是一個破落家庭的子孫，頻頻出入當鋪之中，把祖上留下的家產一件件地當掉，「菸鬼」在鴉片的煙霧中麻醉自己，一九一一年辛亥革命爆發，持續了兩千多年的帝制曲終人散，「菸鬼」終於走到盡頭，一了百了。

附記：棉花挑起了鴉片戰爭

從名稱上看，鴉片戰爭的起因似乎是鴉片走私貿易。但是如果我們把這場戰爭放入當時全球的經濟和貿易大勢中，就會發現引發戰爭的原因並不簡單。

當時英國政府主要經由自己的東印度公司來和清朝做貿易，這家公司有詳細的進出口貿易紀錄，可以給後人提供第一手的分析素材。

透過東印度公司的紀錄，我們會驚訝地發現，在很長一段時間內，鴉片並不是英國出口中國的最重要貨物，英國的主打商品其實是產自印度殖民地的棉花。比如，一八二〇年英國經由廣州口岸賣給中國的貨物中，棉花總計價值三千二百多萬銀圓；排在第二位的是毛織品，價值也有三千一百多萬銀圓；鴉片六百五十萬銀圓，只是棉花價值的五分之一而已。

當時販賣棉花的利潤也非常高，並不比種罌粟生產鴉片後賣給中國的利潤低。所以東印度公司即使不販賣鴉片，也一樣可以收支平衡，並不像過去人們所說的，英國不賣鴉片就沒有東西可以賣給中國，就沒有錢買中國的絲綢和茶葉了。

實際上，東印度公司在一八二〇年時，自身的確不賣鴉片！紀錄中的鴉片是英國的私人商販賣給中國的，雖然也算到英國的帳上，卻不是東印度公司所為。這其實也和英國貿易政策的變化有關係。一八三四年，東印度公司的貿易壟斷權被廢除，東印度公司的船舶被出售或者轉而作為煤炭運輸船，印度航線允許進行自由貿易。

東印度公司經營印度殖民地多年，有充足的棉花貨源。那些私人商販能弄到的棉花貨源不多，但卻可以在世界上許多鴉片產地弄到鴉片貨源，於是他們開始瘋狂地向中國傾銷鴉片。正是這些英國私人商販肆無忌憚地走私鴉片，讓清朝的白銀外流，海關還收不到關稅，才引發了林則徐虎門銷煙，以及後來英國為了保護這些私人商販的利益而與清朝之間爆發的第一次鴉片戰爭。

一個不可否認的事實是，根據東印度公司的紀錄，鴉片戰爭前夕隨著輸入中國的鴉片不斷增加，輸入中國的棉花和毛織品在不斷減少。比如，一八三三年的紀錄顯示，英國經由廣州口岸賣給中國的貨物中，棉花總計價值六百七十多萬銀圓，毛織品二百五十多萬銀圓，而輸入的鴉片總計價值一千一百多萬銀圓。

短短十幾年時間，棉花、毛織品的輸入價值銳減，鴉片雖然躍居第一，但是從價值上看，根本不能和一八二〇年棉花或毛織品的輸入價值相比；鴉片增加的價值，完全不能彌補棉花和毛織品減少的價值。所以，說英國為了傾銷鴉片、為了擴大在清朝的市場而打仗的結論，是站不住腳的。

為什麼賣給清朝的棉花和毛織品大幅度下降了？是清朝不需要棉花了，還是印度棉花減產了？都不是，那個時期棉花依舊是清朝需要的商品，雖然自己也種植棉花，但印度棉花是重要的補充。印度棉花也沒有減產，而是大多賣給了另一個國家，也就是它的宗主國——英國。

十八世紀末到十九世紀初，英國的棉紡織工業在科技進步的推動下，取得了突飛猛進的成績。但是，英國本土氣溫低，光照少，不適合大量種植棉花；棉花這種原材料必須靠進口解決，除了從新興的美國大量進口棉花外，英國從自己的殖民地印度進口的棉花也在不斷增加。在此消彼長之下，能夠賣給清朝的棉花自然就減少了。

而且英國對棉花的大量需求，提高了棉花的價格，這讓那些靠轉賣賺錢的英國私人商販發現，轉賣棉花到清朝的利潤下降了，相對來說，轉賣鴉片更賺錢。於是許多私人商販放棄了轉賣棉花，轉而轉賣鴉片到清朝。輸入清朝的鴉片越來越多，大禍就這麼釀成了。

〔後記〕

錢眼裡的歷史風景

古代中國，從地理上粗線條地講，就是被一圈高原、山脈圍起來的兩條東流入海的大河，以及大河兩岸的耕地。

世界上沒有任何兩個國家的疆域是完全相同的，而中國特別獨特。雖然古代印度也是國土遼闊的農業國家，但這個印度次大陸上的古老國度，東面和西面都是大海，國境線的大部分都是海岸線，中部又有德干高原。古代歐洲的法國也算是個農業大國，但不論國土面積還是人口數量，比起古代中國的規模只能算是微縮景觀。

所以，當我們打量古代中國的歷史時，不能完全照方抓藥，拿其他國家崛起或衰亡的經驗教訓套用到中國身上。古代中國從一開始，就面臨著與其他古國不同的地理格局。國家的疆域基本上被局限在那一圈高原、山脈和東南海岸線之間，內部可能會分裂、會割據，但即使是統一的朝代，基本上也無法把自己的疆域擴張到那圈高原、山脈之外。

唐朝最強盛之時，曾經向西越過亞洲之巔——帕米爾高原，與興起的阿拉伯帝國鏖兵於中亞，最終敗退回高原—山脈圈以內；明朝曾經多次北伐蒙古，結果越打國力越衰，瓦剌一個防守反擊，竟然兵臨北京城下，差點要了明朝的命。雖然元朝和清朝帝國的疆域越過了高原—山脈圈，但這兩個朝代本來就是遊牧族群建立的，它們的老家就在高原—山脈圈上，帝國擴大出來的領土只能算是他們入主中原時自帶的行李。

地理格局決定了各個王朝只能在高原—山脈圈的內部折騰，一個由農業和大量農民支撐起來的國度，從經濟上說，並不具備翻山越嶺開疆拓土的物質條件。

所以，雖然中國經歷了許多朝代，但有一個大體上的共同特點，凡是活得比較長的朝代，即使建立之初也曾四處出擊，但很快就會全面轉向國內經濟建設，尤其是農業建設，對外只是被動地防禦。這其實和「氣節、勇氣、雄心」之類的氣質沒有關係，即使皇帝才智平庸，只要他還算有理智，就會明白攻向蒙古高原或青藏高原太浪費錢糧物了，所得卻微不足道。這就是所謂的經濟理性，就像我們會在附近的農貿市場買顆大白菜，而不會穿越半個中國去買大白菜一樣，經濟理性這玩意兒，你懂，一般的皇帝們也都懂。

透過經濟理性鑄造的錢眼，我們觀察到了古代中國內斂的性格。所以秦始皇那樣的曠世帝王才會在席捲六國之後，壓抑住心中狂野的激情，在北方國境的山脈上默默地修建起長城，冷冷地與匈奴人對峙。這堵大牆給各個王朝的北方邊疆立下界碑，也在古代中國人的心中築起了一堵低調的牆。

一方水土養一方人，這種內斂性格正是高原—山脈圈塑造的，從古代中國人的身上一直流淌下來。也正是這堵大牆所代表的理性思維，庇護了四大文明古國之一的中華文明在幾千年中維持著自己的鮮明個性和文化血脈。

然而，從秦始皇到清朝末年，歷時兩千多年，如果古人都只是老老實實地待在圍牆之中，循規蹈矩地種莊稼，生兒育女，那麼中國歷史就沒有什麼可以書寫的精彩了，寫來寫去不過是高原—山脈圈裡一些內容雷同的朝代更替而已。

歷史並非如此，圍牆之內，總有煩惱。古代中國不僅有築牆的人，也有破牆的人，而破牆開闢一片新天地，才是歷史的精彩之處，也使得古老的中國並沒有陷入封閉迴路之中，它其實也在不斷地調整自身，試圖突破束縛自己的圍牆——那些自然的圍牆或是人為的圍牆。

比如隋煬帝和大運河，為了整合長江和黃河這兩條大河滋養的經濟板塊，楊廣用舉世無雙的大運河打通了中華文明的任督二脈，一舉彌合了高原—山脈圈內長時間存在的南方和北方的裂痕。倘若沒有楊廣這種青春飛揚的君主，沒有大運河構造的全國一盤棋的格局，王朝時不時地南北分裂是避免不了的。不僅全國的經濟由大運河連成一片，南方人和北方人的文化、思維也被連成一片，大家都對大一統的國度有了認同感。南北分裂的問題基本上解決了。

但高原—山脈圈的高牆豈是隨意可以破解的？楊廣的悲劇就在於屢次頭撞北牆，非要霸王硬上弓地出擊高句麗。此後，唐太宗李世民也嘗試著破牆，攻打高句麗，結果也是慘敗。由地理環境孕育的農業經濟模式，不允許王朝的君主在白山黑水、雪域高原之上肆意馳騁。破牆的任務留給了後來人。

明朝永樂皇帝朱棣與鄭和君臣聯手，嘗試了另一種破牆的模式，那就是面向海洋，從海洋上尋找突破口。其實，我們不能把破牆的創意完全歸功於臺上的帝王將相，早在鄭和下西洋之前，民間商人為了發財的夢想，已經在海洋上打拚了幾百年，這些無名英雄駕船駛向茫茫大海的冒險遠航，給後人突破王朝的圍牆提供了寶貴的借鑑經驗。

很可惜，鄭和下西洋並沒能開闢出一條直達歐洲的貿易路線，王朝甚至還有長期的閉關鎖國之舉，自斷財路。於是，中華文明仍然只能繼續內斂、低調。

不過，從宋朝開始出現的錢荒煩惱，倒是真的從海洋方向得到了解決。美洲白銀透過一次次的換手，源源不斷地從海外湧入古代中國，暫時消除了長期困擾各個王朝的通貨緊縮頑疾，激發了大明王朝後期江南的繁榮，以及後來的康雍乾盛世。這可以算是一種另類的破牆方式，西班牙人以及後來的英國人，用艦船和槍炮在古代中國厚厚的圍牆上鑿開了窟窿，雖然充滿苦澀，但畢竟東方古國的經濟終於與全球經濟開始聯通了。等到清朝末年，洋務運動中各個仁人志士變法圖強的行為，則是古代中國人主觀上嘗試著破牆而出，融入世界。

縱觀中華文明五千多年的歷史，築牆和破牆是永恆的主題。在大多數的歲月中，人們不斷地築牆，維持王朝的穩定，但穩定的同時，隱疾也會逐漸累積，直到不可收拾。比如，從漢朝開始的名門望族壟斷仕途並瓜分稅收權的局面，就曾掀翻了兩漢一團和氣、任人唯親的牌桌，引發王朝長時間的大分裂和大動盪。

不在圍牆中爆發，就在圍牆中滅亡。隋唐時期，任人唯賢的科舉制改變了官僚體系的選拔機制，提高了王朝內部的管理水準，舊牆倒掉，新牆砌起，古代中國繼續前行，也繼續沉淪，等待著一次新的破牆行動從天而降。

銅錢外圓內方，代表了古代中國人天圓地方的宇宙觀。古代中國的歷史也濃縮在小小的銅錢之上，在四方高牆之外，是可以讓夢想自由飛翔的廣闊天地，就看我們願不願、敢不敢突破圍牆了。

糧食、運河與白銀：經濟脈絡下，洞察3000年中國歷史的成敗得失

作　　者　波音
責任編輯　夏于翔
特約編輯　洪禎璐
內頁排版　李秀菊
封面美術　萬勝安

發 行 人　蘇拾平
總 編 輯　蘇拾平
副總編輯　王辰元
資深主編　夏于翔
主　　編　李明瑾
業務發行　王綬晨、邱紹溢、劉文雅
行　　銷　廖倚萱
出　　版　日出出版
地址：231030新北市新店區北新路三段207-3號5樓
電話（02）8913-1005　傳真：（02）8913-1056
發　　行　大雁出版基地
地址：231030新北市新店區北新路三段207-3號5樓
電話（02）8913-1005　傳真：（02）8913-1056
讀者服務信箱andbooks@andbooks.com.tw
劃撥帳號：19983379　戶名：大雁文化事業股份有限公司

印　　刷　中原造像股份有限公司
初版一刷　2025年7月
定　　價　580元
I S B N　978-626-7714-26-3

原簡體中文版：《糧食、運河與白銀：從經濟學角度看中國歷史》
作者：波音
中文繁體版透過成都天鳶文化傳播有限公司代理，由中國工人出版社授予日出出版．大雁文化事業股份有限公司獨家出版發行，非經書面同意，不得以任何形式複製轉載。
版權所有．翻印必究（Printed in Taiwan）
缺頁或破損或裝訂錯誤，請寄回本公司更換。

國家圖書館出版品預行編目（CIP）資料

糧食、運河與白銀：經濟脈絡下，洞察3000年中國歷史的成敗得失／波音著. -- 初版. -- 新北市：日出出版：大雁出版基地發行, 2025.07
320面；17×23公分
原簡體版題名：粮食、运河与白银：从经济学角度看中国历史
ISBN 978-626-7714-26-3（平裝）
1.CST: 經濟史　2.CST: 中國
552.29　　114008078

圖書許可發行核准字號：文化部部版臺陸字第113285號
出版說明：本書由簡體版圖書《糧食、運河與白銀：從經濟學角度看中國歷史》以中文正體字在臺灣重製發行。